Das iPad-Buch

Die verständliche Anleitung

von

Herbert Thoma, Marc Oliver Thoma

Vierfarben

Liebe Leserin, lieber Leser,

haben Sie schon ein iPad gekauft, oder haben Sie es noch vor? Dann kann ich Ihnen versprechen, Sie werden es nicht bereuen. Ich habe selbst vor Kurzem ein iPad erworben, und es fällt mir seitdem schwer, es wieder wegzulegen. Mit diesem Gerät im Internet zu surfen ist eine völlig neue Erfahrung, die unzähligen Apps eröffnen genauso unzählige Möglichkeiten, und plötzlich macht sogar das Schreiben von E-Mails Spaß. Filme und Fotos erscheinen in einer unglaublichen Schärfe, und die Auswahl an erfindungsreichen Spielen ist erstaunlich.

Dabei lässt sich das Gerät außerdem sehr intuitiv bedienen. »Braucht man denn dann überhaupt ein Buch zum iPad?«, fragen die Autoren Marc Oliver und Herbert Thoma deshalb. Aus der Antwort haben Sie dann gleich ein ganzes Buch gemacht. Schritt für Schritt führen Sie die beiden durch die wichtigsten Apps und helfen Ihnen dabei immer wieder mit ihrem Erfahrungswissen, das Sie sonst in keinem Handbuch finden werden. Das Buch steckt voller Erklärungen, Hinweise und Tipps, die Ihnen zeigen, wie Sie Ihr iPad nutzen können. Man kommt auch ohne Buch mit dem iPad gut zurecht, das ist keine Frage, aber wenn Sie das Gerät und alle seine Möglichkeiten wirklich nutzen wollen, sollten Sie lesen, was die beiden Autoren für Sie niedergeschrieben haben.

Dieses Buch wurde mit größter Sorgfalt geschrieben und hergestellt. Sollten Sie dennoch einmal Fehler finden oder inhaltliche Anregungen haben, freue ich mich, wenn Sie mit mir in Kontakt treten. Für konstruktive Kritik bin ich dabei ebenso dankbar wie für Lob. Zunächst aber wünsche ich Ihnen viel Freude beim Lesen!

Ihr Lars Wolf
Lektorat Vierfarben

lars.wolf@vierfarben.de
www.facebook.com/vierfarben

Auf einen Blick

Sie haben Fragen, Wünsche oder Anregungen zum Buch?
Gerne sind wir für Sie da:

Anmerkungen zum Inhalt des Buches: lars.wolf@vierfarben.de
Bestellungen und Reklamationen: service@vierfarben.de
Rezensions- und Schulungsexemplare: sophie.herzberg@vierfarben.de

An diesem Buch haben viele mitgewirkt, insbesondere:

Lektorat Lars Wolf
Korrektorat Marita Böhm, München
Herstellung Norbert Englert
Coverentwurf Daniel Kratzke
Einbandgestaltung Daniel Kratzke
Coverfoto Apple; iStockphoto: 35825990 © Erik Khalitov; Fotolia: 2645871 © Kharlanov Evgeny
Fotos im Buch iStockphoto: 29879302/32803342 © hocus-focus (Seite 17/51),
14402130 © kupicoo (Seite 119), 9410527 © rollover (Seite 147); Apple (Seite 19, 26, 197,
208, 309–315)
Typografie und Layout Vera Brauner, Maxi Beithe
Satz Marc Oliver Thoma, Norbert Englert
Druck und Bindung Firmengruppe Appl, Wemding

Gesetzt wurde dieses Buch aus der ITC Charter (10,5 pt/15 pt) in Adobe InDesign CC.
Und gedruckt wurde es auf mattgestrichenem Bilderdruckpapier (115 g/m²).
Hergestellt in Deutschland.

Bibliografische Information der Deutschen Nationalbibliothek
Die Deutsche Nationalbibliothek verzeichnet diese Publikation in der Deutschen National-
bibliografie; detaillierte bibliografische Daten sind im Internet über http://dnb.d-nb.de abrufbar.

ISBN 978-3-8421-0078-7

© Vierfarben, Bonn 2014
1. Auflage 2014
Vierfarben ist ein Verlag der Galileo Press GmbH
Rheinwerkallee 4, 53227 Bonn
www.vierfarben.de

Der Verlagsname Vierfarben spielt an auf den Vierfarbdruck, eine Technik zur Erstellung farbiger Bücher. Der Name steht für die Kunst, die Dinge einfach zu machen, um aus dem Einfachen das Ganze lebendig zur Anschauung zu bringen.

Inhalt

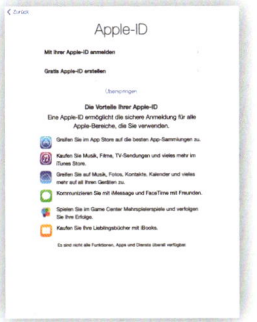

Kapitel 3: Erste Schritte mit dem iPad 51

Kapitel 4: Die wichtigsten Apps im Überblick 77

Kapitel 5: Ins Internet mit Safari <span></span>

Kapitel 6: Kontakte verwalten <span></span>

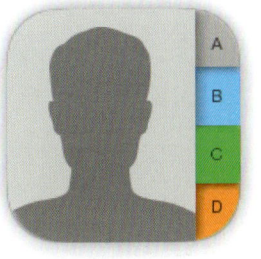

Kapitel 7: E-Mails senden und empfangen 119

Kapitel 8: Termine organisieren mit dem Kalender 135

Kapitel 9: Mit der Kamera filmen und fotografieren 145

Kapitel 10: Fotos verwalten 153

Kapitel 11: Musik und Filme genießen 177

Kapitel 12: So funktioniert die iCloud 197

Kapitel 18: Game Center 279

Kapitel 19: Einstellungen vornehmen 285

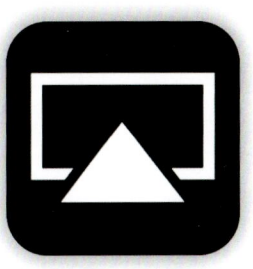

Kapitel 20: Hardware für das iPad 309

Kapitel 21: Weitere Informationsquellen 317

Vorwort

»Wenn der Vater mit dem Sohne« heißt einer der schönsten Filme von und mit Heinz Rühmann. In unserem Fall müsste der Titel genau andersherum lauten. Vor gut vier Jahren bin ich (der Sohn) auf die Idee gekommen, ein Buch zum iPad zu schreiben. Angesichts meines vollen Terminkalenders war mir schnell klar, dass ich dieses Buch nicht alleine schreiben wollte und konnte. Bereits in der Vergangenheit hatte mir mein Vater bei meinen Buchprojekten geholfen. Was lag also näher, als ihn zu fragen? Auf einer gemeinsamen Fahrt zum Bäcker wurde er mit der Idee konfrontiert und sagte spontan Ja. Unser damaliger Lektor Jan Watermann hat auch fast überhaupt nicht gelacht, als ich ihm diesen Vorschlag unterbreitete. Recht schnell war das Projekt in trockenen Tüchern.

Schnell teilten wir auch die Kapitel auf, und jeder fing erst einmal für sich mit dem Schreiben an. Nach dem Rohentwurf gingen wir gemeinsam daran, die Texte zu überarbeiten und anzupassen. Diese Zusammenarbeit lief äußerst harmonisch – was für Autoren mit ihrem individuellen Schreibstil alles andere als selbstverständlich ist.

Das Ganze funktioniert nun schon seit über vier Jahren auf diese Weise. In dieser Zeit haben wir dank des Buches mehr Zeit miteinander verbracht, als es für Vater und Sohn in unserem Alter üblich ist. Wir beide sind verdammt froh, dass die gemeinsame Arbeit an diesem Buch uns noch stärker zusammengeschweißt hat.

Ein Vorwort ist auch immer eine Chance, wichtigen Leuten zu danken. Genau das wollen wir an dieser Stelle tun. Zum einen ist da der Verlag und ganz besonders Jan Watermann. Er hat uns durch drei Buchprojekte auf hervorragende Art begleitet. Vor allem müssen wir ihm jedoch als verantwortlichem Programmleiter dafür danken, dass er obwohl wir doch einige Abgabetermine überzogen haben, immer noch an uns und unser Buch geglaubt hat. Danke dafür.

Des Weiteren möchten wir auch unserem aktuellen Lektor Lars Wolf, der dieses Projekt in der Zwischenzeit übernommen hat, danken. Autoren, die bereits die vierte Version eines Buches schreiben, sind nicht immer ganz einfach und haben ihren eigenen Kopf.

Wer aber vor allem ein großes Lob verdient hat, ist Frau Thoma – Mutter und Ehefrau. Wochenlang hatte sie nun schon im vierten Jahr in Folge nicht übermäßig viel von Ihrem Ehemann und war sicherlich hin und wieder auch enttäuscht, wenn das Telefon klingelte und der Sohnemann »nur« den Vater haben wollte.

Nach diesen persönlichen Worten und Erläuterungen zur Entstehungsgeschichte dieses Projekts möchten wir Ihnen sowohl viel Spaß als auch Erfolg mit diesem Buch wünschen.

Selbstverständlich gibt es dazu auch eine Internetseite. Unter *www.thoma-schmitz.de/ipad* können Sie weiterführende Informationen zu diesem Buch und zum iPad lesen. Wenn Sie Fragen oder Anmerkungen haben, Lob und Tadel äußern möchten, dann schreiben Sie uns doch unter: *ipad@thoma-schmitz.de*. Wir freuen uns auf Ihre Rückmeldungen!

Herbert Thoma und **Marc Oliver Thoma**

Kapitel 1
Eine kurze Einführung

Herzlichen Glückwunsch! Vermutlich sind Sie bereits stolzer Besitzer eines iPads. Was für ein tolles Gerät! Selten wurde ein Gerät gebaut, das direkt von der ersten Minute an so viel Spaß macht wie dieser neue kleine Computer.

Auch wenn das iPad sehr intuitiv zu bedienen ist, gibt es vieles zu entdecken, viele versteckte Funktionen und – ja, man muss es sagen – auch die eine oder andere Klippe, die es zu überwinden gilt.

< *So oder so ähnlich stellt sich Apple die Benutzung des iPads vor.*
(Foto: iStockphoto)

All das könnte man durch stundenlanges Ausprobieren natürlich auch selbst herausfinden. Wir haben uns aber die größte Mühe gegeben, Ihnen diese Arbeit abzunehmen, und präsentieren Ihnen daher in diesem Buch jede Menge Hinweise, Tipps und Tricks, die die tägliche Arbeit mit dem iPad noch spannender und schneller machen. Steigen Sie also mit Ihrem iPad und diesem Buch direkt ein.

iPad – ja und?

Als das erste iPad erschien, gab es einen unglaublichen Medienhype. Die Journalisten haben sich überschlagen mit Lob und Tadel für dieses Gerät. Oft wurde die Frage gestellt: »Wozu braucht man so ein Gerät?« Die Frage ist grundsätzlich nicht ganz unberechtigt. Gibt es doch auf der einen Seite Notebooks, die schon lang die Leistungsfähigkeit eines großen Rechners haben und im Alltag für alle Aufgaben bestens gerüstet sind, und auf der anderen Seite Smartphones, mit denen man unterwegs bequem surfen kann. Wozu also dieses Ding?

Tja, wenn man ganz ehrlich ist, so ist die Magie dieses Gerätes nur schwer in Worte zu fassen. Bei dem iPad hat man einfach durch und durch das Gefühl, dass es sich hierbei um ein Gerät handelt, das für den Benutzer entwickelt wurde. Bei »richtigen« Computern muss sich der Benutzer an den Computer anpassen. Beim iPad ist es andersherum.

Ein Beispiel, das sich banal anhören mag, aber wenn Sie sich erst einmal daran gewöhnt haben, werden Sie vermutlich genau wie wir sagen: »Ja, genau so muss Technik sein!« Das iPad ist immer für Sie da. Kurz eine der beiden Tasten drücken, und Sie können sofort loslegen. Es muss nicht erst mühevoll gestartet werden wie ein Notebook. Es muss nicht einmal aufgeklappt werden. Sie sitzen abends auf der Couch und wollen schnell die E-Mails überprüfen, schauen, was im Fernsehen kommt, oder mal schnell die richtige Lösung von »Wer wird Millionär?« nachschauen. All dies geht mit dem iPad so viel schneller als mit einem Notebook.

∧ *Apple II – der Grundstein für Apples Erfolg*

Was ist Apple eigentlich für eine Firma?

Unter allen Computerfirmen ist Apple eine ganz besondere – und das nicht nur wegen ihrer Produkte. Kaum eine andere Firma hat eine derart bewegte Geschichte voller Höhen und Tiefen. Gegründet wurde sie von Ronald Wayne, Steve Wozniak und Steve Jobs im Jahre 1976 in einer Garage. Der erste der drei genannten Gründer spielte keine große Rolle. Bevor es richtig losging, verkaufte er seinen 10-prozentigen Anteil an der Firma für ganze 850 US$. Steve Wozniak, das technische Genie, entwickelte den ersten populären Personal Computer. Diesen darf man sich aber nicht wie heutige PCs vorstellen. Es war vielmehr ein Bausatz – ohne Gehäuse. Nach dem ersten Erfolg wurde der legendäre Apple II vorgestellt. Dieser brachte Apple den Durchbruch. Aus der kleinen Firma wurde eine der wertvollsten Aktiengesellschaften der Welt. Bereits bei diesen beiden ersten Geräten konnte man erkennen, dass sich Beharrlichkeit auszahlt. An einen Erfolg hatte nämlich niemand außerhalb von Apple geglaubt. Die damaligen großen Computerfirmen wie beispielsweise IBM taten derartige Computer als Spielzeug ab. Dass diese Firmen sich geirrt hatten, ist bekannt.

Dass Apple ein neues Produkt auf den Markt brachte, die Konkurrenz dies nur belächelte und dann vom überwältigenden Erfolg überrascht wurde, sollte sich noch häufiger wiederholen.

Aber natürlich hat auch Apple eine ganze Reihe von falschen Entscheidungen getroffen und war fast schon bankrott. Allein im Jahre 1997 hatte Apple einen Verlust von über 1 Mrd. US$ zu verkraften. Steve Jobs, der Apple nach einem verlorenen Machtkampf 1985 verlassen hatte, kehrte im besagten Rekordverlustjahr 1997 wieder an die Spitze des maroden Computerunternehmens zurück. Schnell übernahm er das Ruder, traf viele unliebsame Entscheidungen. Viele Wirtschaftsanalysten fragten: »Wie kann er nur?« Aber im Nachhinein haben sich alle Entscheidungen als gold- und geldrichtig erwiesen.

∧ *Von 1997 bis 2011 war Steve Jobs unangefochtener Chef der von ihm mitgegründeten Firma. (Foto: Apple)*

Heute ist Apple mit einem Marktwert von über 400 Mrd. US$ eines der wertvollsten Unternehmen der Welt. Doch wie hat die Firma diese Wende in etwas mehr als zehn Jahren geschafft? Natürlich gelang es Apple, seinen Marktanteil im Computerbereich zu vervielfachen. Wenn man allerdings sowieso nur einen Marktanteil von 0,7 % besitzt, ist dies auch nur bedingt ein großes Kunststück.

Der iPod – die neuen Jahre

△ *iPod der ersten Generation*

Viel wichtiger war, dass Apple neue Geschäftsbereiche geschaffen hat. Und als Schöpfer neuer Geschäftsbereiche ist man naturgemäß erst einmal Platzhirsch. Der erste iPod wurde 2001 mit einer 5-GByte-Festplatte veröffentlicht. Alle hielten Apple für verrückt, einen tragbaren Musikplayer für 499 € herauszubringen. Apple war im Übrigen nicht die erste Firma, die versucht hat, mit MP3-Playern Geld zu verdienen – aber es war die einzige wirklich große Firma. Alle anderen großen Unternehmen waren der Meinung, dass man mit diesem »Spielzeug« kein Geld verdienen könne. Apple hat aber nicht nur ein Gerät – also Hardware – auf den Markt gebracht, sondern dieses Gerät mit Software gekoppelt, die supereinfach und von jedem zu bedienen war. Darüber hinaus hatte dieses erste Gerät ein faszinierendes Design. Für die damaligen Verhältnisse verkaufte es sich enorm gut.

▽ iTunes – Apple liefert nicht nur Hardware, sondern auch Inhalte.

Nur zwei Jahre später ging der iTunes Music Store an den Start. Erneut dachten Analysten, dass dies kein funktionierendes Geschäftsmodell sei. Die Musikindustrie hatte vor dem Internet wahnsinnige Angst. Kostenlose (und illegale) Downloadportale schossen aus dem Boden, und jeder konnte Musik aus dem Internet herunterladen, ohne etwas dafür bezahlen zu müssen. In diesen Markt platzierte Apple ein ganz neues

Geschäftsmodell: Erstmals konnte man legal Musik über das Internet im großen Stil kaufen. Auch hier war es wieder die Einfachheit, die die Käufer bewegte, diese legale Quelle für Musik zu verwenden. Jedes Lied kostete damals 0,99 US$ und jedes komplette Album 9,99 US$ (später auch in Euro). Sehr zu unserem Leidwesen musste Apple dieses genial einfache Preismodell später auf Druck der Musikindustrie wieder aufgeben.

Das iPhone – eine neue Revolution

Wenige Jahre später sollte der endgültige Durchbruch für Apple kommen: das »iPhone«. Auch hier wiederholte sich die Geschichte erneut. Alle Marktbeobachter dachten: Nun holt sich Apple endgültig eine blutige Nase. Gegen die großen Firmen wie Nokia, Motorola oder Microsoft kann Apple in diesem Bereich keinen Blumentopf gewinnen. Hier irrten die Propheten erneut. Apple hatte es geschafft, ein Produkt auf den Markt zu bringen, das so einfach zu bedienen war, dass es die ganze Welt haben wollte. Wer schon einmal auf einem Gerät vor der iPhone-Ära versucht hat, im Internet zu surfen, wird wissen, was wir meinen. Technisch möglich, ja, aber ergonomisch so unattraktiv, dass niemand dies mit Freude gemacht hat. Apple hingegen hat mit dem iPhone ein Gerät auf den Markt gebracht, mit dem es eine Freude ist, unterwegs im Internet zu surfen. Ehemalige Leitfiguren im Handymarkt wie Nokia, Sony-Ericsson oder Motorola existieren in dieser Form nicht mehr und wurden von anderen Firmen gekauft. Neben Apple haben andere Firmen wie Samsung oder HTC die Gunst der Stunde genutzt und sind zu Größen der Mobilfunkbranche aufgestiegen. Natürlich musste Apple massiv von seinem Marktanteil an das konkurrierende Android-Lager abgeben, aber nach wie vor gilt Apple mit seinem iPhone als Taktgeber einer ganzen Branche.

∧ Apples iPhone 5s

Das iPad – schon wieder eine Revolution?

Tja, und im Jahre 2010 hat Apple diesen großen iPod namens iPad auf den Markt gebracht. Ist es schon wieder eine Revolution? Diese Frage nur mit den Verkaufszahlen zu beantworten wäre zu einfach. Aber in der Tat hat sich das iPad der ersten vier Generationen bereits über 170 Millionen Mal verkauft. Es wird allgemein erwartet, dass Apple pro Jahr mindestens 50 bis 60 Millionen Geräte verkauft. Diese Zahlen sind für sich alleine schon beeindruckend, vor allem aber wird das iPad unser Verhalten verändern, wie wir mit Computern umgehen. Denn die Tatsache, dass es sich bei einem iPad um einen Computer handelt, tritt immer weiter in den Hintergrund. Apple bewirbt das Gerät daher auch ganz bewusst sehr untechnisch. Wird bei klassischen Computern oft auf technische Daten wie den verwendeten Prozessor, die Taktfrequenz oder die Geschwindigkeit der Komponenten verwiesen, so »verschweigt« Apple diese Informationen bei der Vermarktung des iPads ganz bewusst. Sie sollen unwichtig werden. Der Nutzen des Gerätes steht im Vordergrund.

Im Gegensatz zum kleinen iPhone, auf dem man nicht besonders gut lange Texte lesen kann, ist dies auf einem Gerät wie dem iPad ganz anders. Hier macht es richtig Spaß, Texte zu lesen. Mit dem iPad können Sie auf sehr angenehme Weise Bücher lesen. Viele speziell für dieses Medium zugeschnittene Magazine sind auf dem Markt und geben der Verlagsbranche neue Hoffnung. Diese Veröffentlichungen gehen weit darüber hinaus, das bedruckte Papier einfach nur durch ein Display zu ersetzen. Videos und interaktive Inhalte sind so nicht mehr nur dem »großen« Computer vorbehalten.

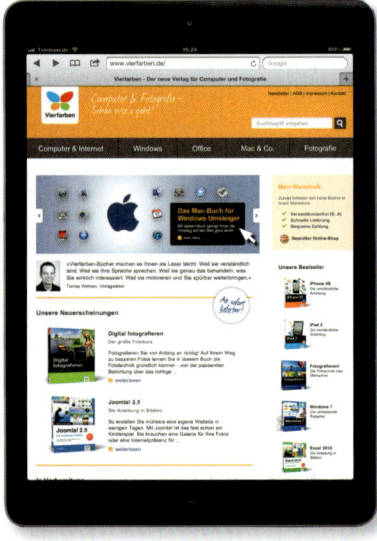

▲ *iPad – das Internet in Händen*

Steve Jobs hat bei seiner Vorstellung des iPads gesagt, man habe damit das Internet in den Händen. Besser kann man es nicht ausdrücken. Es ist eine ganz neue – und von Anfang an natürliche – Art, Internetseiten zu lesen. Bereits wenige Minuten nachdem man das Gerät in die Hand genommen hat, kommt einem alles so natürlich und intuitiv vor.

Mittlerweile kann man das iPad aber nicht nur auf dem Sofa zum Surfen, Mailen und Anschauen von Videos verwenden. Es ist ein Gerät, das auch im Berufsleben eine immer größere Bedeutung erlangt und an einigen Stellen bereits das Notebook ersetzen kann.

Erneut ist es Apple gelungen, ein Produkt auf den Markt zu bringen, das den Nerv der Zeit trifft und die Konkurrenz zum Nachahmen animiert.

Unterschiede der iPad-Versionen

Zurzeit kann man vier unterschiedliche Modelle des iPads kaufen. Davon sind zwei mit einem großen und zwei mit einem kleinen Display ausgestattet. Augenblicklich verfolgt Apple die Strategie, jeweils ein großes und ein kleines Gerät mit aktueller Technik im Sortiment zu haben und zeitgleich entsprechende Vorgängermodelle zu einem reduzierten Preis – und nicht mehr ganz aktueller Technik – anzubieten.

Das iPad Air im Vergleich zum iPad mini

Neben dem normal großen iPad mit einer Bildschirmdiagonale von 9,7 Zoll (etwa 246 mm) gibt es auch das deutlich kleinere iPad mini. Hier misst der Bildschirm nur 7,9 Zoll (etwa 201 mm), und das Gerät ist damit deutlich handlicher. Neben den kleineren Abmessungen ist es außerdem ein gutes Stück leichter und günstiger. Vergleicht man das iPad Air mit dem iPad mini mit Retina Display, so ist das iPad mini bei gleicher Ausstattung etwa 90 € günstiger. Der wichtigste Vorteil des iPad mini ist sicherlich seine Größe – es passt problemlos in eine Damenhandtasche, einen Mantel oder einen Anorak. Die Größe ist aber auch gleichzeitig der größte Nachteil des iPad mini. Da auf dem Bildschirm die gleiche Informationsmenge angezeigt wird wie auf dem größeren iPad Air, wird natürlich alles kleiner dargestellt. Alle Symbole und Schriften sind auf dem iPad mini um etwa 20 % kleiner dargestellt als auf dem großen iPad. Wer also ohnehin mit den Augen seine liebe Not hat und sich über eine große Schrift freut, sollte sich auf jeden Fall für das große iPad entscheiden.

Das iPad Air ist als Topmodell in acht technisch unterschiedlichen Versionen lieferbar. Neben den technischen Unterschieden können Sie sich jeweils noch entscheiden, ob Sie lieber ein schwarzes oder ein weißes iPad wollen.

Speicher	WLAN	WLAN/UMTS/GPS
16 GByte	479 €	599 €
32 GByte	569 €	689 €
64 GByte	659 €	779 €
128 GByte	749 €	869 €

∧ *Übersicht der verfügbaren iPad Air-Modelle*

Zu beachten ist, dass in der WLAN-Version der iPad-Modelle auch die GPS-Funktion fehlt. Dies macht Apple nicht, um Sie zu ärgern, vielmehr ist es so, dass die Industrie seit ein paar Jahren Chips herstellt, die UMTS und GPS in einem Baustein vereinen. Dieser IC fehlt bei der WLAN-Version einfach. Ohne GPS versucht das iPad trotzdem, Ihren Standort zu ermitteln, dies geht jedoch nur über WLAN und eine funktionierende Internetverbindung. Wer wissen möchte, wieso über ein WLAN eine relativ genaue Standortbestimmung möglich ist, sollte sich darüber in der deutschsprachigen Wikipedia unter *de.wikipedia.org/wiki/WLAN-basierte_Ortung* informieren.

Ob Sie Ihr iPad in Deutschland oder während eines Auslandsaufenthalts gekauft haben, spielt im Übrigen keine Rolle. Apple gewährt Ihnen weltweit ein Jahr Garantie auf das iPad. (Bitte verwechseln Sie jedoch Garantie nicht mit Gewährleistung. Letztere haben Sie natürlich nur bei einem in Deutschland erworbenen Gerät.) Mit dieser weltweiten Garantie können Sie zu jedem autorisierten Apple-Händler gehen, um Ihr Gerät im Schadensfall reparieren zu lassen.

Was ist eigentlich LTE?

∧ *Offizielles Logo des LTE-Konsortiums*

LTE ist in aller Munde, aber was ist LTE überhaupt? Diese drei Buchstaben stehen für Long Term Evolution und bezeichnen den neuesten Mobilfunkstandard. LTE ist damit der Nachfolger von UMTS. Bei diesem Funkstandard kann in verschiedenen Frequenzen gefunkt werden. In welchen dies konkret geschieht, hängt vom Land und den dort geltenden Standards ab. Aus verschiedenen Gründen sind die Frequenzen, in denen weltweit gefunkt werden darf, zum Teil sehr unterschiedlich.

Der im iPad Air und im iPad mini mit Retina Display verbaute LTE-Chip unterstützt alle in Deutschland wichtigen Frequenzbänder. Somit können beide Geräte in allen LTE-Netzen, die in Deutschland betrieben werden, verwendet werden.

Noch keine Version gekauft?

Vielleicht haben Sie sich noch kein iPad gekauft und stellen sich nun die Frage, welches das richtige für Sie ist. Das können wir Ihnen natürlich auch nicht mit Sicherheit beantworten, aber tendenziell würden wir Ihnen immer zur UMTS-Version raten. Das iPad ist ein Gerät, bei dem es richtig Spaß macht, es auch unterwegs zu benutzen. Sollten Ihnen derzeit die Datentarife der Telefonanbieter noch zu teuer sein: Diese werden in Zukunft sicherlich noch gesenkt werden. Übergangsweise können Sie die UMTS-Funktion einfach brachliegen lassen.

^ Das »alte« iPad 2 kann zu einem günstigen Preis erworben werden.

Ob es 16, 32, 64 oder gar 128 GByte sein sollen, hängt hauptsächlich davon ab, ob Sie unterwegs häufig Videos sehen oder viel Musik mit sich herumtragen möchten. Ist dies nicht der Fall, entscheiden Sie sich ruhig für eines der kleineren Modelle. Aber Achtung: Mit diesem Gerät steigen schnell die Wünsche, und unterwegs ein Filmchen zu schauen ist reizvoller, als man zuerst so denkt! Bedenken Sie weiterhin, dass der Speicher des Gerätes nicht erweitert werden kann.

Ob es ein iPad mini oder doch lieber eines mit großem Display sein soll, ist sowohl Geschmackssache als auch eine Frage, wie viel Wert Sie auf gute Lesbarkeit legen. Wir würden hier immer empfehlen: Probieren Sie die verschiedenen Modelle im Geschäft aus. Vielen Personen gefallen am Anfang die Größe und das geringe Gewicht des »kleinen« iPads sehr gut. Im direkten Vergleich wiederum entscheiden sich viele dann doch für das größere Gerät wegen der größeren Schrift. Probieren Sie es daher vor dem Kauf einfach aus.

Ein »altes« iPad der zweiten Generation oder ein iPad mini ohne Retina Display würden wir Ihnen nicht mehr empfehlen. Nicht dass diese Geräte schlecht sind – also wahrlich nicht –, aber wenn man ohnehin nicht gerade wenig Geld in die Hand nimmt, um ein neues Gerät zu kaufen, dann ist das Retina Display auf jeden Fall ein Grund, etwas mehr auszugeben.

Ob Sie sich am Ende für ein weißes oder ein schwarzes Gerät entscheiden, hängt nur noch von Ihrem Geschmack ab.

Steve Jobs – ein paar persönliche Worte

∧ Steve Jobs (Bild: Apple)

Ob Steve Jobs ein netter Mensch war oder nicht, können wir nicht wissen. Wenn man der von ihm autorisierten Biografie glauben darf, ist er mit Sicherheit kein Mensch gewesen, den man ohne Weiteres nachts angerufen hätte, um sich bei ihm auszuheulen.

Was man aber zweifelsohne über ihn sagen kann, ist, dass er ein untrügliches Gespür dafür hatte, wie sich Technik weiterentwickeln sollte. Dabei war er mit den von ihm verantworteten Produkten erst zufrieden, wenn sie nach seinen Maßstäben perfekt waren.

Er muss so etwas wie einen inneren Kompass besessen haben. Von diesem Kompass hat er sich leiten lassen und die Richtung für die ganze Firma vorgegeben.

Dass er bereit war, auf diesem Weg erhebliche Risiken für die Firma einzugehen, sieht man an der zum Teil radikalen Produktpolitik, die sich von der anderer Firmen komplett unterscheidet. Dass es in seinem Umfeld nicht allzu viele Leute gab, die ihm widersprechen durften, ist ebenfalls bekannt. Vermutlich machen diese beiden Seiten der Medaille es erst möglich, so viel Erfolg zu haben.

Steve Jobs hat jedenfalls den ganz einzigartigen Stil der Firma Apple geprägt. Sicherlich sind für jeden andere Dinge bei einem Produkt wichtig, aber für uns ist es u. a. diese Detailbesessenheit bei den Apple-Produkten. Dies kann man auch sehr gut an den Verpackungen von Apple beobachten. Wenn Sie das nächste Mal ein Apple-Gerät auspacken, machen Sie sich doch einmal bewusst, mit wie viel Liebe zum Detail diese Verpackung gestaltet wurde. Daran sieht man, dass Apple erkannt hat: Auch das Auspacken gehört zum Kauferlebnis dazu. Aber Achtung, es besteht die Gefahr, dass Sie über das nächste Gerät einer anderen Firma nur den Kopf schütteln und sich ärgern!

Über dieses Buch

Wir haben dieses Buch so aufgebaut, dass jedes Kapitel für sich gelesen werden kann. Sie müssen es also selbstverständlich nicht von der ersten bis zur letzten Seite an einem Stück durcharbeiten. Lesen Sie einfach die Kapitel, die Sie interessieren.

Es gibt allerdings drei Ausnahmen: Kapitel 2 sollten Sie lesen, wenn Sie Ihr iPad noch nicht in Betrieb genommen haben. Dort erklären wir Ihnen, was zu tun ist, wenn Sie das iPad auspacken und zum ersten Mal einschalten. Sollten Sie Ihr iPad bereits erfolgreich in Betrieb genommen haben, können Sie Kapitel 2 überspringen. Kapitel 3 und 4 hingegen sollte jeder gelesen haben. Dort erklären wir die Grundlagen und wichtige Begriffe. In diesen beiden Kapiteln geben wir das Vokabular vor, das Sie benötigen, um mit dem Rest des Buches gut arbeiten zu können.

Mac oder Windows?

Ob Sie lieber mit einem Apple-Computer oder mit einem PC arbeiten, auf dem Microsoft Windows installiert ist, spielt für den Umgang mit dem iPad zunächst einmal keine große Rolle!

Unterschiede gibt es im Wesentlichen vor allem in einem entscheidenden Bereich: dem Datenaustausch. Zwar verwenden Sie sowohl unter Mac als auch unter Windows iTunes zum Datenabgleich, die Frage ist aber: Welches System verwenden Sie »hinter« iTunes? Wenn Sie an einem Mac arbeiten, ist es sehr wahrscheinlich, dass Sie mit den Programmen Kalender, Kontakte und iPhoto arbeiten. In der Windows-Welt gibt es allerdings Dutzende Programme zur Verwaltung von Adressen, Kalendern und Fotos. Hier ist die Windows-Welt einfach viel inhomogener. Wer mit einem Apple Macintosh arbeitet, kann mit Programmen arbeiten, die perfekt für den Umgang mit iPhone und iPad programmiert wurden. In der Windows-Welt haben Sie zwar eine größere Auswahl an Programmen, diese sind aber nicht perfekt auf den Umgang mit dem iPad ausgelegt.

Unsere persönliche Meinung

Eine persönliche und überhaupt nicht objektive Bemerkung sei uns an dieser Stelle erlaubt. Wir lieben unsere Macs. Wir sind beide bereits vor dem großen Apple-Hype auf diese Rechner umgestiegen und haben es bis heute nicht bereut. Apple hat von Anfang an ein Konzept verfolgt, das sich auch beim iPad zeigt: »Weniger ist mehr.« Weniger Möglichkeiten, etwas einzustellen, bedeuten auch weniger Möglichkeiten, etwas zu verstellen. Auswahl ist nur gut, solange sie einen nicht überfordert.

Kapitel 2

Das iPad in Betrieb nehmen

Es wäre naiv, zu glauben, dass Sie als Leser zunächst dieses Buch durcharbeiten und dann erst das iPad in die Hand nehmen. Das iPad lädt wie kaum ein anderes Gerät zum Spielen und Experimentieren ein. Jeder, der sich dieses Gerät gekauft hat, nimmt es aus der Verpackung, schaltet es ein und legt (hoffentlich erfolgreich) los. Nichtsdestotrotz wollen wir hier so tun, als ob. Möglicherweise hat es bei Ihnen an der einen oder anderen Stelle gehakt, und daher wollen wir die Sache systematisch angehen. Wir tun daher im Folgenden so, als würde das iPad originalverpackt vor Ihnen liegen, und Sie wollten jetzt loslegen.

Des Weiteren werden wir Ihnen am Ende des Kapitels erklären, wie Sie iTunes installieren. Sollten Sie bereits erfolgreich die ersten Schritte mit dem iPad absolviert und iTunes auf Ihrem Computer aktualisiert bzw. installiert haben, so lesen Sie einfach im nächsten Kapitel weiter.

∧ *Originalverpackung des iPads*

Das iPad ohne Computer in Betrieb nehmen

Um Ihr iPad in Betrieb zu nehmen, müssen Sie keinen Computer besitzen oder benutzen. Während der Inbetriebnahme muss das iPad jedoch über das Internet aktiviert werden. Hierzu müssen Sie die Möglichkeit haben, eine Verbindung zum Internet aufzubauen. Dies können Sie über ein WLAN (also ein lokales Funknetz) machen oder (falls vorhanden) über das im iPad eingebaute UMTS-Modul.

Sollten Sie nur über ein kabelgebundenes Internet verfügen, können Sie Ihr iPad auch über einen Computer aktivieren, auf diesem muss dann aber zwingend iTunes installiert sein. Im Folgenden wollen wir Ihnen zeigen, wie Sie das iPad via WLAN in Betrieb nehmen.

Komplizierter Einstieg?

Okay, die ersten Schritte mit dem iPad hören sich zum Teil etwas kompliziert an. Auf den folgenden Seiten werden wir Ihnen erklären, wie man das iPad in Betrieb nimmt. Es mag ein wenig komisch erscheinen, dass ein Gerät, von dem alle Welt behauptet, dass es ganz einfach zu bedienen sei, nun eine Anleitung dazu benötigt. Während der Einrichtung werden Ihnen eine ganze Reihe von Fragen gestellt.

In einer perfekten Welt könnte man sich davon viele Fragen sicherlich sparen. Leider leben wir jedoch in keiner solchen. In erster Linie gibt es zwei große Problemfelder.

Das erste ist, dass jemand versuchen könnte, in Ihr Benuterzkonto einzubrechen. Dies muss unbedingt verhindert werden. Apple ist eine große Firma und damit ein attraktives Ziel für Angreifer. Auch wenn Sie vielleicht sagen, dass es Ihnen egal wäre, wenn jemand in Ihr Benutzerkonto einbricht und beispielsweise Ihre E-Mails liest, kann es sich Apple natürlich nicht so einfach machen. Apple muss allen Benutzern Techniken an die Hand geben, mit denen es möglich ist, sicher vor Hackern zu sein. Man kann es mit der Sicherheit im eigenen Haus vergleichen. Am schönsten wäre es, wenn wir alle unsere Wohnungstüren nicht abschließen müssten. Nie wieder vergessene Schlüssel. Aber leider gibt es Einbrecher.

Das andere große Problemfeld ist der Datenschutz – also die Frage, wie viel Sie von sich preisgeben wollen. Mag es für den einen angenehm sein, dass die Position des iPads geortet werden kann, empfindet ein anderer dies als Bedrohung seiner Privatsphäre.

Unter dem Strich kann man sagen: »Es hilft ja nix!« Also keine Angst, wenn Sie die ersten Schritte geschafft haben, werden Sie sehen, dass es gar nicht wehgetan hat.

Bevor es losgeht

Bevor es gleich wirklich losgeht, noch ein paar Tipps. Sollten Sie über ein iPad mit UMTS-Modul verfügen, die Erstaktivierung aber über Ihr WLAN durchführen wollen, so legen Sie die Karte noch nicht ein. Wenn Sie Ihr iPad via UMTS aktivieren wollen, halten Sie bitte die PIN Ihres Providers bereit, dann müssen Sie sie nicht suchen, wenn es gleich losgeht. Das Gleiche gilt auch für das WLAN-Kennwort. Die meisten lokalen Funknetze sind verschlüsselt (und sollten es auch sein). Sie benötigen dieses Kennwort, um sich am WLAN anmelden zu können. Dieses Kennwort besteht häufig aus einer langen Buchstaben-Ziffern-Kombination. Sollten Sie es nicht kennen, müssen Sie es zuerst in Erfahrung bringen. Aktivieren Sie Ihr iPad aus Sicherheitsgründen nicht in einem ungeschützten, öffentlichen WLAN.

Des Weiteren empfehlen wir Ihnen, ein Blatt Papier und einen Stift neben das iPad zu legen, um sich Kennwörter und Codes zu notieren. Diese Kennwörter werden Sie in Zukunft noch häufiger benötigen und sollten nicht vergessen werden.

Das iPad zum ersten Mal einschalten

Die Bedienelemente des iPads werden wir Ihnen im nächsten Kapitel systematisch und in vollem Umfang erklären. Wie bereits beschrieben, soll es in diesem Kapitel nur darum gehen, das iPad in Betrieb zu nehmen.

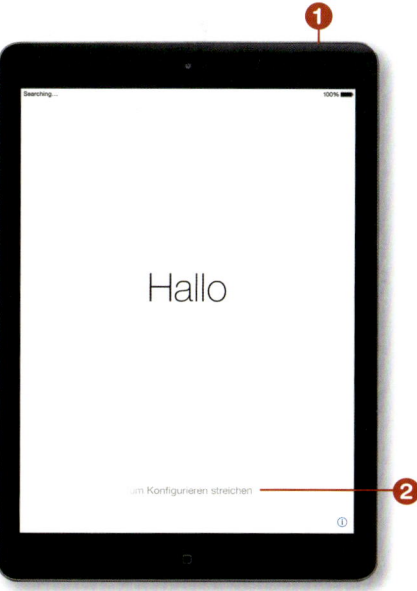

1. Der Akku des iPads ist bereits vorgeladen. Sie müssen das iPad daher nicht erst aufladen. Mit dieser Akkuladung werden Sie nicht viele Stunden arbeiten können, aber für die Inbetriebnahme des Gerätes reicht es auf jeden Fall.

2. Legen Sie das iPad hochkant vor sich. Oben rechts finden Sie einen Ein-/Ausschalter ❶. Drücken und halten Sie diesen für ein paar Sekunden. Sie werden daraufhin mit dem Apple-Logo begrüßt. Das iPad startet nun.

3. Nach ein paar Sekunden erscheint der Eröffnungsbildschirm des iPads. Sie sehen in großen Lettern das Wort **Hallo** in verschiedenen Sprachen. Unten wird Ihnen ebenfalls in mehreren Sprachen angezeigt, dass Sie **Zum Konfigurieren streichen** sollen ❷ (siehe Abbildung Seite 31). Was sprachlich vielleicht etwas unschön formuliert ist, heißt nichts anderes, als dass Sie den Zeigefinger auf die linke Seite des Bildschirms legen und mit ihm von links nach rechts über den Bildschirm streichen sollen. Hierdurch wird das iPad entsperrt. Die Installation startet automatisch.

4. Sollten Sie eine SIM-Karte in Ihr iPad eingelegt haben, kommt nun eine Aufforderung, diese durch Eingabe der PIN zu entsperren. Diese PIN haben Sie von Ihrem Mobilfunkanbieter erhalten. Tippen Sie die PIN über die Bildschirmtastatur ein, und bestätigen Sie die Eingabe, indem Sie auf den Button **OK** ❶ tippen. Beachten Sie, dass durch drei Fehleingaben der PIN die SIM-Karte automatisch gesperrt wird. Falls Ihnen nicht die richtige PIN vorliegt, so entfernen Sie bitte die SIM-Karte aus Ihrem iPad.

5. Wählen Sie nun aus, in welcher Sprache Sie das iPad zukünftig bedienen möchten. Die Voreinstellung ist **Deutsch**. Sollten Sie jedoch eine andere Sprache bevorzugen, können Sie mit dem Finger nach unten blättern. Tippen Sie auf die von Ihnen gewünschte Sprache.

6. Im nächsten Schritt geben Sie das Land an, in dem Sie sich befinden. Die dort gesprochene Landessprache muss natürlich nicht mit der von Ihnen soeben getroffenen Sprachauswahl übereinstimmen. Abhängig vom Land, in dem Sie sich aufhalten, gelten jedoch bestimmte rechtliche Vorgaben u. a. für den iTunes Store. Außerdem bietet Ihnen Apple nicht in jedem Land jede Dienstleistung an.

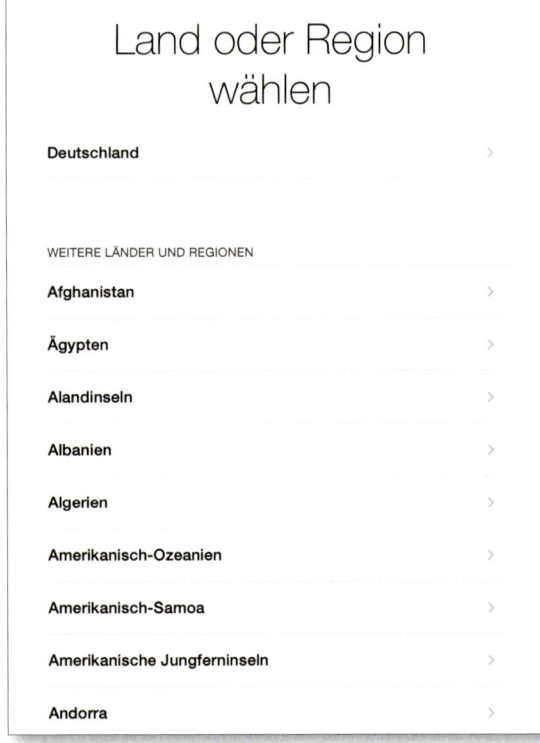

Das iPad aktivieren

Nun haben Sie die ersten Schritte zur Einrichtung bereits geschafft, im nächsten großen Schritt muss das iPad noch aktiviert werden. Ohne Aktivierung kann das iPad grundsätzlich nicht verwendet werden. Für diese Aktivierung muss das iPad »nach Hause telefonieren«. Hierzu ist eine Internetverbindung zu einem Apple-Server nötig. Wir zeigen Ihnen im Folgenden, wie Sie Ihr iPad über ein WLAN aktivieren.

1. Möchten Sie Ihr iPad nicht via WLAN, sondern mithilfe des Mobilfunknetzes oder iTunes aktivieren, wählen Sie dies im unteren Bereich aus ❷, und folgen Sie den Anweisungen auf dem Bildschirm.

2. Wollen Sie das iPad via WLAN aktivieren, wählen Sie aus der Liste Ihr Netzwerk aus. Befindet sich in der Zeile Ihres Netzwerkes ein Schloss, ist dieses verschlüsselt, und Sie müssen zunächst das Kennwort eingeben.

Sie benötigen eine Internetverbindung

Egal wie Sie das iPad aktivieren wollen, Sie benötigen auf jeden Fall eine Internetverbindung.

- **Aktivieren via WLAN:** die angenehmste und schnellste Variante, um das iPad zu aktivieren. Sie müssen sich im WLAN anmelden, und das iPad aktiviert sich nahezu von alleine via Internet.

- **Aktivieren via UMTS:** Diese Alternative ist fast genauso bequem wie die Variante über WLAN. Voraussetzung ist natürlich, dass Ihr iPad über ein UMTS-Modul verfügt und Sie eine SIM-Karte eingesetzt haben.

- **Aktivieren via iTunes:** Sollten Sie über kein WLAN oder UMTS verfügen, können Sie Ihr iPad auch via iTunes aktivieren. Auf Ihrem Computer (egal ob Mac oder Windows-PC) muss iTunes in einer möglichst aktuellen Version installiert sein. Darüber hinaus muss Ihr Computer natürlich mit dem Internet verbunden sein. Der Computer wird von dem iPad als eine Art Brücke verwendet, um mit dem Apple-Server Kontakt aufzunehmen.

3. Geben Sie das Kennwort für Ihr Netzwerk ein. Im unteren Bereich finden Sie die Tastatur. Beachten Sie, dass Sie das Kennwort selbst nicht sehen. Die eingegebenen Zeichen sind nur kurz sichtbar und werden dann durch Punkte ersetzt.

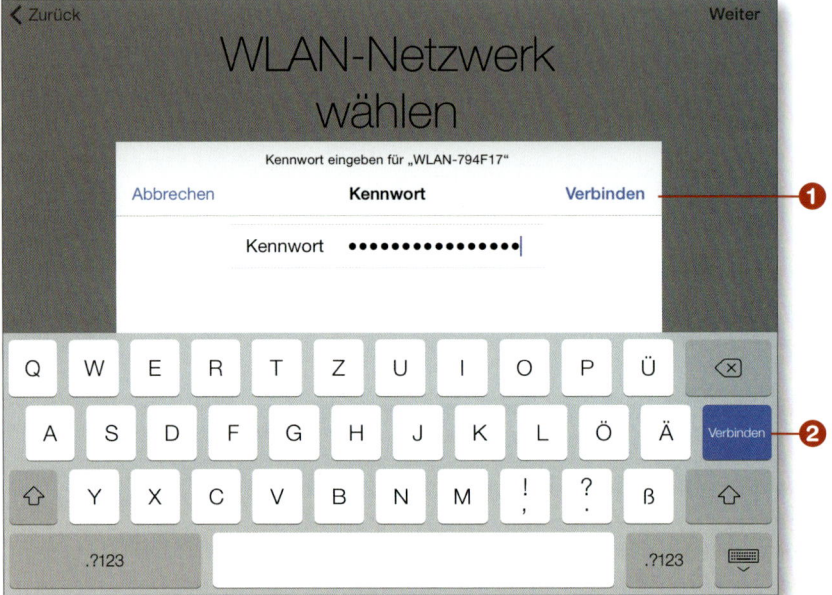

4. Um sich danach erstmalig mit dem WLAN-Netzwerk zu verbinden, tippen Sie auf die Schaltfläche **Verbinden** ❶. Sie können Ihre Eingabe auch durch Tippen auf die entsprechende Taste ❷ der Bildschirmtastatur bestätigen. Wurde das Kennwort korrekt eingegeben, werden Sie mit dem Netzwerk verbunden. Sie wechseln automatisch auf die nächste Bildschirmseite.

5. Als Nächstes werden Sie gefragt, ob Sie die Ortungsdienste aktivieren möchten. Sie können sie an dieser Stelle global aktivieren bzw. deaktivieren. Wenn Sie diese Entscheidung später einmal ändern wollen, können Sie dies selbstverständlich tun, siehe hierzu Kapitel 19, »Einstellungen vornehmen«, ab Seite 306. Auch wenn Sie jetzt vielleicht Sicherheitsbedenken haben, empfehlen wir Ihnen, die Ortungsdienste erst einmal zu aktivieren ❸.

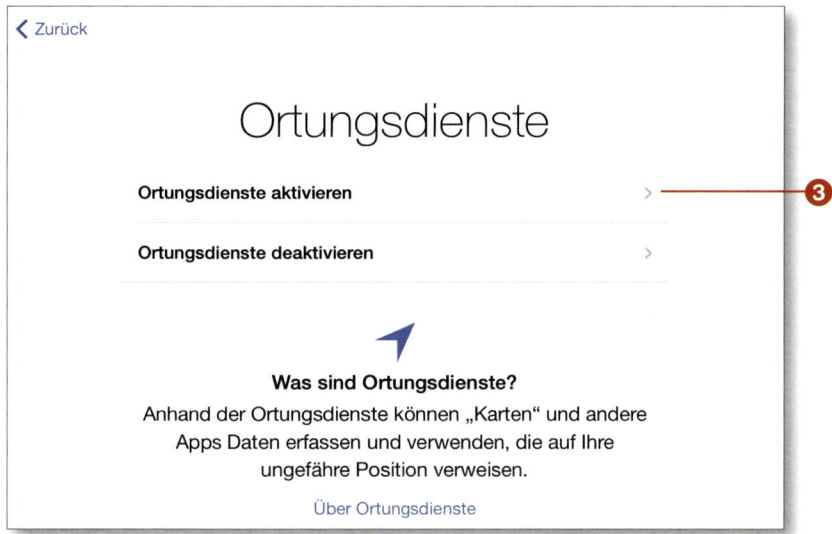

✚ Eine kurze Einführung in die Benutzung der Tastatur

Wie die Tastatur im Detail funktioniert, erklären wir in Kapitel 3, »Erste Schritte mit dem iPad«, ab Seite 66. Da Sie zur Eingabe Ihres WLAN-Kennworts aber vielleicht mehr als nur kleine Buchstaben eingeben müssen, hier ein paar kurze Hinweise:

- **Großbuchstaben:** Wie bei einer normalen Tastatur gibt es eine Umschalttaste in der zweiten Reihe von unten einmal ganz links und einmal ganz rechts. Tippen Sie einmal auf die Umschalttaste, hierdurch bekommt der Pfeil nach oben eine graue Füllung. Nun geben Sie einen Großbuchstaben ein. Der nächste Buchstabe ist automatisch wieder ein Kleinbuchstabe.

- **Ziffern und Sonderzeichen:** In der untersten Zeile links und rechts neben der Leerzeichentaste finden Sie die Taste, auf der **.?123** steht. Tippen Sie einmal auf diese Taste, und aus den Buchstabentasten werden Ziffern- und Sonderzeichentasten. Hierdurch wechseln Sie in die zweite Ebene der Tastatur. Um wieder zurück zu den Buchstaben zu kommen, tippen Sie auf **ABC**.

- **Weitere Sonderzeichen:** Sollten Ihnen Sonderzeichen fehlen, so müssen Sie in die dritte Ebene der Tastatur wechseln. Tippen Sie hierzu in der zweiten Ebene auf die Taste **#+=**.

Das iPad konfigurieren

Nachdem Sie das iPad aktiviert haben, geht es nun darum, es zu konfigurieren. Keine Angst, keiner der folgenden Schritte ist unumkehrbar. Jede Entscheidung kann später problemlos rückgängig gemacht werden.

1. Möchten Sie das iPad **Als neues iPad konfigurieren**, tippen Sie auf diese Schaltfläche ❶. Mit den beiden anderen Varianten ❷ und ❸ haben Sie die Möglichkeit, ein Backup von einer früheren Version einzuspielen.

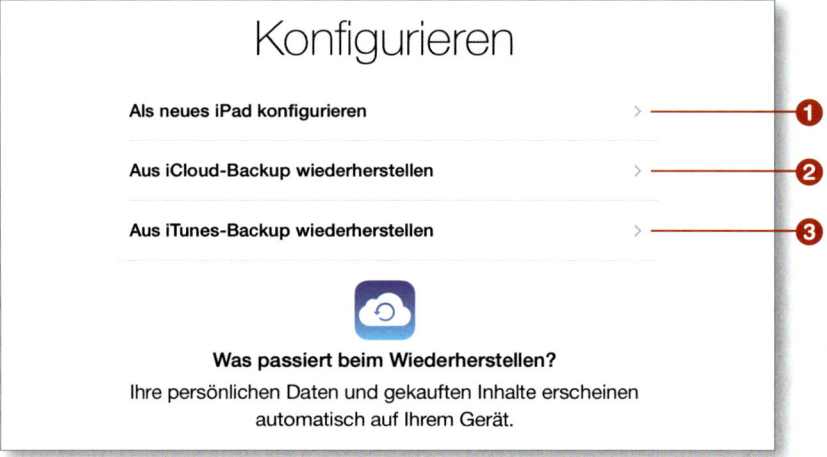

2. Als Nächstes erstellen Sie eine Apple-ID oder, falls bereits vorhanden, geben diese ein. Sollten Sie bereits eine Apple-ID haben (vielleicht weil Sie auch ein iPhone oder einen iPod touch besitzen), tippen Sie auf **Mit Ihrer Apple-ID anmelden** ❹. Im Folgenden werden wir erklären, wie man fortfährt, wenn noch keine Apple-ID vorhanden ist. Tippen Sie hierzu auf **Gratis Apple-ID erstellen** ❺.

> ✚ **Apple-ID – benötige ich so etwas?**
>
> Zuerst einmal, was ist eine solche ID überhaupt? Mithilfe der Apple-ID weiß Apple, wer Sie sind. Dies ist nötig, um bei Apple einkaufen zu können. Vielleicht wollen Sie gar nicht bei Apple einkaufen, aber auch in so einem Fall werden Sie mit hoher Wahrscheinlichkeit eine Apple-ID benötigen. Denn ohne eine solche ID können Sie keine kostenlosen Apps auf Ihrem iPad installieren.
>
> Um die obige Frage also zu beantworten: Sie benötigen eine Apple-ID nicht unbedingt – möchten Sie den vollen Funktionsumfang Ihres iPads aber nutzen, kommen Sie um eine Apple-ID und damit eine Registrierung bei Apple nicht herum.

3. Im Anschluss müssen Sie noch Informationen zu Ihrer Person eingeben. Zuerst müssen Sie Ihr Geburtsdatum angeben. Das können Sie auf einfache Art und Weise über die Rollen im unteren Bereich machen. Mit dem Zeigefinger wischen Sie so lange über die Rollen, bis Ihr Geburtsdatum korrekt eingeblendet wird. Wenn dies der Fall ist, tippen Sie oben rechts auf **Weiter**.

4. Im nächsten Schritt müssen Sie Ihren Vor- und Nachnamen eingeben. Die Tastatur wird im unteren Teil des Bildschirms automatisch eingeblendet. Wenn Sie Ihren Namen korrekt eingegeben haben, tippen Sie erneut oben rechts auf **Weiter**, um zur nächsten Seite zu gelangen.

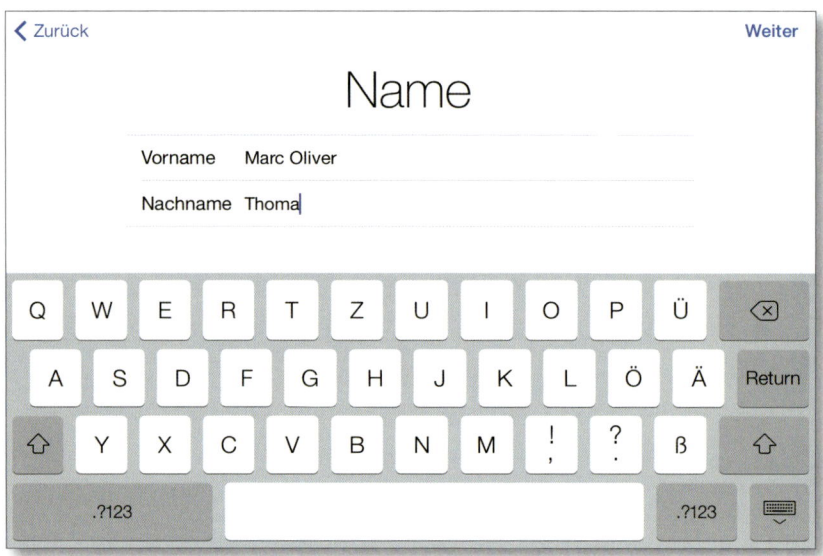

5. Nun müssen Sie wählen, an welche E-Mail-Adresse Ihre Apple-ID gekoppelt werden soll. Wenn Sie eine bereits vorhandene E-Mail-Adresse verwenden wollen, tippen Sie auf **Aktuelle E-Mail-Adresse verwenden**. Sollten Sie noch keine eigene E-Mail-Adresse verwenden oder jetzt direkt die iCloud aktivieren wollen – was wir Ihnen grundsätzlich empfehlen –, so tippen Sie auf **Gratis-E-Mail bei iCloud holen** und danach oben rechts auf **Weiter**.

➕ **Apple-ID = E-Mail-Adresse?**

Eine Apple-ID besteht aus einer ganzen Reihe von Informationen, z. B. aus Ihrem Namen, Ihrem Geburtsdatum, Ihrem Wohnort oder Zahlungsinformationen. Damit Sie all diese Informationen nicht immer wieder aufs Neue eingeben müssen, benötigen Sie einen Benutzernamen. Mit diesem Benutzernamen und einem Passwort authentifizieren Sie sich in Zukunft. Dieser Benutzername kann eine beliebige E-Mail-Adresse sein – natürlich sollten Sie Eigentümer dieser E-Mail-Adresse sein.

Diese E-Mail-Adresse, die mit Ihren Benutzerinformationen bei Apple gekoppelt ist, wird verkürzt als Apple-ID bezeichnet.

Einen iCloud-Account erstellen

Wir erklären Ihnen nun, wie Sie einen iCloud-Account erstellen. Sollten Sie an dieser Stelle keinen iCloud-Account wünschen, können Sie diesen Schritt natürlich überspringen. Sie können auch später noch jederzeit einen solchen Account erstellen. Erfahrungsgemäß ist es später jedoch mehr Arbeit, zwei Accounts zu verwalten: eine Apple-ID, bei der alle Einkäufe hinterlegt sind, und einen zweiten anderen Account, der verwendet wird, um Informationen zu synchronisieren.

➕ **iCloud – Was ist das denn nun schon wieder?**

An dieser Stelle bereits umfassend zu erklären, was die iCloud ist, würde den Rahmen dieses Kapitels sprengen. Detaillierte Informationen zur iCloud erhalten Sie daher in Kapitel 12, »So funktioniert die iCloud«, ab Seite 197. Aber wir möchten Sie hier natürlich nicht völlig im Unklaren lassen. Die iCloud ist ein kostenloser Dienst von Apple, bei dem Sie eine E-Mail-Adresse erhalten. Sie erhalten aber nicht nur eine E-Mail-Adresse, sondern einen beeindruckend leistungsfähigen Dienst, mit dem Sie Fotos, Kalender und Adressdaten zwischen dem Computer und Ihrem iPad synchronisieren können. Die iCloud funktioniert dabei Apple-typisch im Hintergrund und ausgesprochen problemlos.

∧ *An diesem Icon erkennen Sie die iCloud.*

1. Um einen iCloud-Account zu erstellen, müssen Sie sich zuerst eine E-Mail-Adresse »ausdenken«. Wie bei kostenlosen E-Mail-Adressen üblich, können Sie nur festlegen, was links vom @-Zeichen steht. Rechts von diesem Zeichen steht bei einem iCloud-Account immer *icloud.com*. Des Weiteren muss jede E-Mail-Adresse einmalig sein: Der Adressteil links vom @-Zeichen darf noch von niemand anderem verwendet werden.

Jetzt stellt sich natürlich die Frage, ob die von Ihnen auserkorene E-Mail-Adresse noch frei ist. Da gibt es nun keine Alternative, Sie müssen es einfach ausprobieren. Apple hat noch eine weitere Auflage, nämlich die erlaubten Zeichen innerhalb der E-Mail-Adresse. Haben Sie sich nicht an die Konventionen gehalten oder eine bereits verwendete E-Mail-Adresse gewählt, erhalten Sie eine Fehlermeldung. Tippen Sie oben rechts auf **Weiter**. Wenn Ihre E-Mail-Adresse den Vorgaben entspricht und noch nicht verwendet wurde, kommen Sie auf die nächste Seite.

2. Damit sich niemand unberechtigterweise Ihre Adresse aneignen kann, müssen Sie ein Passwort festlegen. Geben Sie dieses einmal unter **Kennwort** ❶ und ein weiteres Mal unter **Bestätigen** ❷ ein. Wir empfehlen Ihnen dringend, dass Sie dieses Kennwort ausschließlich für die iCloud bzw. die Apple-ID verwenden. Die Sicherheitsanforderungen an dieses Kennwort sind recht hoch, es muss wenigstens acht Zeichen lang sein und mindestens einen großen und einen kleinen Buchstaben sowie eine

Ziffer enthalten. Wenn Sie das Kennwort zweimal eingegeben haben, tippen Sie oben rechts auf **Weiter**. Sollten Sie einen Fehler gemacht haben, erhalten Sie einen Warnhinweis und können nicht fortfahren. Korrigieren Sie Ihre Eingabe.

3. Sollten Sie auch mal ein Kennwort vergessen, dann sind Sie froh, wenn Sie es zurücksetzen können. Hierzu haben Sie bei Ihrem iPad zwei Möglichkeiten.

Eine Möglichkeit besteht darin, die sogenannten Sicherheitsfragen zu beantworten. Hierzu geben Sie im nächsten Schritt drei Sicherheitsfragen an. Tippen Sie auf **Frage** ❸ (siehe Abbildung Seite 42), und wählen Sie unter den möglichen Fragen eine aus, die Sie gut und leicht beantworten können. Geben Sie die passende Antwort im unteren Bereich über die Tastatur ein ❹.

4. Wählen Sie eine sinnvolle Frage mit einer sinnvollen Antwort aus. Apple möchte Sie mit dieser Frage nicht gängeln. Für den Fall, dass Sie Ihr Kennwort einmal vergessen haben sollten, können Sie mithilfe dieser Sicherheitsfragen und Ihrem Geburtsdatum das Kennwort durch Apple wieder zurücksetzen lassen und ein Neues einrichten. Außerdem dienen sie der Authentifizierung.

Sicherheitsfragen – was sollen diese Fragen?

Das Prinzip der Sicherheitsfragen ist eigentlich ganz einfach, wenn auch etwas nervig: Sollten Sie einmal das Kennwort vergessen haben, so muss es wieder zurückgesetzt werden. Aber wie kann Apple wissen, dass Sie hierzu berechtigt sind und kein Fremder versucht, in Ihren Account einzubrechen? Genau hier kommen die Sicherheitsfragen ins Spiel. Im Idealfall sind nur Sie in der Lage, diese persönlichen Fragen zu beantworten. Apple muss diese Fragen aber natürlich einmal abfragen, und zwar, bevor es zu spät ist – also jetzt. Sie sollten sich daher durchaus etwas Mühe geben, hier sinnvolle Antworten einzugeben, auf die Sie eine eindeutige Anwort geben können. Hatten Sie z. B. zwei beste Freunde in der Teenagerzeit, wählen Sie besser eine andere Frage. Bedenken Sie, dass für den Fall der Fälle dies die einzige Möglichkeit ist, Ihr Kennwort zurückzusetzen.

5. Sie können das Kennwort aber nicht nur über die Sicherheitsfragen zurücksetzen, sondern auch mithilfe einer weiteren E-Mail-Adresse. Sollten Sie das Kennwort vergessen haben, so wird an diese E-Mail-Adresse eine Wiederherstellungs-E-Mail geschickt. Geben Sie diese E-Mail-Adresse in das Feld ein. Sollten Sie keine alternative E-Mail-Adresse besitzen, dann lassen Sie das Feld bitte einfach leer und tippen nur oben rechts auf **Weiter**.

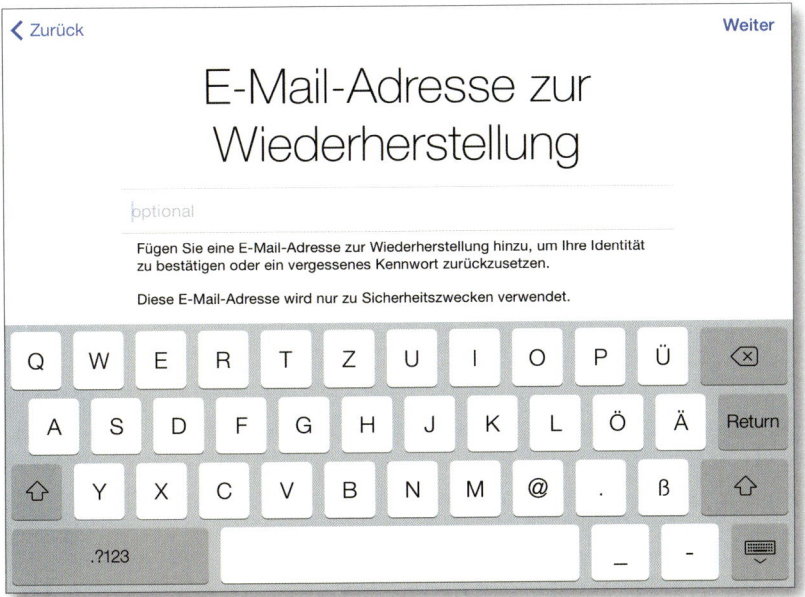

Nachdem Sie die E-Mail-Adresse eingegeben haben, wird umgehend eine E-Mail an diese E-Mail-Adresse verschickt. Darin erhalten Sie weitere Anweisungen, um die entsprechende E-Mail-Adresse für die Wiederherstellung zu aktivieren. Erst nachdem Sie diesen gefolgt sind, ist die E-Mail-Adresse für die Wiederherstellung aktiviert.

6. Im nächsten Schritt müssen Sie entscheiden, ob Sie **E-Mail-Updates** ❶ (siehe Abbildung Seite 44) von Apple erhalten wollen. E-Mail-Updates sind nichts anderes als Werbung von Apple. Tippen Sie auf den Schalter, um diese Benachrichtigungen ein- oder auszuschalten, und danach auf **Weiter**. Wenn Sie sich nicht sicher sind, ob Sie das wünschen, können Sie natürlich auch diese Einstellung zu einem späteren Zeitpunkt vornehmen.

7. Der nächste wichtige Schritt ist, dass Sie die Nutzungsbedingungen akzeptieren. Tippen Sie dazu unten rechts auf **Akzeptieren**. Ein weiteres Fenster erscheint, in dem Sie erneut auf **Akzeptieren** tippen.

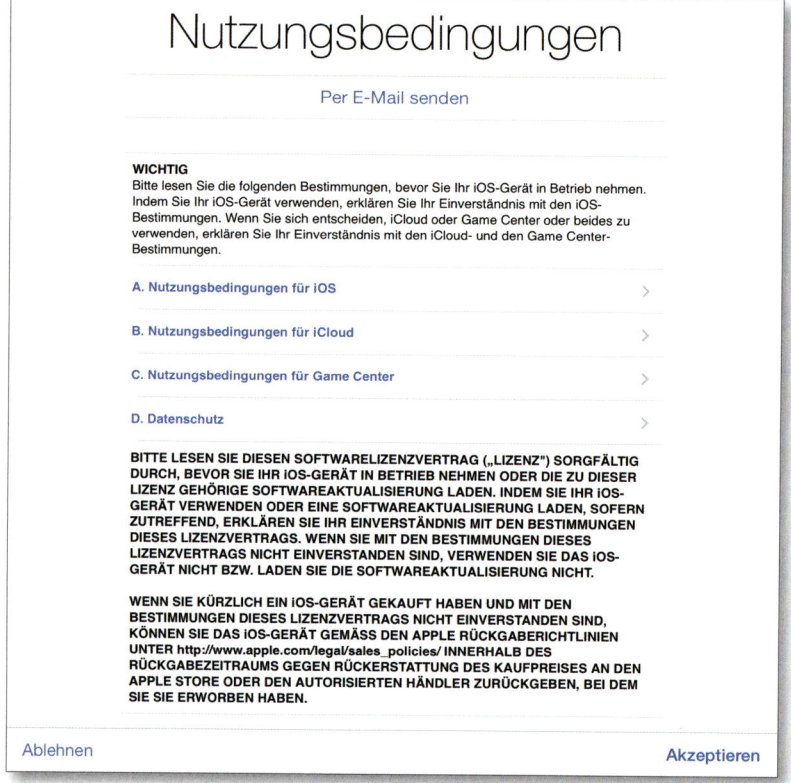

8. Entscheiden Sie nun, ob Sie die iCloud auch verwenden möchten. Dieser Schritt mag ein wenig verwirren – in den vorherigen Schritten haben Sie aber »nur« einen iCloud-Account erstellt und diesen als Apple-ID aktiviert. Im nun folgenden Schritt müssen Sie die iCloud noch für das iPad aktivieren. Tippen Sie hierzu auf **iCloud verwenden**.

9. Wenn Sie Ihr iPad verlegt oder verloren haben, können Sie sich auf einer Karte anzeigen lassen, wo es sich befindet. Hierzu müssen Sie die Funktion **Mein iPad suchen** aktivieren. Wie präzise jedoch die Ortung ist, hängt von vielen Faktoren ab. Falls Sie diese praktische Funktion verwenden möchten, tippen Sie auf **Verwenden**.

10. Als Nächstes sollten Sie einen vierstelligen geheimen Code eingeben, der nur Ihnen bekannt ist. Diesen müssen Sie in Zukunft immer eingeben, wenn Sie das iPad einschalten. Hierdurch wird verhindert, dass sich jemand unberechtigt Zugang zu Ihrem iPad verschafft. Auch wenn die eingeblendete Tastatur an dieser Stelle anderes vermittelt, ist der einzugebende Code ein reiner Zahlencode – ähnlich wie die PIN einer EC-Karte. Sollten Sie keinen solchen Code wünschen, dann tippen Sie auf **Code nicht hinzufügen**.

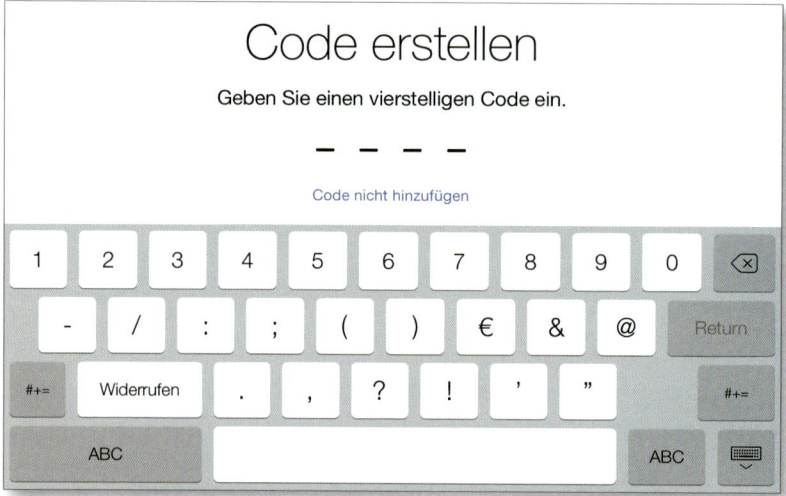

11. Im folgenden Fenster werden Sie gefragt, ob Sie den iCloud-Schlüsselbund konfigurieren (und damit auch verwenden) möchten. Wir zeigen im Folgenden, wie der iCloud-Schlüsselbund verwendet wird. Hierzu tippen Sie auf **iCloud-Schlüsselbund konfigurieren**. Für den Fall, dass Sie diese Einstellungen später vornehmen möchten, tippen Sie auf **Später konfigurieren**.

iCloud-Schlüsselbund

iCloud-Schlüsselbund konfigurieren >

Später konfigurieren >

Mit dem iCloud-Schlüsselbund bleiben gesicherte Kennwörter und Kreditkarteninformationen auf den von Ihnen genehmigten Geräten auf dem neuesten Stand. Die Daten sind verschlüsselt und können von Apple nicht gelesen werden.

iCloud-Schlüsselbund und Privatsphäre

12. Nun werden Sie gefragt, ob Sie hierfür den iPad-Gerätecode verwenden möchten oder sich einen anderen ausdenken wollen. Bequemer ist es, den Gerätecode zu verwenden. Sicherer ist es, einen anderen Code einzugeben. Wir selbst verwenden hier aus Bequemlichkeitsgründen den iPad-Gerätecode.

iPad-Gerätecode als iCloud-Sicherheitscode verwenden?

Ihr iCloud-Sicherheitscode kann verwendet werden, um den iCloud-Schlüsselbund auf einem neuen Gerät einzurichten.

Code verwenden

Anderen Code erstellen

13. Gleich haben Sie es geschafft! Nun müssen Sie noch eine Handynummer angeben. Sollten Sie in Zukunft auf einem anderen Gerät auf den Schlüsselbund zugreifen wollen, wird eine SMS an Ihre hinterlegte Handynummer verschickt. Diese SMS beinhaltet dann einen Code, der auf dem neu erworbenen Gerät eingegeben werden muss. Hiermit wird überprüft, ob Sie wirklich die Person sind, für die Sie sich ausgeben.

Telefonnummer

Land	+49 (Deutschland) >
Nummer	0171 53 4

Geben Sie eine Telefonnummer ein, über die SMS-Nachrichten empfangen werden können. Dies kann Ihre eigene oder die Nummer einer von Ihnen beauftragten Person sein.

Diese Nummer wird nur zum Überprüfen Ihrer Identität benutzt, wenn Ihr iCloud-Sicherheitscode verwendet wird.

➕ iCloud-Schlüsselbund – was ist das?

Der iCloud-Schlüsselbund ist von der Idee her recht einfach. In ihm werden Ihre Benutzernamen und Passwörter gespeichert. Wenn z. B. ein E-Mail-Account auf Ihrem iPad eingerichtet wird, so benötigen Sie hierfür einen Benutzernamen und das entsprechende Kennwort. Irgendwo müssen diese Informationen gespeichert werden. Sie können einfach »nur« auf Ihrem iPad gespeichert sein oder in der iCloud von Apple. Letzteres hat den Vorteil, dass Sie, falls Sie mehrere Apple-Geräte besitzen (oder Ihr iPad durch ein neues Modell ersetzen), Sie nun auf einem anderen Gerät Benutzername und Kennwort nicht erneut eingeben müssen. Naturgemäß ist es dann aber wichtig, dass nur Sie Zugriff auf diesen Schlüsselbund haben. Hierzu müssen Sie ein paar persönliche Informationen hinterlegen.

14. Das iPad kann Ihre Spracheingaben (Siri genannt) nicht selbst analysieren, sondern sendet das, was Sie sagen, als Tondokument an einen Apple-Server. Auf diesem wird dann die Analyse durchgeführt. Zwangsläufig »weiß« Apple dann aber, was Sie gesagt bzw. geschrieben haben. Aus diesem datenschutzrechtlichen Grund müssen Sie die Diktierfunktion zuerst aktivieren. Entscheiden Sie sich nun, ob Sie Siri verwenden möchten. Wir empfehlen Ihnen, diese praktische Funktion zu aktivieren. Tippen Sie dazu auf **Siri verwenden**. Möchten Sie diese Funktion lieber nicht verwenden, tippen Sie auf **Siri nicht verwenden**.

15. Zu guter Letzt werden Sie nun gefragt, ob Sie Diagnose- und Nutzungsdaten an Apple schicken möchten. Wenn Sie zustimmen, wird beobachtet, wie Sie Ihr iPad verwenden, und diese Informationen werden an Apple geschickt. Apple verspricht, diese Informationen anonymisiert auszuwerten.

Wir sind nicht pingelig, wenn es um die Weitergabe unserer Daten geht – aber eben nur dann, wenn wir einen konkreten Vorteil davon haben. Dies ist unserer Meinung nach hier nicht so. Daher nehmen wir an dieser Datenerhebung nicht teil; wenn Sie diese auch nicht wünschen, tippen Sie auf **Nicht senden**.

16. So, nun haben Sie es geschafft, Ihr iPad ist installiert. Glückwunsch auch von unserer Seite. Es war nicht schwer, aber viele Entscheidungen waren zu treffen. Keine Angst, jede dieser Entscheidungen kann auch im Nachhinein noch geändert werden. Kennwörter und Codes sollten aber an einem sicheren Ort auf-bewahrt werden. Dies erleichtert die Sache ungemein. Tippen Sie auf **Los geht's**, und damit haben Sie Ihr iPad erfolgreich in Betrieb genommen.

> Willkommen beim iPad
> Los geht's

iTunes installieren

Apple hat in den letzten Jahren das iPad so weiterentwickelt, dass man die Software iTunes immer seltener benötigt. In vielen Fällen ist sie aber noch erforderlich, um Musik, Bilder oder Videos vom Computer auf das iPad zu übertragen. Sollten Sie keinen Computer besitzen, benötigen Sie natürlich auch die Software iTunes nicht. Allen anderen würden wir aber auf jeden Fall empfehlen, diese Software in einer aktuellen Version auf dem Computer installiert zu haben.

Sollten Sie einen Apple Macintosh Ihr Eigen nennen, ist iTunes bereits auf Ihrem Computer installiert. Die Frage ist nur, ob die Version noch aktuell ist. Wenn Sie iTunes auf Ihrem Mac nicht regelmäßig verwenden, vergewissern Sie sich bitte, ob die Software auf dem aktuellen Stand ist. Starten Sie iTunes, und klicken Sie im Menü auf **iTunes ▸ Nach Updates suchen**. Sollte eine neuere Version existieren, laden Sie diese nun bitte herunter. Ihr Mac wird dieses Update automatisch installieren.

Wenn Sie einen Windows-PC besitzen und iTunes noch nicht installiert ist, müssen Sie dies nun nachholen. Laden Sie iTunes über das Internet herunter. Unter *www.apple.com/de/itunes* können Sie dies kostenlos tun. Leider ist diese Datei mit fast 100 MByte nicht ganz klein. Sollten Sie iTunes auf Ihrem Windows-PC bereits installiert haben, überprüfen Sie auch hier, ob die installierte Version aktuell ist. Starten Sie dazu iTunes, und klicken Sie im Menü auf **? ▸ Nach Updates suchen** (im Menü ganz rechts befindet sich das Fragezeichen als Menüeintrag). Sollten Sie kein Menü sehen, so tippen Sie kurz auf der Tastatur auf die Alt-Taste, um das Menü einzublenden.

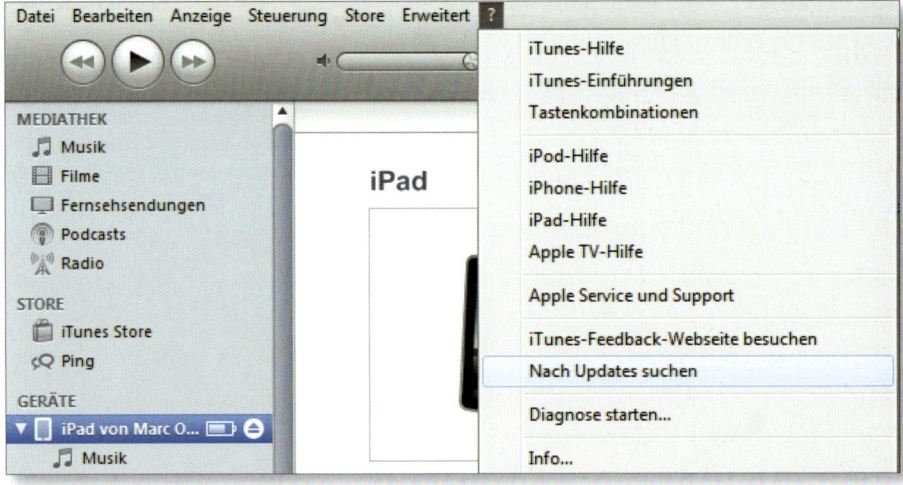

> *iTunes – hier suchen Sie nach Updates.*

Wenn Sie sich nicht sicher sind, ob iTunes auf Ihrem Computer installiert ist, dann laden Sie es einfach herunter und installieren es erneut. Durch diesen Vorgang wird eine bestehende Version entweder aktualisiert, oder es wird erstmals eine installiert.

Kapitel 3

Erste Schritte mit dem iPad

Nachdem das iPad nun installiert ist, soll es endlich richtig losgehen. Ab jetzt fängt der Spaß an. Falls Ihr iPad bereits installiert ist oder Sie Kapitel 2 übersprungen haben, sollten Sie dieses Kapitel auf jeden Fall lesen, da im Folgenden Grundlagen für das ganze Buch und alle weiteren Apps gelegt werden.

Sie werden sehen, dass das iPad sehr intuitiv zu bedienen ist und Sie Ihr wichtigstes Werkzeug immer bei sich haben: Ihren Zeigefinger! Anders als am Computer fühlt sich die Bedienung auf dem iPad völlig natürlich an, da Sie keine »Fingerverlängerung« wie die Maus benötigen. Auch das Surfen im Internet ist sehr intuitiv und angenehm.

Der Umgang mit Fotos macht hierbei besonders viel Spaß. Urlaubsfotos auf der Couch zu zeigen bereitet Freude, lässt in Erinnerungen schwelgen, und Fernweh kommt auch beim größten Urlaubsmuffel auf. Dass sich der Inhalt des iPad-Bildschirms dabei automatisch dreht, ist das i-Tüpfelchen.

^ *Das iPad ist ideal für Pausen (Foto: iStockphoto)*

Lassen Sie sich am Anfang auch dann nicht entmutigen, wenn mal nicht alles auf Anhieb funktioniert. Das iPad ist zwar leicht zu bedienen, aber kein triviales Produkt.

Das iPad im Überblick

> *Das iPad und alle Knöpfe und Anschlüsse*

Das iPad hat nur wenige Anschlüsse und Knöpfe: Links oben ❶ finden Sie den Kopfhöreranschluss. An diesen können Sie jeden handelsüblichen Kopfhörer mit 3,5-mm-Klinke anschließen.

Darüber hinaus können Sie aber auch kombinierte Mikrofone und Kopfhörer anschließen, so wie Sie sie von diversen Herstellern auch als Headset für das iPhone kaufen können. Wenn ein Kopfhörer eingesteckt ist, verstummt augenblicklich der interne Lautsprecher. Beides gleichzeitig zu nutzen ist nicht möglich.

In der Mitte des iPads auf der Rückseite befindet sich ein kleines Loch ❷. Dahinter sitzt das Mikrofon. Auch wenn man mit dem iPad nicht telefonieren kann, gibt es dennoch eine Reihe von Möglichkeiten, das Mikrofon mit Zusatzsoftware zu nutzen. In der Mitte des iPads ❸ finden Sie die Frontkamera. Diese ist in erster Linie für Video-Chats, wie beispielsweise FaceTime, gedacht.

Oben rechts ❹ finden Sie den Ein- und Ausschalter. Mehr zu diesem Schalter lesen Sie auf den nächsten Seiten.

Auf der rechten Seite oben ❺ befindet sich ein kleiner Schiebeschalter. Er kann zwei unterschiedliche Funktionen haben. Entweder wird der Ton ausgeschaltet, oder der Bildschirm wird verriegelt, sodass ein Drehen des iPads die Orientierung des Bildschirminhalts nicht verändert. Die Standardeinstellung ist, dass das iPad stumm geschaltet ist.

Ebenfalls auf der oberen rechten Seite ❻ finden Sie zwei Tasten. Damit wird die Lautstärke geregelt, und zwar sowohl, wenn der Kopfhörer eingesteckt ist, als auch, wenn der interne Lautsprecher verwendet wird.

Das SIM-Kartenfach ❼ auf der rechten Seite hat Ihr iPad logischerweise nur, wenn Sie sich für ein UMTS-Modell entschieden haben.

Den wohl am häufigsten verwendeten Knopf finden Sie auf der Vorderseite unten mittig: den Home-Button ❽. Mit diesem Knopf können Sie das iPad sowohl einschalten als auch jederzeit ein aktives Programm verlassen, um auf den Home-Bildschirm (den Desktop des iPads) zurückzukehren.

Ebenfalls mittig am unteren Rand des Bildschirms, aber von unten befindet sich der Lightning-Anschluss ❾. Hier schließen Sie das mitgelieferte

Kabel an. Mit dem anderen Ende können Sie das Kabel entweder mit dem Computer oder dem Ladegerät verbinden.

Unten am Gehäuse finden sie rechts und links vom Lightning-Anschluss kleine Löcher ❿ (siehe Abbildung Seite 52). Hinter diesen Löchern befinden sich die Lautsprecher. Achten Sie darauf, dass diese nicht verdeckt werden, da hierdurch die Lautstärke deutlich abnimmt.

Das iPad ein- und ausschalten

Wenn das iPad ausgeschaltet ist, muss man es einschalten. So weit, so gut. Das iPad kennt aber zwei unterschiedliche »Ausgeschaltet«-Zustände. Es kann vollständig ausgeschaltet sein, oder es befindet sich nur in einer Art Tiefschlaf. Wenn das iPad nur schläft, drücken Sie entweder den Knopf oben rechts oder den Home-Button. Da dies auch schnell einmal passieren könnte, während sich das iPad in der Tasche befindet, reicht dies allein noch nicht aus. Sie müssen nun das iPad noch entsperren.

➕ Das iPad aufladen – iPad-Ladegerät

Vielleicht ist das iPad nicht das erste Gerät in Ihrem Haushalt mit einem derartigen Ladegerät. Leider sind die Ladegeräte nicht alle identisch. So unterscheiden sich die Geräte zum Teil vom Aussehen, aber auch bezogen auf ihre inneren Werte. Das iPad Air Ladegerät hat mit 12 Watt eine deutlich höhere Leistung. Wenn Sie ein solches iPad an eines mit niedrigerer Leistung anschließen (10 oder 5 Watt), dauert der Ladevorgang länger. Sie müssen im Übrigen keine Angst haben, ein anderes Gerät an dieses leistungsfähigere iPad Air-Ladegerät anzuschließen. Die Geräte nehmen dadurch keinen Schaden.

Das aktuelle iPad Air-Ladegerät von anderen Ladegeräten zu unterscheiden ist leider nicht immer ganz einfach.

Das Gleiche gilt im Übrigen auch, wenn Sie das iPad über Ihren Computer aufladen möchten. Sie können das iPad nicht über jeden USB-Anschluss eines Computers laden. Die meisten USB-Anschlüsse von Windows-Computern liefern so wenig Leistung, dass das iPad gar nicht lädt.

Wenn Sie das iPad für ein paar Stunden oder auch ein bis zwei Tage nicht mehr nutzen möchten, drücken Sie einfach oben rechts auf den Knopf, um es auszuschalten. Das Display geht daraufhin aus. Wenn Sie es nun wieder einschalten wollen, drücken Sie erneut auf diesen Knopf (oder den Home-Button) und entsperren das iPad wieder.

Möchten Sie das iPad richtig ausschalten, müssen Sie den Knopf oben länger gedrückt halten (etwa drei bis vier Sekunden). Nun wird oben ein Schieber auf dem Bildschirm angezeigt. Schieben Sie diesen nach rechts, wird das iPad heruntergefahren. Genau wie bei einem normalen Computer dauert dieser Vorgang ein paar Sekunden.

Möchten Sie das iPad nach dem Herunterfahren wieder einschalten, müssen Sie erneut den Knopf oben rechts für ein paar Sekunden gedrückt halten. Nun »bootet« Ihr iPad. Genau wie bei einem richtigen PC dauert dies ein paar Sekunden.

Um das iPad zu entsperren, ziehen Sie den Zeigefinger von links nach rechts und schieben so den Riegel nach rechts. Danach ist Ihr iPad aufgeschlossen.

< Das iPad mit dem Finger entsperren

Das iPad drehen

Sie werden es vermutlich bereits wissen: Man kann das iPad sowohl hochkant als auch im Querformat halten. Sie können es sogar auf den Kopf stellen (dann ist der Home-Button oben). Das iPad zeigt Ihnen den Inhalt immer korrekt an. Soll das iPad seinen Inhalt nicht drehen – weil Sie vielleicht im Bett liegen und etwas lesen möchten –, können Sie den Bildschirm auch sperren. Wie Sie ihn verriegeln können, lesen Sie im Abschnitt »Ausrichtungssperre aktivieren oder den Ton ausschalten«, ab Seite 73.

Wir wissen natürlich nicht, wie es Ihnen mit dem iPad ergeht. Wir haben das iPad zunächst eher im Hochformat gehalten – also wie ein Buch. Aber bereits nach kurzer Zeit hält man das iPad eigentlich so gut wie nur noch im Querformat.

> Drehen Sie das
iPad, passt sich
der Inhalt an.

➕ **Drehen des iPads**

Wenn das iPad flach auf dem Tisch liegt und Sie es drehen, ändert es seine Ausrichtung nicht. Dies kann der eingebaute Sensor (der ähnlich wie eine Wasserwaage funktioniert) nicht registrieren. Sobald Sie das iPad kurz anheben und etwas schräg halten, erkennt es wieder, wo oben und unten ist.

Der Home-Bildschirm

Ähnlich wie Sie auf Ihrem Computer einen Desktop haben, haben Sie auf dem iPad einen Home-Bildschirm. Egal, wo Sie sich gerade in einer App befinden, immer wenn Sie den Home-Button drücken, kommen Sie zurück auf den Home-Bildschirm. Der Home-Bildschirm teilt sich in zwei Bereiche – den oberen großen und den unteren kleinen Bereich. Der untere kleine Bereich funktioniert ähnlich wie das Dock bei einem Apple Macintosh. Welche besondere Rolle das Dock spielt, werden wir Ihnen gleich noch zeigen.

Die Standard-Apps auf dem iPad

Apple liefert bereits die wichtigsten Anwendungen auf dem iPad mit. Wofür diese gut sind, soll hier kurz und knapp erläutert werden. Eine ausführliche Beschreibung finden Sie ab Kapitel 5, »Ins Internet mit Safari«. Jedes folgende Kapitel widmet sich dann einer App.

Wer ein iPhone sein Eigen nennt, wird sich möglicherweise wundern. Einige Apps finden sich nicht auf dem iPad, sondern nur auf dem iPhone. Die fehlende Börsen-App haben wir persönlich nicht vermisst, aber bei der Wetter-App ist dies doch sehr schade.

➕ Was ist eine App?

Auf großen Computern laufen Programme, auf kleinen Computern laufen Apps. Aus Sicht eines Programmierers ist das natürlich Quatsch! Auf allen Computern laufen Programme. Da auf kleinen Computern aber meistens abgespeckte Versionen der großen Programme (auf Englisch Applications) laufen, hat sich eine Verniedlichung des Begriffs durchgesetzt. Und ob es uns nun gefällt oder nicht, der englische Begriff »App« (oder im Plural »Apps«) wird überwiegend verwendet, und so handhaben wir es auch hier im Buch.

 **Kalender:** Dahinter verbirgt sich eine kleine, aber feine App, um die eigene Zeit zu planen. Dieser Kalender ist nicht ganz so leistungsfähig wie z. B. Microsoft Outlook, dafür aber viel einfacher zu bedienen.

 **Kontakte:** Mit dieser App haben Sie Ihr Adressbuch immer bei sich. Hier tragen Sie auch E-Mail-Adressen ein, damit Sie diese in der Mail-App nicht immer wieder neu eingeben müssen.

 **Notizen:** Sie sind unterwegs und haben die Idee zum Erhalt ewiger Jugend? Jetzt bloß nicht vergessen und besser sofort notieren! Mit der App Notizen ist genau das möglich. Klein, fein und macht genau das, was man von ihr erwartet.

 **Karten:** Fremde Stadt, und Sie fragen sich: »Wo ist das nächste Restaurant?« Diese App hilft Ihnen weiter. Natürlich können Sie auch einfach nur auf die Straßenkarte schauen, um wieder zurück ins Hotel zu finden.

 **Videos:** Etwas Entertainment gefällig? Via iTunes können Sie Filme auf Ihr iPad kopieren und sie sich dann mit dieser Video-App ansehen. Mit dem tollen Display des iPads kann man hervorragend Filme schauen!

 **iTunes Store:** Sie ist zum Kaufen von Musik, Filmen oder TV-Sendungen da. Musik oder Filme können Sie damit nicht hören bzw. sehen. Die App sollte nicht mit der Software auf dem Computer verwechselt werden.

 **App Store:** Mit dieser App können Sie Ihr iPad um neue Funktionen – also Apps – erweitern. Im App Store gibt es aber nicht nur kostenpflichtige, sondern auch jede Menge tolle kostenlose Apps.

 **Einstellungen:** Hier können Sie alle Einstellungen rund um das iPad vornehmen. Aber wie so oft gilt: Gucken erlaubt – verändern nur, wenn man weiß, was man tut.

 **Safari:** Ohne dieses Programm wäre das iPad nicht mal halb so viel wert: den Internetbrowser. Mit Safari surfen Sie im Internet. Das Internet in den Händen halten – Sie werden sehen, Steve Jobs hat nicht zu viel versprochen.

 **Mail:** Elektronische Post ist Fluch und Segen zugleich. Aber egal, ob Sie nur einmal in der Woche Ihre Mails lesen oder bei jedem »Dingeling« sofort zum iPad laufen: Mit dieser App haben Sie Ihre Mails im Griff.

Nachrichten: Nachrichten ist eine wirklich nützliche kleine App, mit der man SMS- ähnliche Nachrichten verschicken kann. Wenn in Ihrem Freundeskreis viele Personen ein Apple-Gerät haben, ist dies eine echte Alternative zur SMS.

Fotos: Die Qualität des iPad-Displays ist sicherlich eines seiner größten Verkaufsargumente. Freunden Urlaubsfotos auf dem Gerät zu zeigen macht einfach Spaß – und sorgt für neidische Blicke: ob auf das iPad oder Ihren Urlaub.

Erinnerungen: Wenn Sie regelmäßig an wichtige Dinge denken müssen, dann ist die App Erinnerungen genau das Richtige. Sie vergessen nie wieder wichtige Dinge, die Sie unbedingt noch erledigen müssen.

Musik: Sie haben zwar ein iPad, aber mit dieser App können Sie Ihre Musik perfekt und einfach hören – ganz so, als hätten Sie einen iPod auf dem Schoß liegen.

FaceTime: Mit Freunden und den Liebsten zu telefonieren ist sicherlich nett, diese aber auch zu sehen macht deutlich mehr Spaß. Mit FaceTime können Sie mit Freunden einen Video-Chat durchführen.

Photo Booth: Vermutlich ist keine andere App so überflüssig wie diese – und macht dennoch so viel Spaß. Mit Photo Booth erstellen Sie verrückte Schnappschüsse, egal, ob allein oder mit anderen.

Kamera: Mit den zwei im iPad integrierten Kameras und dieser App können Sie Fotos und Videos aufnehmen. Einfach und unkompliziert – so wie man es von Apple gewöhnt ist.

Uhr: Schauen Sie, wie spät es auf der anderen Seite der Welt ist, stellen Sie sich einen Wecker, um morgens pünklich aus dem Bett zu kommen, oder einen Timer, um das Essen rechtzeitig aus dem Ofen zu holen.

Game Center: Allein zu spielen ist nicht so spannend wie mit Freunden. Über das Game Center können Sie Spielstände untereinander austauschen und sogar in Echtzeit gegeneinander antreten.

Eine App starten

Um eine App zu starten, tippen Sie einfach auf eines der Symbole. Starten Sie z. B. Notizen. Die App wird geöffnet. Bei den meisten Apps werden Sie sofort loslegen können. Bei größeren Apps kann das Starten schon einmal ein paar Sekunden dauern.

Sie verlassen die soeben gestartete App, indem Sie auf den Home-Button drücken. Sie befinden sich nun wieder auf dem Home-Bildschirm. Anders als andere Programme, die Sie vielleicht von Ihrem PC oder Mac kennen, haben Apps in aller Regel keinen Menüpunkt zum Beenden. Dafür ist allein der Home-Button zuständig.

➕ Geste 1 – Tippen

Immer wenn wir im Buch »tippen« schreiben, ist damit ein kurzes Darauftippen gemeint (ähnlich wie ein Mausklick). Im Gegensatz zu anderen Geräten besitzt das iPad kein induktives, sondern ein kapazitives Display. Die technischen Unterschiede sind für Sie nicht so wichtig. Im Alltag werden Sie aber merken, dass Sie nicht mit dem Fingernagel oder einem Stift auf das iPad tippen können. Sie müssen das Display mit der Haut berühren.

Den Home-Bildschirm anpassen

Sie können den Home-Bildschirm an Ihre eigenen Bedürfnisse anpassen. Dazu drücken und halten Sie Ihren Zeigefinger auf eines der Symbole. Wenn Sie ihn ca. eine Sekunde gedrückt halten, fangen alle Symbole an zu »wackeln«. Nun können Sie die Symbole verschieben und so anordnen, wie Sie es für richtig halten.

Um ein Symbol an eine andere Stelle zu bewegen, drücken und ziehen Sie das Symbol dahin, wo es Ihrer Meinung nach am besten hingehört. Die anderen machen automatisch Platz. Beachten Sie dabei, dass keine Lücken in der Anordnung existieren können. Die Symbole ordnen sich immer automatisch von oben links nach unten rechts an.

Wenn Sie mehr Ordnung schaffen möchten, können Sie ein Symbol auf einen anderen Bildschirm schieben. Ziehen Sie dazu ein Symbol zum rechten Rand. Der Bildschirm verschiebt sich nach links, und Sie können das Symbol auf dem neuen Bildschirm fallen lassen, indem Sie Ihren Zeigefinger vom Bildschirm nehmen. Um das Wackeln der Symbole zu beenden, drücken Sie einfach den Home-Button.

∧ *Apps auf mehrere Bildschirme verteilen*

➕ Geste 2 – Drücken und Halten

Eine weitere wichtige Geste ist das Drücken und Halten. Hierzu drücken Sie Ihren Zeigefinger auf das Display und halten ihn ca. eine Sekunde lang gedrückt. Hierbei brauchen Sie nicht fest zu drücken – dies spielt hier keine Rolle.

Den Bildschirm wechseln

Wenn Sie, wie gerade erklärt, mehrere Bildschirme eingerichtet haben, müssen Sie ja von einem Bildschirm zum anderen gelangen können. Dies machen Sie mit einer horizontalen Wischbewegung.

Nun verstehen Sie auch, warum es im unteren Bereich des Bildschirms eine Art Dock gibt. Egal, auf welchem Bildschirm Sie sich gerade befinden, die Symbole des Docks bleiben immer identisch. Somit haben Sie die häufigsten Programme immer im Zugriff. Es passen übrigens nicht nur die vier voreingestellten Apps ins Dock, sondern bis zu sechs. Sie können diese natürlich auch an Ihre Bedürfnisse anpassen.

> *Den Bildschirm mit dem Finger wechseln*

➕ Geste 3 – Wischen

Als Wischen bezeichnet man, wenn der Zeigefinger auf dem Bildschirm aufliegt und sofort bewegt wird. Diese Wischgeste kennen Sie bereits vom Entsperren des iPads. Sie kann horizontal, vertikal oder ganz frei sein – dies hängt von der Anwendung ab. Meistens sorgt diese Geste dafür, dass Sie nach oben, unten, rechts oder links scrollen.

Ebenfalls abhängig von der Anwendung läuft das Scrollen manchmal nach. Sie können durch schnelles Wischen dem Scrollen einen »Stups« geben, und die Seite scrollt dann recht schnell und vor allem länger, als Sie Ihren Finger auf dem Display haben. Dieser Vorgang ist nicht ganz einfach zu beschreiben. Bei den Apps Safari und Fotos werden Sie diese Geste erfahrungsgemäß sehr häufig einsetzen.

Die Ordner auf dem Home-Bildschirm

Hier sehen Sie den Ordner **iWork & iLife**, dessen Inhalte durch Antippen angezeigt werden.

< *Ordner mit unterschiedlichen Apps*

Wenn Sie sehr viele Apps auf Ihrem iPad haben, wird der Home-Bildschirm schnell unübersichtlich. Daher können Sie Symbole in Ordner gruppieren, um einen besseren Überblick zu erhalten. Lesen Sie dazu den nächsten Abschnitt.

Einen neuen Ordner erstellen

Ordner zu erstellen ist ganz einfach. Zumindest wenn man weiß, wie es geht. Gehen Sie wie folgt vor:

1. Halten Sie Ihren Zeigefinger länger auf ein Symbol gedrückt. Die Symbole fangen an zu wackeln (angedeutet auf der Abbildung rechts). Nun können die Symbole durch Drücken und Halten von Ihnen verschoben werden.

∧ *Eine App auf eine andere App ziehen, um einen Ordner zu erstellen*

2. Der Ordner wird in dem Moment erstellt, in dem Sie ein Symbol auf ein anderes Symbol »draufschieben«. Damit Sie wissen, dass Sie das Symbol an die richtige Stelle bewegt haben, bekommen die Symbole einen Glüheffekt.

3. Nun ist der Ordner erstellt. Ein Name für diesen Ordner wird Ihnen zwar zunächst vorgegeben, diesen können Sie aber überschreiben. Tippen Sie dazu einfach in das Textfeld, und geben Sie einen eigenen Ordnernamen ein.

Multitasking – mehrere Apps gleichzeitig verwenden

Vom »großen« Computer her sind Sie es sicherlich gewohnt, mehrere Anwendungen gleichzeitig auszuführen und in mehreren Fenstern zu öffnen. Auch auf dem iPad können Sie mehrere Apps quasi gleichzeitig ausführen. Genau genommen ist dies kein echtes klassisches Multitasking, aber das soll uns als Anwender nicht stören.

1. Um zwischen mehreren Apps hin- und herzuschalten, drücken Sie den Home-Button zügig zweimal hintereinander. Hierdurch wird die aktuelle App verkleinert und oben links angezeigt. Die zuletzt verwendete App landet auf dem Bildschirm in der Mitte.

2. Um zu einer anderen App zu wechseln, tippen Sie einfach auf die verkleinerte Bildschirmansicht.

3. Sollten Sie eine App nicht finden, können Sie Bildschirme nach rechts bzw. links mit der Wischgeste verschieben.

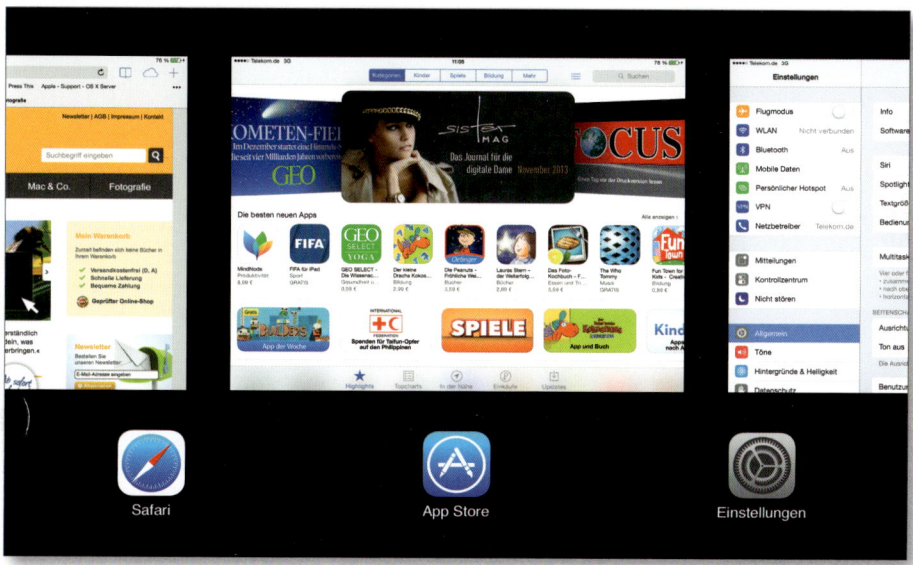

4. Um wieder zurück zur ursprünglichen App zu gelangen, tippen Sie einmal auf den Home-Button.

Die App Notizen

Als Nächstes wollen wir Ihnen die App Notizen ein wenig näherbringen. Allerdings nicht, um Ihnen diese kleine App zu erklären, sondern weil man mit ihr auf wunderbare Art und Weise die Tastatur veranschaulichen kann. Die Tastatur werden Sie natürlich immer wieder benötigen, und um die soll es nun gehen.

Mehr zu der App Notizen lesen Sie in Kapitel 14, »Notizen und Erinnerungen«, ab Seite 229. Starten Sie zunächst die App durch Tippen auf das Symbol.

∧ *Das Icon der App Notizen*

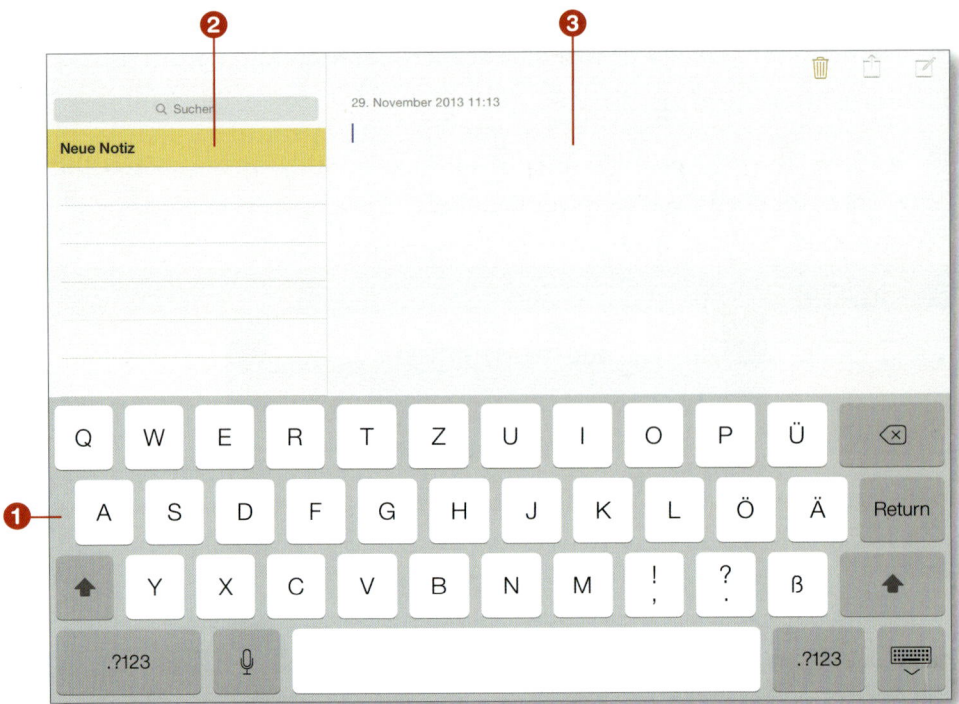

> *So schreiben Sie eine Notiz.*

In der unteren Bildschirmhälfte erscheint die Tastatur ❶. Im oberen Bereich ist die Ansicht geteilt. Links sehen Sie alle bereits angelegten Notizen ❷ (beim ersten Aufruf ist die Liste natürlich leer). Rechts sehen Sie den Inhalt der Notiz ❸.

Buchstaben über die Tastatur eingeben

∧ *Die Umschalttaste, links im normalen, rechts im aktiven Zustand*

Mit der Tastatur des iPads werden Sie immer viel zu tun haben. Wir möchten Ihnen daher hier einmal die Tastatur ausführlich erklären. Die virtuelle Tastatur funktioniert grundsätzlich genauso wie eine normale Tastatur. Wenn Sie beispielsweise eine Taste antippen, wird der Buchstabe als Kleinbuchstabe eingegeben.

Wenn Sie hingegen einen großen Buchstaben eingeben möchten, müssen Sie die Umschalttaste ❹ einmal drücken; diese rastet dann ein, und der Pfeil nach oben ist grau ausgefüllt (siehe der Abbildung rechts).

< Tastatur mit Umschalt- und Zifferntaste

Der nächste Buchstabe (und nur dieser) wird großgeschrieben. Nun verschwindet die graue Füllung der Umschalttaste, ab sofort schreiben Sie wieder klein weiter. Alternativ können Sie auch mit einem Finger die Umschalttaste drücken und halten, dann einen Buchstaben drücken, und dieser wird dann großgeschrieben. Durch das Loslassen der Umschalttaste schreiben Sie nun wieder normal und klein weiter – genau wie auf einer »echten« Tastatur auch.

+ Tastentricks

Automatische Großschreibung: Nach einem Punkt schaltet sich automatisch die Umschalttaste ein, sodass der Satz immer groß beginnt. Am Anfang ist dies verwirrend, da man dazu neigt, die Umschalttaste zu drücken – dies jedoch schaltet die Umschalttaste wieder aus (da sie ja vom iPad aufgrund des Satzendes automatisch eingeschaltet wurde).

Satzende: Noch schneller können Sie einen Satz mit dem Punkt beenden, indem Sie die Leerzeichentaste zügig zweimal hintereinander drücken. Hierdurch werden automatisch ein Punkt und ein Leerzeichen gesetzt.

Feststelltaste: Möchten Sie eine ganze Reihe von Großbuchstaben in einem Rutsch schreiben, so aktivieren Sie die Feststelltaste. Um dies zu tun, tippen Sie doppelt auf die Umschalttaste. Beachten Sie, dass Sie recht zügig zweimal tippen müssen. Das die Feststelltaste aktiviert wurde erkennen Sie daran, dass die Umschalttaste invertiert dargestellt wird. Möchten Sie wieder normal weiter schreiben, tippen Sie einmal auf die Umschalttaste. Die Feststelltaste wird deaktiviert.

Ziffern und Sonderzeichen

Auf der Tastatur werden keine Ziffern angezeigt. Wenn Sie welche eingeben möchten, müssen Sie die Zifferntaste ❺ (siehe Abbildung Seite 67) drücken. Hierdurch wird das Tastaturlayout ausgetauscht. Nun stehen Ihnen die Ziffern und die wichtigsten Sonderzeichen zur Verfügung.

> *Tastatur für Ziffern und die wichtigsten Sonderzeichen*

Das gesuchte Sonderzeichen ist nicht dabei? Wenn die Ziffern angezeigt werden, können Sie sich nun noch weitere Sonderzeichen einblenden lassen. Tippen Sie hierzu auf die Sonderzeichentaste ❶. Nun werden die Ziffern wieder ausgeblendet, dafür steht Ihnen jedoch eine noch größere Palette an Sonderzeichen zur Verfügung.

Über die Taste **ABC** ❷ gelangen Sie wieder zurück zur alphabetischen Tastatur.

> *Die Sonderzeichentastatur*

> ✚ **Die Tastatur ändert ihr Aussehen**
>
> Im Gegensatz zu einer realen Tastatur kann man bei einer virtuellen Tastatur das Layout problemlos austauschen. Von dieser Möglichkeit machen die Programmierer bei Apple regen Gebrauch. Wundern Sie sich daher nicht, wenn Sie nicht in jeder Anwendung jede Taste zur Verfügung haben. Ein Beispiel hierfür ist das @-Zeichen. Normalerweise müssen Sie dazu auf der Tastatur auf die Sonderzeichen umschalten. Hat der Programmierer jedoch festgelegt, dass Sie in ein Feld eine E-Mail-Adresse eingeben müssen, wird das Layout der Tastatur automatisch dahingehend geändert, dass Sie das @-Zeichen verwenden können, ohne zu den Sonderzeichen umschalten zu müssen.

Sprachliche Sonderzeichen eingeben

Wie aber gibt man sprachliche Sonderzeichen von Fremdsprachen ein? Um beispielsweise in einem französischen Text ein »ê« einzugeben, drücken und halten Sie die Taste ⒠ gedrückt. Nun werden Ihnen alle Sonderzeichen in allen nur erdenklichen Sprachen angezeigt, die zum Buchstaben E passen. Fahren Sie nun mit dem Finger auf das benötigte Sonderzeichen. Sie dürfen dabei aber nicht den Finger vom Display nehmen.

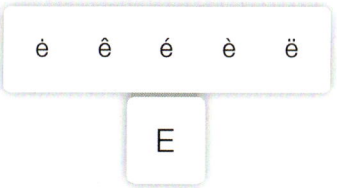

^ *Sprachliche Sonderzeichen durch Drücken und Halten eingeben*

Die Spracheingabe

Sie können mit Ihrem iPad auch sprechen, und anstatt den Text mühsam über die Tastatur einzugeben, können Sie diesen auch diktieren. Diese Funktion steht in jeder App zur Verfügung. Tippen Sie einfach unten in der Tastatur auf das Mikrofon. Ein kurzer Pieps ertönt, und Sie können mit der Spracheingabe beginnen. Wenn Sie mit dem Diktat fertig sind, tippen Sie auf **Fertig**. Die Analyse Ihres Diktats startet. Nach ein paar Sekunden liefert die Spracherkennung den Text zurück.

^ *Die Taste für die Spracherkennung*

Da die Spracherkennung keine Kenntnisse der deutschen Grammatik hat, müssen Sie Satzzeichen ebenfalls diktieren. Geben Sie über die Spracheingabe besser mehrere kurze Textsequenzen ein als eine sehr lange.

 Spracherkennung auf dem iPad?

Die eigentliche Spracherkennung findet nicht auf dem iPad statt. Dafür ist das iPad vermutlich nicht leistungsfähig genug. Die von Ihnen eingesprochenen Wörter werden komprimiert über das Internet zu einem Apple-Server hochgeladen und dort analysiert. Sie bekommen das Ergebnis dieser Analyse dann zurückgeschickt.

Deshalb muss hierfür natürlich eine Internetverbindung bestehen. Beachten Sie, dass hierdurch möglicherweise auch Ihr UMTS-Datenvolumen verbraucht wird. Beachten Sie weiterhin, dass Apple durch diesen Vorgang »weiß«, was Sie in Ihr iPad gesprochen haben.

Den Cursor bewegen

Natürlich befindet sich der Cursor nicht immer an der richtigen Stelle. Vielleicht hat man in einer E-Mail einmal Text vergessen und möchte oben noch etwas einfügen. Auf dem iPad gibt es aber keine Pfeiltasten, um den Cursor an die richtige Textstelle zu bewegen – darüber hinaus ist der Text oft recht klein dargestellt.

> *Die Lupe hilft Ihnen dabei, den Cursor zu positionieren.*

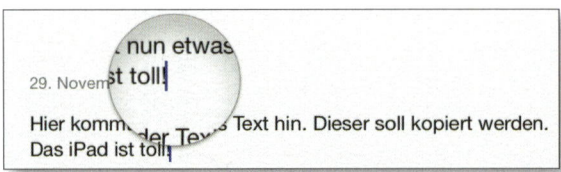

Um den Cursor an einer anderen Stelle zu positionieren, drücken Sie mit dem Finger auf eine beliebige Stelle im Text (bitte nicht nur tippen, sondern den Finger gedrückt halten). Eine Lupe erscheint. Diese Lupe zeigt die Stelle vergrößert an. Bewegen Sie nun den Finger, ohne ihn abzuheben. Sie können mithilfe der Lupe den Cursor ganz exakt an die Stelle bewegen, an der Sie ihn gerne hätten.

Kopieren, Ausschneiden und Einfügen

Wahrscheinlich sind Sie es vom Computer her gewohnt, dass man Text (oder auch Bilder) an einer Stelle ausschneidet oder in die Zwischenablage kopiert und an einer ganz anderen Stelle wieder einfügt. Beim iPad haben Sie aber keine Maus, um etwas zu markieren, und schon gar nicht die Möglichkeit, die rechte Maustaste zu drücken.

Wie man auch mit dem iPad Text kopieren und an einer anderen Stelle einfügen kann, möchten wir Ihnen im Folgenden an einem Beispiel zeigen.

1. Wenn Sie Text (oder ein Bild) sehen, den (oder das) Sie gerne markieren möchten, drücken Sie mit dem Finger darauf – nicht bloß tippen, sondern den Finger etwas gedrückt halten.

2. Hierauf erscheint eine Art Kontextmenü (so ähnlich, als würden Sie die rechte Maustaste drücken). Der Inhalt dieses Kontextmenüs ist von der Anwendung abhängig, die Grundstruktur ist aber immer ähnlich.

3. Tippen Sie auf **Auswählen**, um Text zu markieren.

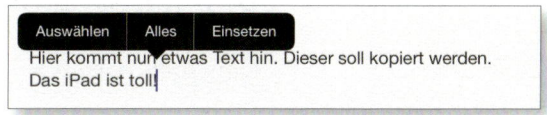

4. Als Nächstes erhalten Sie zwei blaue Anfasser. Diese können Sie mit dem Finger verschieben. Alles, was zwischen den blauen Anfassern ist, wird blau hinterlegt und ist somit markiert.

5. Darüber (oder darunter – je nachdem, wo Platz ist) erscheint nun erneut ein Kontextmenü. Hier können Sie auswählen, was mit dem markierten Text geschehen soll. In diesem Beispiel soll der Text ja kopiert werden. Tippen Sie also auf **Kopieren**.

6. Nun muss noch der Text eingefügt werden. Drücken Sie hierzu auf die Stelle des Textes an der der Text eingefügt werden soll. Beachten Sie auch hier: Es reicht nicht, nur zu tippen. Sie müssen mit dem Finger etwas länger drücken. Daraufhin erscheint ein Kontextmenü.

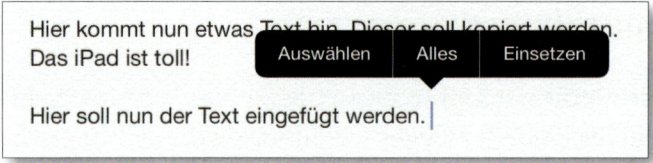

7. Da Sie den Text einfügen wollen, tippen Sie auf **Einsetzen**.

Über WLAN mit dem Internet verbinden

Das iPad mit dem Internet über ein Funknetz (WLAN) zu verbinden ist in der Regel recht einfach. Leider gibt es auch einige Konstellationen, in denen es nicht ganz so einfach ist. Hierzu lesen Sie bitte in Kapitel 19, »Einstellungen vornehmen«, ab Seite 286 nach. Wie Sie mithilfe einer UMTS-Karte ins Internet kommen, erfahren Sie im nächsten Abschnitt.

1. Sobald Sie eine App (z. B. Safari) starten, die eine Internetverbindung benötigt, werden Ihnen die verfügbaren WLAN-Netze angezeigt.

2. Neben dem Namen des Netzwerks können Sie auf einen Blick erkennen, ob das Netzwerk verschlüsselt ❶ und wie stark das empfangene Signal ist ❷.

3. Um das WLAN-Netzwerk, mit dem Sie sich verbinden möchten, auszuwählen, tippen Sie darauf. Wenn das Netzwerk verschlüsselt ist, werden Sie nun noch aufgefordert, das korrekte Passwort einzugeben.

4. So wie man es vom Geldautomaten und anderen Passwortformularen her kennt, sehen Sie nicht das Passwort, son-

dern lediglich Punkte. Um Ihnen mit der virtuellen Tastatur dennoch die Möglichkeit zu geben, die Eingabe zu überprüfen, wird für ca. eine Sekunde immer der letzte Buchstabe angezeigt, bevor ein Punkt erscheint.

Über UMTS mit dem Internet verbinden

Sie haben sich für ein Gerät mit UMTS entschieden – eine weise Wahl. Um die UMTS-Karte in Ihr iPad einzulegen, schalten Sie dieses bitte richtig aus. Entnehmen Sie das SIM-Kartenfach. Hierzu liegt Ihrem iPad ein kleines Werkzeug bei, das man leicht verlieren kann. Aber keine Sorge: Sollten Sie es verloren oder verlegt haben, können Sie das Kartenfach auch vorsichtig mit einer dünnen aufgebogenen Büroklammer öffnen. Legen Sie die UMTS-Karte auf den Kartenträger, und schieben Sie das Kartenfach wieder in das iPad.

∧ *Mit diesem Werkzeug öffnen Sie das SIM-Kartenfach.*

Schalten Sie nun das iPad wieder ein. Nach dem Starten werden Sie aufgefordert, die PIN für Ihre SIM-Karte einzugeben, um die Karte zu entsperren. Geben Sie diese ein.

Ob Sie nun direkt mit Ihrer Karte auch unterwegs ins Internet gehen können, hängt von Ihrem Mobilfunkanbieter ab. Möglicherweise müssen Sie Ihre Karte erst einmal freischalten. Wie dies geschieht, erfahren Sie von Ihrem Mobilfunkanbieter. Hierzu können wir leider aufgrund der unterschiedlichen Anbieter keine Angaben machen. Wenn Sie Ihre Karte jedoch selbst freischalten müssen, sollten Sie nach der Eingabe Ihrer Informationen ein wenig Geduld mitbringen: Der Internetzugang über UMTS steht nicht sofort zur Verfügung. Ihre Daten werden überprüft, und in der Regel dauert es 12 bis 24 Stunden, bis Sie mit Ihrem iPad unterwegs ins Internet gehen können.

Ausrichtungssperre aktivieren oder den Ton ausschalten

Ob der Schiebeschalter auf der rechten Seite des iPads die Bildschirmorientierung sperrt oder das iPad stumm schaltet, können Sie in den Einstellungen festlegen. Egal, für welche der beiden Varianten Sie sich entscheiden, die jeweils andere fehlt. Die Funktion, die nicht über den Schieber zur Verfügung gestellt wird, erreichen Sie komfortabel über das Kontrollzentrum.

1. Wischen Sie mit dem Finger von unten in das Display hinein. Wichtig ist hierbei, dass Sie wirklich mit der Wischbewegung außerhalb des Displays beginnen.

2. Durch diese Geste wird das Kontrollzentrum eingeblendet:

> *Das eingeblende-*
> *te Kontrollzentrum*

3. Tippen Sie auf das Rotieren-Symbol ❶. Anschließend können Sie das iPad drehen, wie Sie wollen, der Bildschirm dreht sich nun nicht mehr. Sollten Sie Ihr iPad so eingestellt haben, dass der Bildschirm durch den Schiebeschalter verriegelt wird, erhalten Sie ein Ton-aus-Symbol an derselben Stelle.

4. Wenn Sie das Rotieren des Bildschirms (oder den Ton) wieder einschalten möchten, tippen Sie einfach erneut auf das Rotieren-Symbol.

Diese Funktion steht Ihnen im Übrigen immer zur Verfügung, Sie müssen also nicht erst die aktuelle App verlassen. Egal in welcher App Sie sich befinden, sie funktioniert immer.

Die Mitteilungszentrale wird eingeblendet

»Ups«, denken Sie vielleicht, »was hab ich denn jetzt gemacht?« Wenn Ihnen der Hauptbildschirm angezeigt wird und Sie von oben (außerhalb des Bildschirms beginnend) nach unten wischen, wird Ihnen die Mitteilungszentrale angezeigt. Das Aufrufen funktioniert analog zum Aufrufen des Kontrollzentrums, nur dass Sie hier von oben nach unten wischen.

In der Mitteilungszentrale können Sie verpasste FaceTime-Anrufe, ungelesene E-Mails oder die Ereignisse für den heutigen und nächsten Tag sehen. Um die Mitteilungszentrale wieder zu verlassen, müssen Sie mit dem Finger nur nach oben wischen oder den Home-Button drücken.

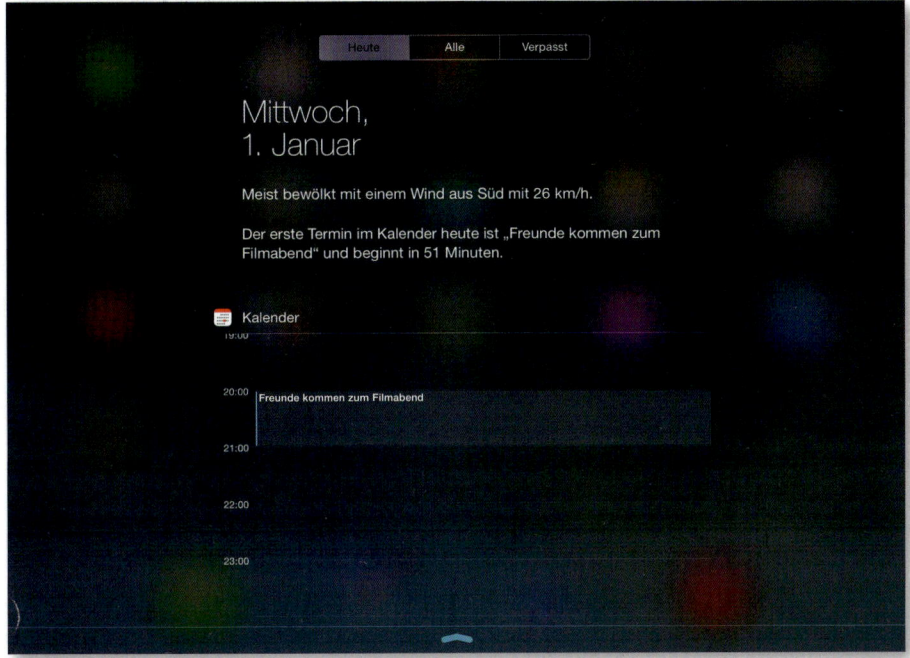

Meist bewölkt mit einem Wind aus Süd mit 26 km/h.

Der erste Termin im Kalender heute ist „Freunde kommen zum Filmabend" und beginnt in 51 Minuten.

< Die Mitteilungs-
zentrale

Wie das Kontrollzentrum steht Ihnen auch die Mitteilungszentrale in jeder App zur Verfügung. Die App muss also nicht erst verlassen werden, um sich schnell einen Überblick über die wichtigsten Dinge des Tages zu verschaffen.

Suchen mit Spotlight

Es gibt eine sehr ähnliche Geste wie die gerade erklärte, um die Mitteilungszentrale anzuzeigen. Hierbei wischen Sie aber nicht von außerhalb des Bildschirms nach unten, sondern Sie beginnen damit in der Mitte. Hierdurch wird Ihnen Spotlight angezeigt.

Apple-Macintosh-Benutzer werden den Begriff »Spotlight« vermutlich kennen. Spotlight ist eine Suchmaschine, wenn Sie so wollen, ist sie Google für die Inhalte auf Ihrem iPad. Wenn Sie ein bestimmtes Lied suchen, geben Sie einfach den Namen ein. Sie suchen alles, was mit einer bestimmten Person zu tun hat, auch hier, indem Sie einfach den Namen eingeben.

Um Spotlight wieder zu verlassen, tippen Sie einfach in den Bereich, in dem auch die Symbole zu sehen sind, oder drücken Sie den Home-Button.

> *Wenn Sie diese Ansicht sehen, sind Sie in der Spotlight-Suche gelandet.*

Spotlight steht Ihnen im Gegensatz zum Kontrollzentrum oder der Mitteilungszentrale nur zur Verfügung, wenn Sie den Home-Bildschirm sehen. Sie dürfen sich also nicht in einer App befinden.

Kapitel 4

Die wichtigsten Apps im Überblick

Im vorherigen Kapitel haben Sie gelernt, wie das iPad startklar gemacht wird, wie Sie es aktivieren und wie Sie Ihre ersten Schritte damit meistern. In diesem Kapitel werden wir Ihnen kurz die wichtigsten Apps vorstellen. Sie lernen hier aber nicht nur diese Apps kennen, sondern erhalten auch einen Überblick über weitere wichtige Grundlagen, die für das Verständnis des Umgangs mit dem iPad relevant sind.

< *Mit dem iPad im Internet surfen*

^ *Das Icon für Safari – die App zum Surfen im Internet*

Surfen im Internet

Eine der wichtigsten Funktionen des iPads ist die Möglichkeit, im Internet zu surfen. Dies soll auch das Erste sein, womit wir uns beschäftigen wollen. Um Safari zu starten, tippen Sie auf das Safari-Symbol.

Daraufhin öffnet sich Safari. Um eine Internetseite aufzurufen, tippen Sie in die **Adressleiste** ❶. Automatisch wird unten eine Tastatur eingeblendet. Tippen Sie hier die Internetadresse ein. Um die Seite zu öffnen, tippen Sie auf die Taste **Öffnen**. Möchten Sie einem Hyperlink (oft auch nur »Link« oder auf Deutsch »Verweis« genannt) folgen, tippen Sie diesen einfach an. Safari folgt diesem Link und öffnet die neue Seite.

> ➕ **Was ist eigentlich Safari?**
>
> Nein, Safari ist nicht zwingend eine Urlaubsbeschäftigung. So nennt Apple seinen Internetbrowser. Auf einem PC kennen Sie Browser-Software vermutlich unter dem Namen Internet Explorer (Microsoft), Firefox (Mozilla) oder Chrome (Google).

Artikel zum Lesen vergrößern

Obwohl das iPad-Display mit 2.048 × 1.535 Pixeln eine sehr hohe Auflösung hat und selbst kleine Schriften gestochen scharf darstellt, ist es dennoch häufig so, dass die Schrift eines Artikels zu klein ist. Um die Schrift zu vergrößern, haben Sie zwei Möglichkeiten:

Doppeltipp: Durch einen Doppeltipp wird der Text vergrößert. Dies macht das iPad auf sehr intelligente Weise, und es funktioniert fast immer. Der Text, auf den Sie tippen, wird so vergrößert, dass er horizontal gerade noch auf das Display passt. Vertikal können Sie dann scrollen.

✚ Geste 4 – Doppeltipp

Tippen Sie mit Ihrer Fingerspitze relativ schnell zweimal hintereinander auf dieselbe Stelle. Von der Geschwindigkeit her ist diese Bewegung vergleichbar mit einem Doppelklick. Es ist also keine Hektik geboten, aber zügig sollte es schon geschehen.

Pinch: Wenn Sie selbst entscheiden möchten, wie groß oder klein die Anzeige sein soll, können Sie mit einem Pinch die Anzeige vergrößern oder verkleinern.

✚ Geste 5 – Pinch

Diese Geste ist mit sprachlichen Mitteln eher schwierig zu beschreiben, aber einmal gemacht, wird sie Ihnen in Zukunft sehr natürlich vorkommen. Legen Sie Daumen und Zeigefinger gleichzeitig und nah beieinander auf das Multitouch-Display, und spreizen Sie diese anschließend. Hierdurch wird der Bereich vergrößert. Umgekehrt, wenn Sie die Finger etwas weiter auseinander auflegen und dann zusammenziehen, wird der Bereich wieder verkleinert.

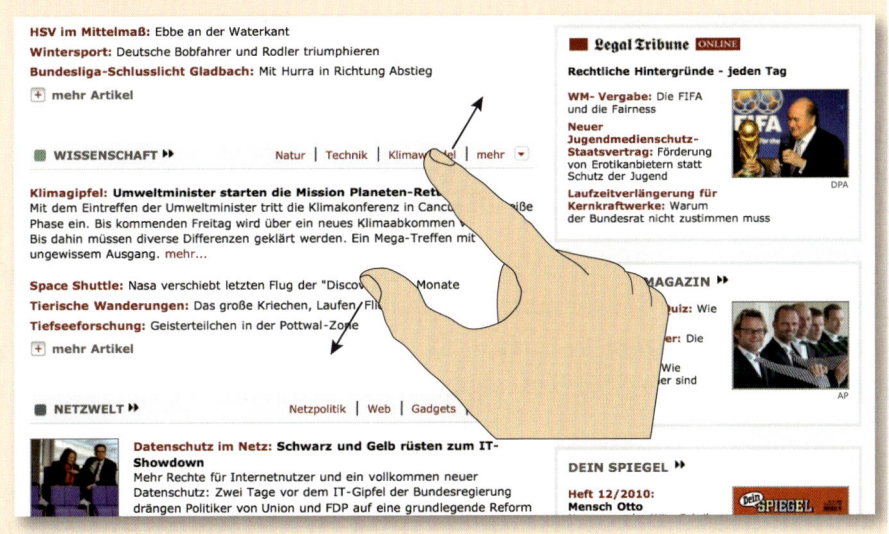

> **➕ Einen Link treffen**
>
> Problematisch ist es manchmal, zwei dicht nebeneinanderliegende Links zu treffen. Mit einem Doppeltipp kommen Sie hier nicht weiter, da ein Tipp ja bedeuten würde, dem Link zu folgen. Hier bleibt Ihnen nichts anderes übrig, als entweder Ihr Glück zu versuchen oder den Bereich durch einen Pinch zu vergrößern. Wenn Sie den Bereich dann genügend vergrößert haben, fällt es Ihnen sicherlich leichter, den richtigen Link zu treffen.

Die ersten Schritte mit Mail

Neben dem Surfen im Internet zählen das Schreiben und Lesen von E-Mails sicherlich zu den wichtigsten Funktionen des iPads. Dieses Thema teilt sich in zwei Bereiche auf: den eigentlichen Umgang mit E-Mails und das Einrichten der E-Mail-Software.

Apple versucht, den zweiten Punkt so einfach wie nur möglich zu gestalten, und wenn Sie Ihre E-Mail-Adresse bei einem großen Anbieter wie Google oder Microsoft angelegt haben, gibt es auch selten Probleme. In diesem Kapitel werden wir uns daher nur um die unproblematischen Fälle kümmern. Alles zum Thema Einrichtung lesen Sie in Kapitel 2, »Das iPad in Betrieb nehmen«, ab Seite 29. So oder so, die Einrichtung ist relativ einfach, selbst wenn es am Anfang vielleicht etwas haken sollte. Das Gute dabei ist, dass Sie diesen Vorgang nur einmal durchführen müssen.

Sollten Sie bei der Einrichtung des iPads einen iCloud-Account erstellt haben (wie in Kapitel 2, »Das iPad in Betrieb nehmen«, ab Seite 29 beschrieben), können Sie den folgenden Abschnitt getrost überspringen.

Mail einrichten

Wenn Sie Mail zum ersten Mal aufrufen und noch keinen E-Mail-Account hinzugefügt haben, weist Mail Sie darauf hin, und der Assistent fordert Sie nun auf, einen entsprechenden E-Mail-Zugang einzurichten.

1. Sollten Sie Ihren E-Mail-Account bei einem der in der Abbildung rechts angegebenen großen Anbieter besitzen, haben Sie es besonders einfach. Tippen Sie einfach auf den Anbieter. Sie werden dann durch die nötigen Schritte zur Einrichtung geführt. Sollte Ihr E-Mail-Anbieter nicht aufgeführt sein, tippen Sie auf **Andere**.

2. Nun werden Sie aufgefordert, Name, Adresse, Kennwort und eine Beschreibung einzugeben. Wenn Sie alles eingegeben haben, tippen Sie auf **Sichern**.

3. Wenn Sie nun Glück haben (und alles richtig eingegeben haben), dann war es das schon. Sie sind fertig. Das E-Mail-Programm startet.

4. Sollten Sie **iCloud, Exchange, Google, Yahoo!, AOL., Outlook.com** oder **Andere** ausgewählt haben und eine Fehlermeldung erhalten, dann haben Sie auf jeden Fall etwas falsch eingegeben. Überprüfen Sie Ihre Eingaben, und geben Sie Ihr Passwort noch einmal neu ein.

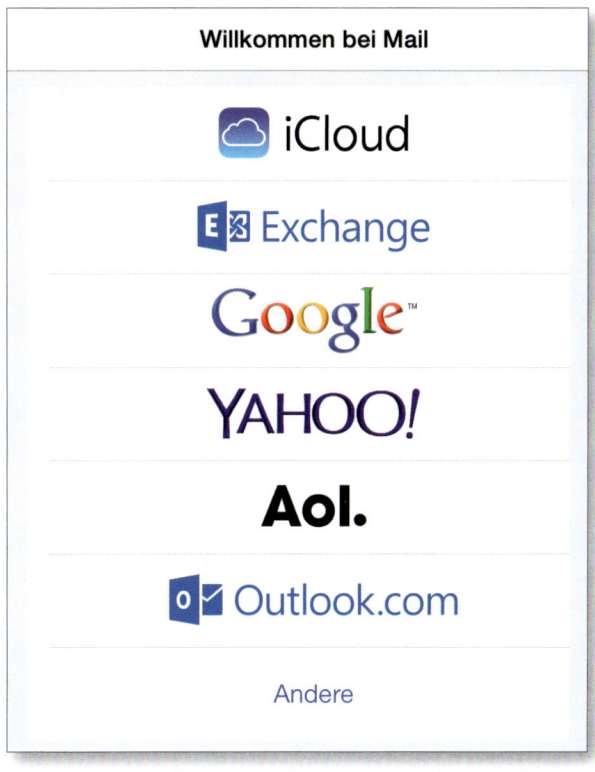

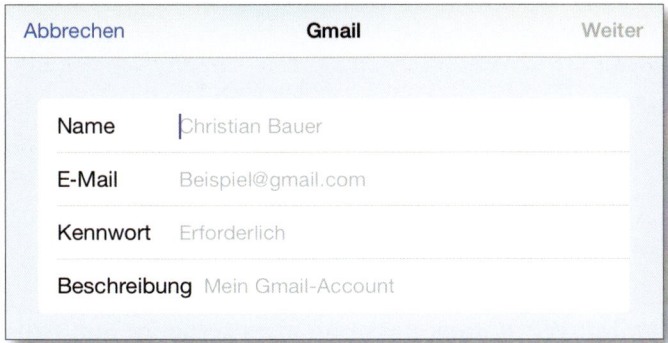

5. Sollten Sie **Andere** ausgewählt haben und das E-Mail-Programm startet nicht, kann es natürlich auch hier sein, dass Sie sich vertippt haben.

Möglicherweise kennt Apple aber Ihren E-Mail-Provider nicht. Sie müssen dann als Nächstes die Zugangsdaten Ihres E-Mail-Providers eingeben.

6. Sollten Sie Ihre Zugangsdaten von Hand eingeben müssen, ist dies unangenehm, aber kein Beinbruch. Wenn Sie diese ohnehin kennen, dann tippen Sie sie einfach ein. Sollten Sie sie nicht wissen, müssen Sie bei Ihrem E-Mail-Provider danach fragen.

7. Zuerst müssen Sie angeben, ob Ihr E-Mail-Dienstleister Ihnen IMAP4 oder POP3 anbietet (siehe dazu auch den Kasten rechts). Wählen Sie dies unter ❶ aus. Geben Sie nun unter ❷ Ihre Daten ein. Dann tragen Sie unter ❸ die Daten für den Server ein, bei dem Sie Ihre E-Mails abholen. Dieser wird oft als IMAP4- oder POP3-Server bezeichnet. Unter ❹ geben Sie die Daten für den ausgehenden Server ein – dieser wird als SMTP-Server bezeichnet.

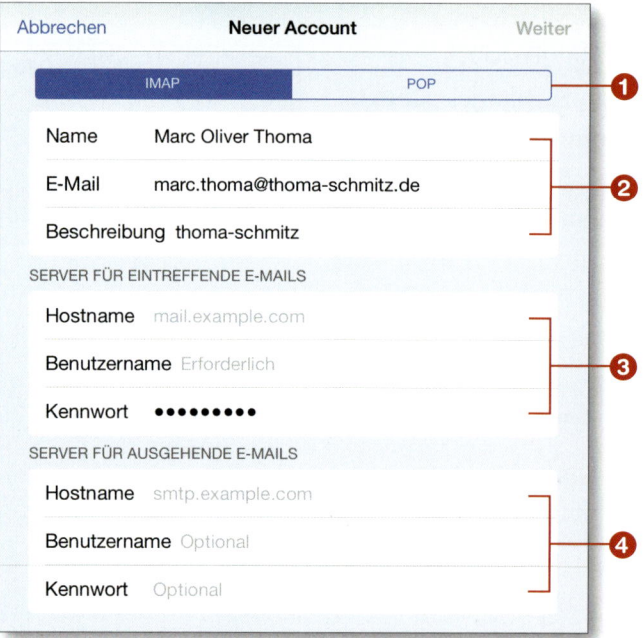

8. Tippen Sie auf **Weiter**. Wir hoffen, dass nun alles geklappt hat. Falls nicht, erhalten Sie eine Fehlermeldung. In diesem Fall überprüfen Sie erneut alle Einstellungen.

➕ **IMAP, POP3 und SMTP – was ist das denn?**

Wie bereits erläutert, ist das Einrichten einer E-Mail-Adresse leider nicht ganz einfach. Eigentlich müssen Sie dazu eine ganze Reihe von Parametern zu Ihrem E-Mail-Postfach kennen. Setzt Ihr E-Mail-Anbieter das Übertragungsprotokoll IMAP4 oder POP3 ein? Wie lautet die genaue Adresse des E-Mail-Servers und wie die des SMTP-Servers? Fragen über Fragen, und das war nur eine kleine Auswahl.

Selbst Profis haben mitunter Probleme, all diese Fragen zu beantworten und sich derartige Einstellungen zu merken. Um Ihnen das Leben so einfach wie möglich zu machen, hat Apple eine Datenbank mit vielen Hundert E-Mail-Anbietern angelegt. Wenn Sie Kunde bei einem dieser E-Mail-Anbieter sind (z. B. bei der Telekom mit T-Online), müssen Sie sich um all diese Einstellungen nicht kümmern.

Sollten Sie Kunde eines Anbieters sein, der nicht in dieser Datenbank steht, tja, dann bleibt Ihnen nichts anderes übrig, als die entsprechenden Einstellungen selbst herauszufinden. Häufig sind diese aber in den Einstellungen Ihres E-Mail-Postfachs zu finden, Sie müssen also auch dann nicht verzweifeln.

E-Mails lesen

Dieser Abschnitt soll nur einen kurzen Einblick in das Thema E-Mail geben. Wir möchten Sie bitten, das iPad im Querformat zu halten. Nachdem Sie die App Mail eingerichtet haben, werden automatisch die letzten 50 E-Mails heruntergeladen, und auf diese haben Sie nun auf Ihrem iPad Zugriff. Auf der linken Seite ❺ (siehe Abbildung nächste Seite) sehen Sie die E-Mails in einer Ordneransicht, rechts ❻ den Inhalt der ausgewählten E-Mail.

Möchten Sie den Inhalt einer anderen E-Mail sehen, tippen Sie auf die entsprechende Nachricht. Wenn Sie nach unten scrollen möchten, müssen Sie dies mit einer Wischgeste machen, schieben Sie also den zu bewegenden Bereich einfach nach oben (oder unten).

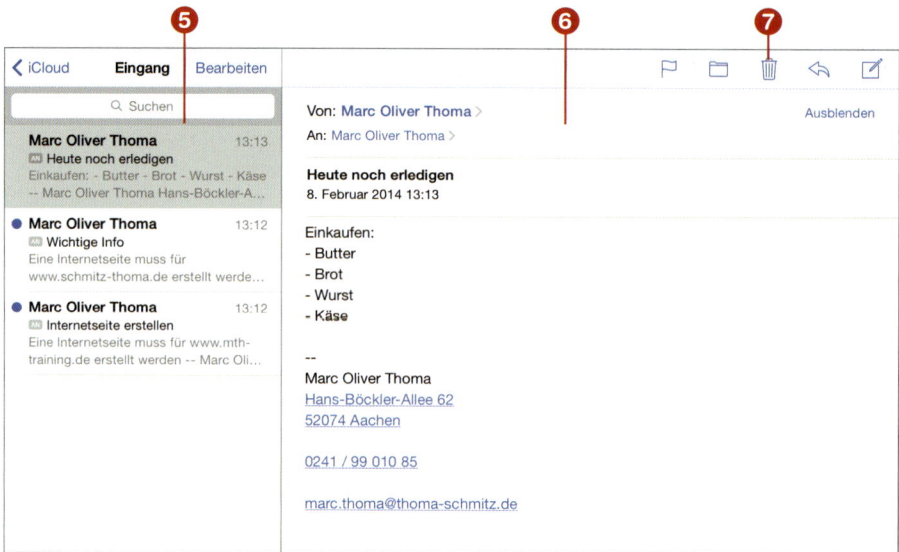

> *So lesen und löschen Sie E-Mails.*

Soll eine E-Mail gelöscht werden, tippen Sie oben auf das Papier-korb-Symbol ❼. Hierdurch wird die E-Mail nicht wirklich gelöscht, sondern in den Papierkorb verschoben. Näheres hierzu erfahren Sie in Kapitel 7, »E-Mails senden und empfangen«, ab Seite 119.

Eine E-Mail schreiben

Sie möchten jetzt natürlich auch einmal eine E-Mail schreiben. Nichts einfacher als das.

1. Tippen Sie oben rechts auf das Symbol ✐ ❶, um eine neue E-Mail zu erstellen.

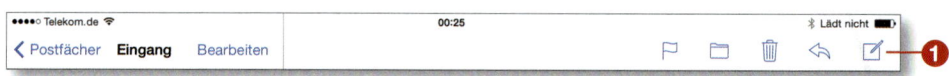

2. Ein neues Fenster öffnet sich, und Sie können Ihre E-Mail schreiben. Sie wissen nicht, an wen? Wir haben eine Testadresse für Sie eingerichtet. Schreiben Sie einfach an *ipad-test@thoma-schmitz.de*. Sie erhalten eine automatische Antwort. Bitte haben Sie Verständnis dafür, dass wir E-Mails an diese Adresse nicht lesen.

Wenn Sie uns eine E-Mail schreiben möchten, die wir selbstverständlich auch lesen, richten Sie diese bitte an die bereits im Vorwort genannte Adresse *ipad@thoma-schmitz.de*.

3. Tippen Sie in das **An**-Feld ❷, und geben Sie die E-Mail-Adresse des Empfängers ein. Wenn Sie auf **Kopie/Blindkopie** ❸ tippen, öffnet und erweitert sich das Fenster um zwei Felder, und Sie können weitere Empfänger bei **Kopie** und **Blindkopie** eingeben. Unter ❹ geben Sie den Betreff Ihrer Nachricht ein. Im großen unteren Feld ❺ geben Sie den eigentlichen E-Mail-Text ein. Ihre E-Mail erhält standardmäßig zunächst die Signatur »Von meinem iPad gesendet«. Wie Sie Ihre Signatur ändern oder ausschalten können, lernen Sie in Kapitel 7, »E-Mails senden und empfangen«, ab Seite 119.

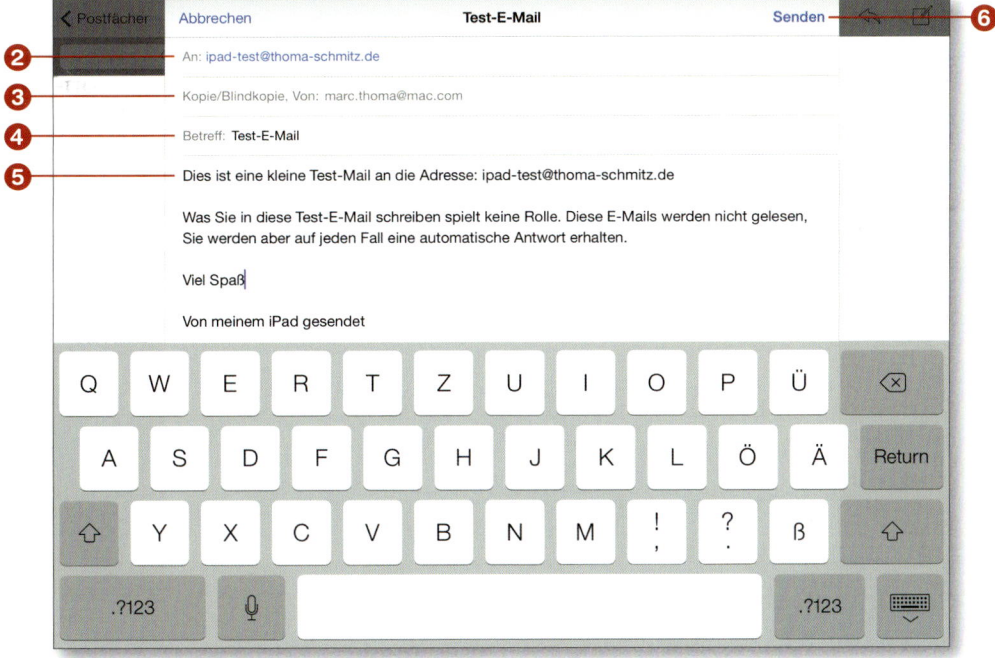

Wenn Sie Ihre E-Mail geschrieben haben, tippen Sie auf **Senden** ❻. Ihre E-Mail wird daraufhin umgehend verschickt. Sollten Sie kurzfristig keinen Internetzugang haben, wird die E-Mail im Postausgang zwischengespeichert und zu einem späteren Zeitpunkt selbstständig verschickt, sobald Ihnen das Internet wieder zur Verfügung steht.

Musik auf das iPad übertragen

Das iPad ist zum Joggen sicherlich etwas zu groß und unhandlich und kann einen iPod oder ein iPhone ganz gewiss nicht ersetzen. Wenn Sie aber während des Surfens im Internet gerne etwas Musik hören, ist dies problemlos möglich. Bevor Sie aber Musik hören können, müssen Sie diese erst einmal von Ihrem Computer auf das iPad kopieren. Dies ist nur via iTunes möglich. Die einzige Alternative, Musik auf das iPad zu bekommen ohne iTunes zu verwenden, ist, sie vom iPad aus im Apple iTunes Store einzukaufen. Wir können allerdings in diesem Buch das Programm iTunes nicht in größerem Umfang erklären, sondern beschränken uns auf die wichtigsten Funktionen im Zusammenspiel mit Ihrem iPad.

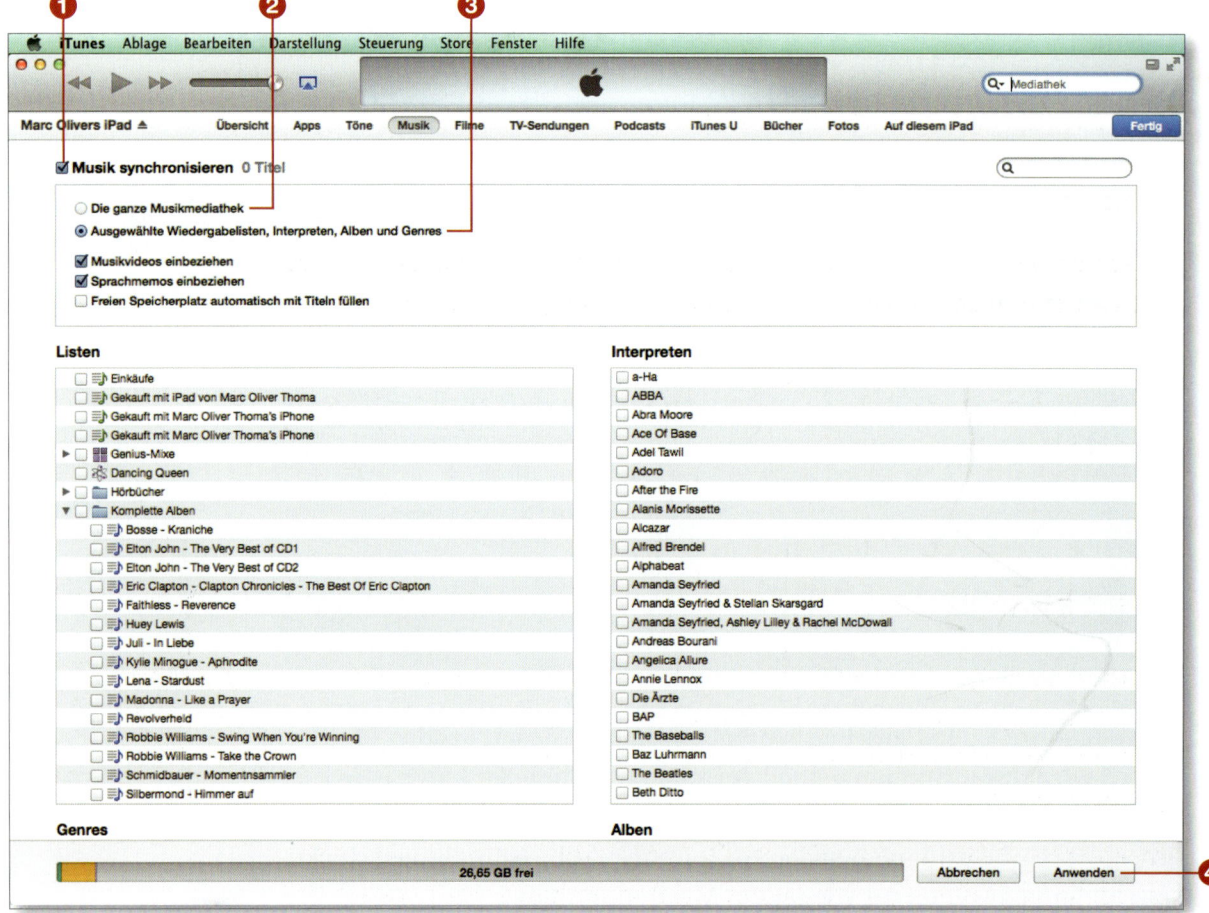

︿ *Hier sehen Sie, wie Sie über iTunes Musik auf Ihr iPad übertragen.*

1. Schließen Sie Ihr iPad an den Computer an.

2. Abhängig von Ihren Computereinstellungen startet iTunes auf dem Computer automatisch. Falls nicht, starten Sie iTunes auf dem Computer.

3. iTunes startet automatisch erst einmal eine Backup-Routine und sichert somit alle Daten Ihres iPads auf Ihrem Computer. Diesen Vorgang sollten Sie nicht unterbrechen. Abhängig davon, wie oft Sie Ihr iPad anschließen bzw. wie voll es ist, kann dieser Vorgang von ein paar Sekunden bis zu ein paar Minuten dauern.

4. Nachdem das Backup erstellt wurde, wählen Sie auf der rechen Seite das iPad aus, indem Sie auf **iPad** klicken.

5. Im oberen Bereich klicken Sie auf **Musik**.

6. Aktivieren Sie die Funktion **Musik synchronisieren** ❶.

7. Wählen Sie aus, ob Sie **Die ganze Musikmediathek** ❷ oder nur **Ausgewählte Wiedergabelisten, Interpreten, Alben und Genres** ❸ synchronisieren wollen.

8. Achten Sie darauf, dass im ersten Fall auch genügend Platz auf Ihrem iPad vorhanden ist. Im zweiten Fall müssen Sie noch auswählen, welche Listen synchronisiert werden sollen.

9. Um die Synchronisierung nun zu starten, klicken Sie auf den Button **Anwenden** ❹.

Musik abspielen

Nachdem Sie Ihre Musik erfolgreich auf Ihr iPad übertragen haben, rufen Sie die App Musik auf, indem Sie mit dem Finger darauftippen. Mit dieser App können Sie Ihre Musiksammlung abspielen. Und das auf recht komfortable Weise.

Am unteren Rand der Musik-App ❶ (siehe Abbildung auf Seite 88) können Sie auswählen, ob Ihnen Ihre Musiksammlung geordnet nach **Listen, Interpreten, Titel, Alben, Genres** oder **Compilations** angezeigt werden

∧ *Das Icon der App Musik*

soll. Wenn Sie in der unteren Leiste auf **Mehr** tippen, können Sie sich Ihre Musik auch nach **Komponisten** oder **Freigaben** geordnet anzeigen lassen. In der folgenden Abbildung sehen Sie die App Musik in der **Alben**-Ansicht. Die ausgewählte Ansicht wird zusätzlich im unteren Rand der App rot hervorgehoben.

Oben links sehen Sie den Play-Button ❷. Tippen Sie auf diesen, wird die Musikwiedergabe gestartet. Oben in der Mitte haben Sie den Lautstärkeregler ❸. Bewegen Sie diesen, und die Musik wird lauter bzw. leiser. Alternativ können Sie aber auch die Wipp-Tasten auf der Seite Ihres iPads verwenden.

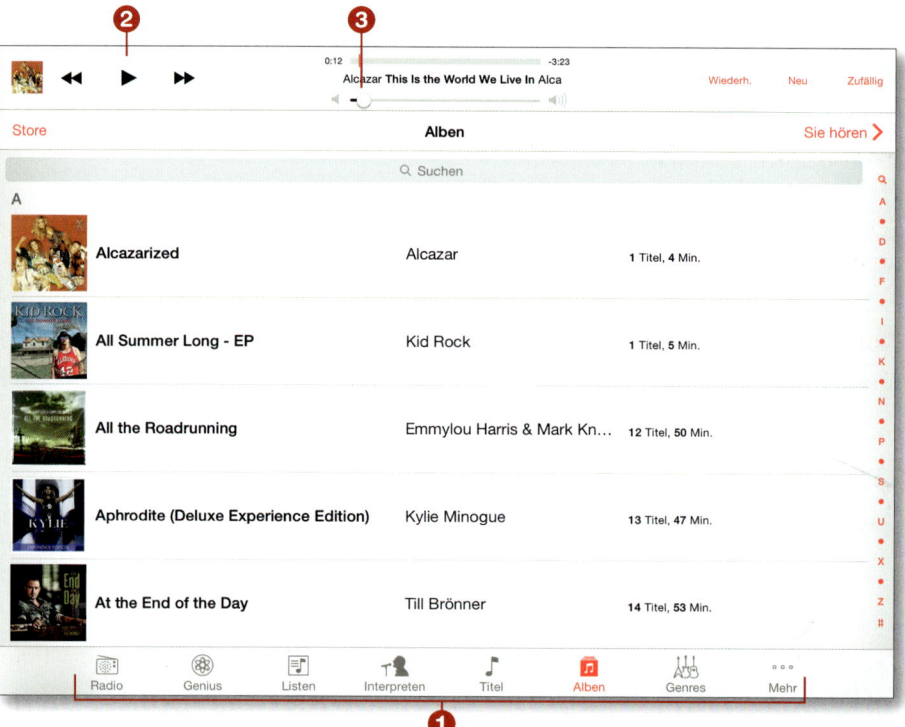

> *Auswahl von Alben in der App Musik*

Um ein bestimmtes Lied aus einem Album abzuspielen, tippen Sie in die Zeile des Albums. In einer hübschen Animation wird der Inhalt des Albums von rechts nach links eingeblendet. Ein einfacher Tipp auf das Lied genügt, und es wird abgespielt.

Wenn Sie in die Übersicht der Alben zurückkommen möchten, tippen Sie oben links auf ‹ **Alben** ❹.

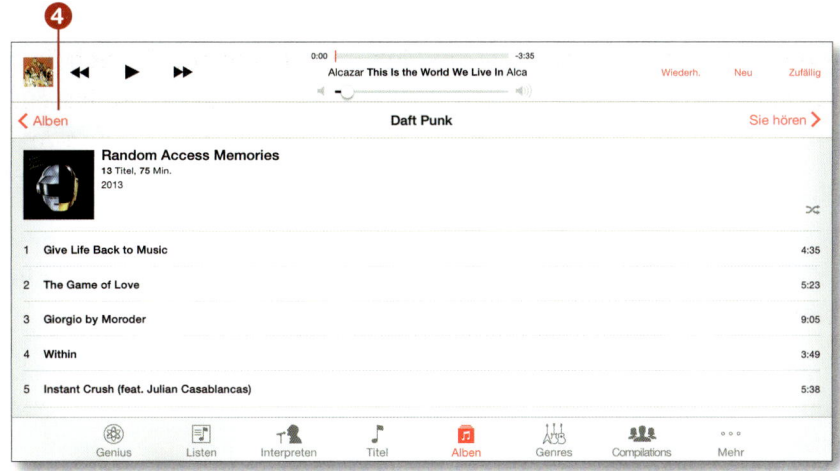

❮ *Der Inhalt eines Musikalbums*

Kostenlose Apple-Apps

Die Apps, die bereits auf dem iPad installiert sind, kommen naturgemäß von Apple und müssen nicht extra bezahlt werden. Seit dem 1. September 2013 stellt Apple allen, die Ihr iPad nach diesem Datum gekauft haben, sechs weitere wichtige Apps kostenlos zur Verfügung. Dies sind die Apps Pages, Numbers und Keynote aus der iWork-Familie. Drei weitere Apps nennen sich iPhoto, iMovie und GarageBand und gehören zur iLife-Familie.

Pages: Pages ist Apples eigene Textverarbeitung. Von der Idee her ist diese App vergleichbar mit Microsoft Word. Pages ist leicht zu bedienen und ausgesprochen leistungsfähig.

Numbers: Die Tabellenkalkulation Excel von Microsoft ist für das iPad (leider) nicht verfügbar. Apple bietet Ihnen mit Numbers aber eine angemessene Alternative an.

Keynote: Die App Keynote ist die dritte im Bunde der iWork-Familie und ein ausgesprochen leistungsfähiges Präsentationsprogramm. Es ist mehr als nur eine gute Alternative zu Microsoft PowerPoint.

iPhoto: Die App Fotos ist gut und schön, aber damit lassen sich Bilder nicht adäquat bearbeiten. Dies ist bei der App iPhoto anders. Hiermit können Sie Webjournale, Diashows erstellen oder Fotobücher bestellen.

 **iMovie:** Mit dieser beeindruckenden App wird Ihr iPad zum Videoschnittsystem. Es ist schon erstaunlich, wie schnell und einfach Sie mit dieser App und Ihrem iPad beeindruckende kleine Filme kreieren.

 **GarageBand:** Die App für alle, die Spaß daran haben, selbst Musik zu erstellen. Sie müssen hierbei nicht unbedingt ein Instrument beherrschen, dank der vielen Helfer gelangen Sie auch ohne Notenmusik zu einem netten Liedchen.

Die genannten Apps in diesem Buch zu besprechen würde bei Weitem den Rahmen sprengen. Sowohl für die drei iWork-Apps als auch für die drei iLife-Apps könnte man ein eigenes Buch schreiben, das sicherlich nicht dünner wäre als dieses hier.

Wie kommen Sie aber nun an diese kostenlosen Apps? Suchen Sie im App Store nach ihnen. Dort können Sie die Apps dann ohne Kosten herunterladen. Wie bei anderen kostenlosen Apps auch müssen Sie aber auf jeden Fall über eine Apple-ID verfügen. Nur mit der Apple-ID können die Apps heruntergeladen werden. Sollten Sie ein iPad ihr Eigen nennen, das vor dem 1. September 2013 gekauft wurde, so kommen Sie leider nicht in den Genuss dieser kostenlosen Apps. Die drei iWork-Apps Pages, Numbers und Keynote kosten zurzeit jeweils 8,99 €. iPhoto und iMovie kosten jeweils 4,49 €. GarageBand ist kostenlos. Mögen die Preise für die Apps den ein oder andern abschrecken – insbesondere unter dem Eindruck, dass andere die Apps kostenlos bekommen –, unserer Meinung nach sind die Apps auf jeden Fall ihr Geld wert.

Kapitel 5

Ins Internet mit Safari

»Das Internet in den Händen halten.« Mit diesen Worten stellte Steve Jobs das iPad im Januar 2010 vor. Wer das iPad zum ersten Mal in den Händen hält und damit im Internet surft, weiß, dass der damalige Apple-Chef nicht übertrieben hat. Von Internetseite zu Internetseite ganz ohne Maus zu surfen ist ein völlig neues und ausgesprochen natürliches Gefühl.

∧ *Das Icon von Safari*

< *Die vielleicht wichtigste App auf dem iPad: Safari*

Auch wenn jedem erfahrenen Benutzer die Maus bereits in Fleisch und Blut übergegangen ist, merkt er doch schnell, dass diese Art des Surfens irgendwie ganz besonders natürlich ist. Wie man grundsätzlich mit Safari umgeht, haben Sie bereits im vorherigen Kapitel gelesen. Nun wollen wir aber noch etwas mehr ins Detail gehen, damit Sie Safari noch besser und schneller nutzen können.

Internetadressen eingeben

Wie Sie bereits im vorherigen Kapitel gelesen haben, geben Sie eine neue Internetadresse ein, indem Sie mit dem Finger in die Adressleiste tippen. Unten öffnet sich die Tastatur. Nun gibt es eine Reihe von Möglichkeiten, wie Sie sich das Leben erleichtern können.

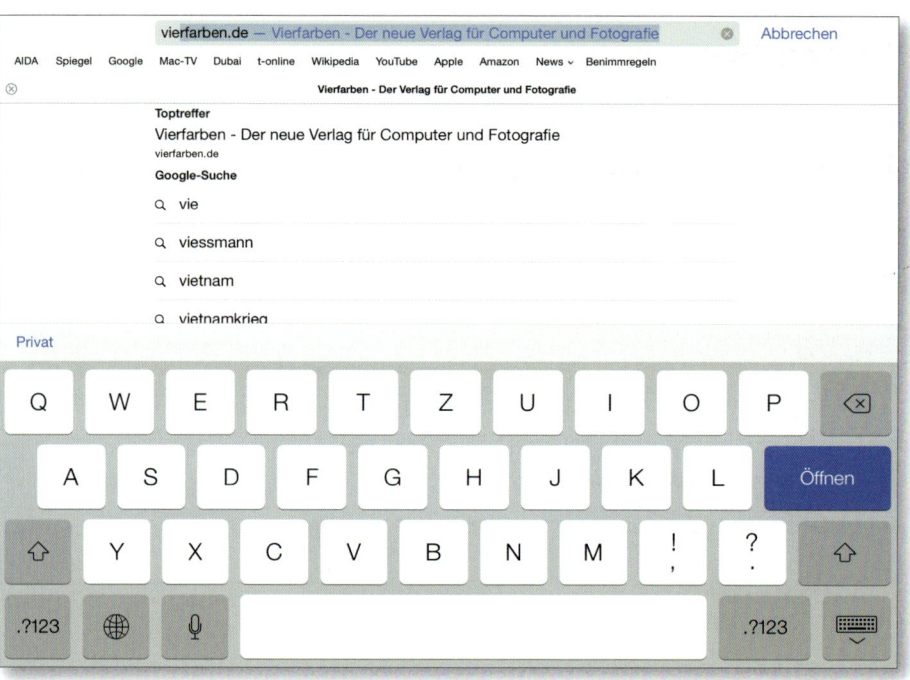

> *Eingabe einer Internetadresse*

Die wohl einfachste Hilfe ist die automatische Vervollständigung von Internetadressen. Wenn Sie eine Adresse einmal eingegeben haben, merkt sich das iPad diese für eine gewisse Zeit. Geben Sie nun eine Internetadresse ein, schlägt Ihnen Safari passende Seiten vor. Je mehr Buchstaben Sie eingeben, desto kleiner und präziser wird die Trefferliste. Um eine Seite aus der Liste aufzurufen, tippen Sie einfach darauf. Die Seite wird umgehend aufgerufen.

Die Endungen von Internetadressen

Um Ihnen das Eingeben der Internetadresse ein wenig zu erleichtern, gibt es eine kleine, aber sinnvolle Hilfe. Internetadressen enden nach dem Punkt sehr häufig mit com, eu, net, org oder de. Tippen und halten Sie Ihren Finger auf die Taste mit dem Punkt und dem Fragezeichen, bis ein Auswahlmenü eingeblendet wird. Ziehen Sie nun den Finger ohne abzusetzen auf die gewünschte Endung, und lassen Sie den Finger erst dann wieder los. Wichtig ist, dass Sie den Finger dabei nicht vom Display nehmen.

∧ *Internetadressen schneller eingeben*

Lesezeichen

Getreu dem Motto »Man muss nicht alles wissen, nur, wo es steht« sind Lesezeichen genau das Richtige, um sich Internetseiten zu merken. Darüber hinaus sind sie natürlich auch eine besonders schnelle Möglichkeit, Internetseiten aufzurufen.

< *Lesezeichen in Safari setzen*

Tippen Sie auf das ⬆-Symbol ❶ links in der Adressleiste. Sie haben nun eine ganze Reihe von Auswahlmöglichkeiten. Um ein Lesezeichen zu erstellen, tippen Sie auf den gleichnamigen Button ❷. Oft ist der Titel einer Seite unhandlich, daher können Sie ihn unter ❸ (siehe Abbildung Seite 94) editieren. Selbstverständlich können Sie auch Lesezeichen ordnen. Wählen Sie unter ❹ (siehe Abbildung Seite 94) den Ordner, in dem das Lesezeichen erstellt werden soll.

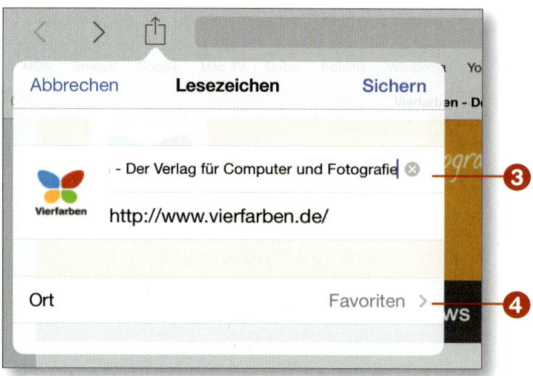

> Lesezeichen
sichern

Sie haben im Moment keine Zeit, sich den Link oder die Webseite genauer anzuschauen, wollen dies aber später nachholen, dann tippen Sie auf **Zur Leseliste hinzufügen** ❺ (siehe vorherige Seite). Die Lesezeichen werden in einer Leseliste gespeichert, die Sie später aufrufen können. Innerhalb der Leseliste sehen Sie dann alle dort gespeicherten Einträge. Diese werden unterschieden zwischen **Ungelesene anzeigen** und **Alle anzeigen**.

> Links: Leseliste
mit ungelesenen
Einträgen; rechts:
Leseliste mit allen
Einträgen

Eine andere Form von Lesezeichen ist die Variante **Zum Home-Bildschirm** ❻. Hierbei wird das Lesezeichen auf dem Home-Bildschirm abgelegt. Dies ist der schnellste Weg, um auf eine Internetseite zuzugreifen. Egal, in welcher App Sie sich gerade befinden, drücken Sie einfach auf den Home-Button, dann auf das Lesezeichen, und schon wird die Internetseite (samt Safari) aufgerufen. Der Nachteil liegt natürlich auf der Hand: Der Platz (und damit die Übersichtlichkeit) auf dem Home-Bildschirm ist sehr begrenzt.

Mit dem Menüpunkt **Kopieren** ❼ wird die URL in die Zwischenablage gespeichert und kann dann weiterverarbeitet werden. Die Abkürzung URL steht für Uniform Resource Locator, umgangssprachlich könnte man das mit »Internetadresse« übersetzten.

Weitere Möglichkeiten, eine Adresse zu verschicken, sind, diese per Nachrichten, Mail, Twitter oder Facebook weiterzuleiten. Suchen Sie unter ❽, die gewünschte Funktion aus. Die Internetadresse wird über den gewünschten Dienst verschickt. Geben Sie den Empfänger ein, und tippen Sie auf **Senden** oder **Posten**. Beachten Sie, dass Sie den ausgewählten Dienst nur verwenden können, wenn Sie ihn vorher eingerichtet haben.

Last, but not least können Sie die aktuelle Internetseite auch ausdrucken. Tippen Sie hierzu auf **Drucken** ❾. Der Druckerdialog wird aufgerufen. Stellen Sie ein, welcher Drucker verwendet, wie oft die Seite ausgedruckt und (falls möglich) ob die Seite doppelseitig gedruckt werden soll. Tippen Sie dann auf **Drucken**, und der Druckvorgang wird gestartet.

∧ *Die Druckeroption auf dem iPad*

➕ **Lesezeichen gespeichert – Aufruf funktioniert nicht?**

Mit Lesezeichen gibt es immer wieder Probleme (dies hat übrigens nichts mit dem iPad zu tun). Heute wird ein Lesezeichen gespeichert, einen Tag später möchten Sie die Seite aufrufen und erhalten entweder eine Fehlermeldung, oder eine andere Internetseite wird angezeigt. Woran liegt das? Viele Internetseiten werden dynamisch generiert. Das heißt, die Seite, die Sie aufrufen, wird vom System just in dem Moment »gebaut«, in dem Sie sie aufrufen. Diese Seite wird also immer wieder neu erstellt. Daher kann sie möglicherweise kein zweites Mal über dieselbe Adresse aufgerufen werden. Oft ist dieses Phänomen bei Internetshops anzutreffen. Wenn Sie sich mithilfe eines Benutzernamens und Passworts bei der Webseite anmelden, ist die Gefahr groß, dass diese Seite nicht als Lesezeichen gespeichert werden kann.

Leider kann man nicht allgemein sagen, wann es funktioniert und wann nicht. Es bleibt Ihnen daher nichts anderes übrig, als es auszuprobieren. Vor allem dann, wenn Sie eine URL via E-Mail verschicken. Wenn Sie allerdings eine Hauptseite wie beispielsweise *www.spiegel.de* oder *www.apple.de* als Lesezeichen speichern, ist das Risiko gering, dass die Lesezeichen später nicht mehr aufrufbar sind.

Lesezeichen aufrufen

Ein Lesezeichen aufzurufen ist eigentlich ganz einfach. Klicken Sie rechts neben der Adressleiste auf das stilisierte Buch ▭ ❶. Nach unten öffnet sich eine Liste mit Lesezeichen. Sie haben jetzt verschiedene Möglichkeiten, auf die Lesezeichen zuzugreifen. Tippen Sie auf eines der Lesezeichen im unteren Bereich ❷, und die entsprechende Internetseite wird umgehend geöffnet. Im oberen Bereich können Sie durch Antippen auswählen zwischen **Lesezeichen** ❸ und **Leseliste** ❹. Unter **Verlauf** ❺ sehen Sie, welche Internetseiten Sie besucht haben. Wenn Sie Ihre Lesezeichen via iTunes oder iCloud mit Ihrem iPad synchronisieren, können hier natürlich noch andere Lesezeichen bzw. Lesezeichenordner erscheinen.

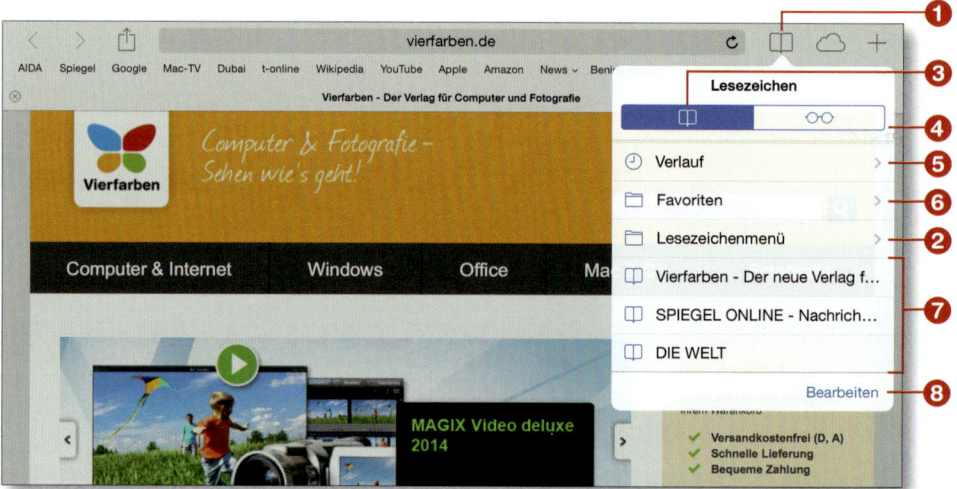

> *So rufen Sie Lesezeichen in Safari auf.*

Den **Verlauf** ❺, die **Favoriten** ❻ und das **Lesezeichenmenü** ❼ können Sie sich wie Ordner vorstellen. Wenn Sie darauftippen, gelangen Sie in den Ordner. Ein Tipp auf ein Lesezeichen und die Webseite wird geöffnet.

Lesezeichen bearbeiten und löschen

Wenn Sie auf Ihrem Weg durchs Internet fleißig Lesezeichen sammeln, werden Sie schnell merken, dass Ihre Sammlung unübersichtlich wird. Es empfiehlt sich also, hier von Zeit zu Zeit ein wenig nach dem Rechten zu sehen und Ihre Lesezeichen zu organisieren. Wenn Sie Ihre Lesezeichen löschen, verschieben oder umbenennen möchten, tippen Sie unten rechts auf **Bearbeiten** ❽. Daraufhin befinden sich die Lesezeichen im Bearbeiten-Modus. Die nachfolgenden Beschreibungen gelten auch für die beiden Ordner **Favoriten** und **Lesezeichenmenü**.

So löschen Sie ein Lesezeichen:

1. Tippen Sie auf der linken Seite auf den roten Kreis ❾.

2. Die Anzeige verändert sich, und auf der rechten Seite wird **Löschen** eingeblendet.

3. Tippen Sie auf **Löschen** ❿. Das Lesezeichen ist nun gelöscht.

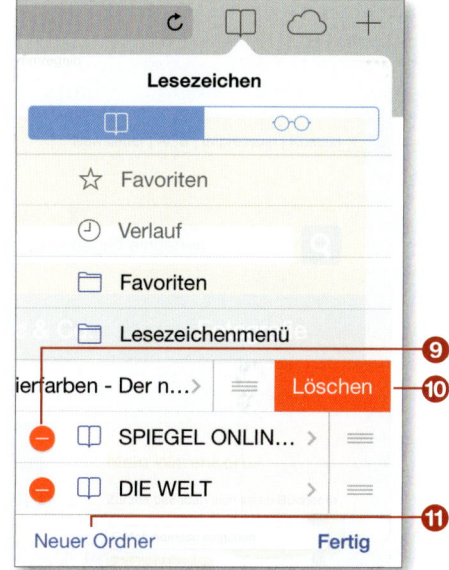

Übersicht schaffen Sie am besten durch Ordner. Diese zu erstellen ist denkbar einfach:

1. Tippen Sie auf **Neuer Ordner** ⓫. Ein Dialogfeld öffnet sich.

2. Geben Sie unter ⓬ den Namen für Ihren neuen Ordner ein.

3. Wählen Sie den Ordner ⓭, in dem der Unterordner erstellt werden soll.

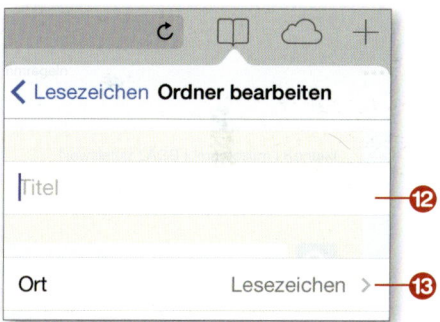

4. Der Ordner ist automatisch erstellt worden. Tippen Sie oben auf den Button für den übergeordneten Ordner, um wieder zurückzukommen, und schließlich auf **Fertig**.

Eine bereits besuchte Internetseite erneut aufrufen

Oft ist es so, dass man eine bestimmte Internetseite ein paar Tage später noch einmal aufrufen möchte, aber nicht mehr weiß, wie die Adresse lautet oder wie man sie gefunden hat. Um sich den Verlauf anzeigen zu lassen, gehen Sie zu **Lesezeichen** und tippen dann auf **Verlauf**. Sie sehen

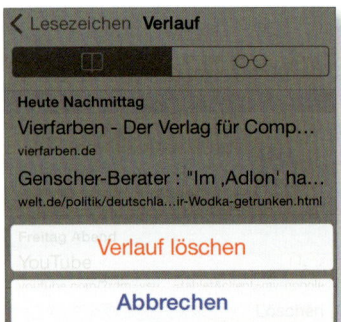

den Verlauf nach Datum sortiert und können so nachschauen, wann Sie auf welcher Seite waren.

Den Verlauf löschen

Sie würden gerne den kompletten Verlauf besuchter Internetseiten löschen? Das geht ganz einfach:

1. Tippen Sie zunächst auf das Lesezeichensymbol und dann auf **Verlauf**. Sie sehen nun Ihren Verlauf.

2. Rechts unten wird der Button **Löschen** eingeblendet. Tippen Sie darauf.

3. Der Verlauf wird jetzt »ausgegraut« dargestellt, und unten sehen Sie den Button **Verlauf löschen**. Entscheiden Sie, ob Sie ihn löschen oder den Vorgang abbrechen wollen. Sobald der Verlauf gelöscht wurde, kann dieser Vorgang nicht mehr rückgängig gemacht werden.

Lesezeichen synchronisieren

Vielleicht haben Sie auf Ihrem Computer bereits eine umfangreiche Sammlung von Lesezeichen und fänden es nun toll, wenn sich diese auch automatisch auf Ihrem iPad befänden und idealerweise auch von dort wieder auf den heimischen Computer transferieren ließen. Lesezeichen werden via iTunes automatisch auf Ihr iPad übertragen. Nicht übertragen wird allerdings die Liste der besuchten Internetseiten. Komfortabler als mit iTunes ist das Synchronisieren via iCloud möglich. Hierdurch werden die Lesezeichen auch synchronisiert, ohne dass Sie Ihr iPad jedes Mal an den Computer anschließen müssen. Mithilfe der iCloud wird auch die Leseliste synchronisiert. Durch diese praktische Funktion können Sie unterwegs eine Internetseite speichern und Sie dann später auf einem anderen Gerät in Ruhe lesen.

Mehrere Internetseiten gleichzeitig lesen

Beim Surfen am Computer ist die Möglichkeit gar nicht mehr wegzuden-
ken, mehrere Internetseiten gleichzeitig geöffnet zu haben und zwischen
diesen hin- und herzuspringen. Dies ist natürlich auch auf dem iPad
möglich.

1. Öffnen Sie bitte zunächst eine beliebige Internetseite. Als Beispiel haben wir *www.zeit.de* gewählt.

2. Tippen Sie oben rechts auf das Pluszeichen $+$ ❶. Hierdurch wird ein
neuer Reiter – oft auch als Tab bezeichnet – geöffnet.

3. Tippen Sie oben in die Eingabemaske, und die Tastatur wird eingeblendet.

4. Wenn Sie via Google nach einem Begriff suchen möchten, tippen Sie
diesen nun einfach ein.

5. Wollen Sie die Internetadresse direkt eintippen, geben Sie sie ein, und
tippen Sie auf der Tastatur auf **Öffnen**. Die Internetseite wird geöffnet.

< Über das Pluszei-
chen ❶ öffnen Sie
einen neuen Reiter.

Sie können auf diese Weise maximal 15 Seiten gleichzeitig öffnen. Durch
Antippen der jeweiligen Reiter springen Sie zwischen den Internetseiten
hin und her.

Wird eine Internetseite nicht mehr benötigt und soll sie geschlossen werden, tippen Sie auf das x-Zeichen ❷. Die Seite wird geschlossen.

Suchen im Internet

Wenn Sie etwas im Internet suchen, können Sie selbstverständlich zuerst auf die Internetseite Ihres bevorzugten Suchmaschinenanbieters gehen und dort den Suchbegriff eintippen. Einfacher ist es aber natürlich, wenn Sie oben rechts das Suchen-Feld verwenden. Wenn Sie in den Einstellungen von Safari nichts verändert haben, suchen Sie hier automatisch bei Google. Wenn Ihnen Yahoo oder Bing lieber ist, können Sie dies in den Einstellungen ändern.

1. Tippen Sie mit dem Finger in das Suchen-Feld ❶.

2. Mithilfe der Tastatur geben Sie den Suchbegriff ein.

3. Sie erhalten im unteren Bereich Vorschläge ❷. Mit ein bisschen Glück wird Ihr Suchbegriff unten bereits angezeigt, obwohl Sie ihn noch gar nicht zu Ende eingetippt haben. Ist Ihr Suchbegriff dabei, tippen Sie einfach darauf. Die Internetseite Ihres Suchmaschinenanbieters wird geöffnet, und es werden Ihnen die Treffer präsentiert.

4. Ist Ihr Suchbegriff nicht in der Liste der Vorschläge, geben Sie ihn vollständig ein, und tippen Sie dann auf der Tastatur auf die **Öffnen**-Taste. Daraufhin öffnet sich ebenfalls die Internetseite des Suchmaschinenanbieters mit Treffern zu Ihrem Suchbegriff.

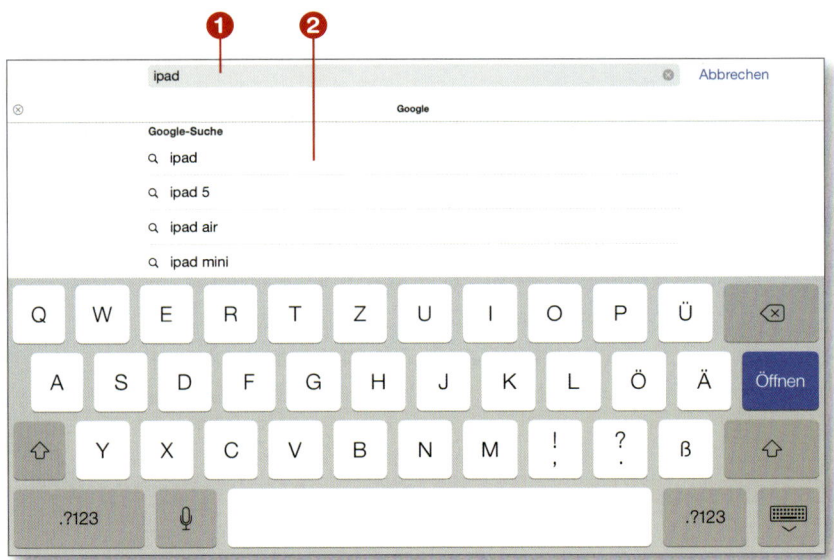

> *Geben Sie Ihre Suche in das Such-feld ❶ ein.*

Flash – da fehlt doch was?!

Tja, es ist so und wird wohl auch immer so bleiben: Es gibt auf dem iPad keine Unterstützung für Flash. Über die Gründe, warum Steve Jobs so entschieden hat, wurde schon an vielen Stellen aufs Heftigste diskutiert. Fakt ist jedoch, dass sich an dieser Entscheidung seitens Apple nichts mehr ändern wird.

Die Auswirkungen des fehlenden Flash-Plug-ins sind unterschiedlich. Es kann sein, dass Sie nicht einmal merken, dass auf einer Seite Flash sein sollte – bei Werbung ist es manchmal geradezu ein Segen. Es gibt jedoch auch Internetseiten, denen ohne Flash essenzielle Funktionen fehlen. Dies kann dazu führen, dass Sie mit dem iPad einfach nicht an die benötigten Informationen kommen. Dies ist naturgemäß dann besonders ärgerlich, wenn man es zum ersten Mal merkt, während man unterwegs ist.

Angesichts des steigenden und sehr hohen Verbreitungsgrads des iPads (und des iPhones, auch dieses unterstützt Flash nicht) kann sich keine große Internetseite erlauben, diesen Personenkreis auszuschließen.

Safari Reader

Insbesondere Internetseiten mit Nachrichten sind häufig sehr voll gestopft mit Werbung. Diese versperrt nicht selten den Blick auf das Wesentliche. Damit Ihnen dieser Blick nicht unnötig versperrt wird, gibt es innerhalb des Webbrowsers einen besonderen Modus: den Safari Reader. In diesem Modus wird die Werbung ausgeblendet. Dies ist jedoch nicht vergleichbar mit einem Werbeblocker, wie Sie ihn vielleicht von Ihrem großen Rechner her kennen. Damit Sie entsprechend von dem Modus profitieren können, muss die aufgerufene Internetseite ein paar Bedingungen erfüllen. Vereinfacht gesagt, Sie müssen sich auf einer Artikelseite befinden, es darf keine Übersichtsseite sein. Also auf einer Nachrichtenseite, auf der genau ein Artikel angezeigt wird. Wenn diese Bedingung erfüllt ist, wird die Adressleiste um ein kleines, aber feines Detail erweitert.

1. Tippen Sie auf ≣ ❶, um in den Reader-Modus zu wechseln.

2. Dadurch ändert sich die Ansicht der Seite, und mit etwas Glück wird ein Großteil der Werbung ausgeblendet.

3. Auf der Seite können Sie nun in aller Ruhe den Artikel lesen und dabei nach unten oder oben scrollen.

4. Um den Reader-Modus zu verlassen, tippen Sie erneut auf ■. Hierdurch wechselt Safari wieder zurück in die Standardansicht.

Privates Surfen

Wer im Internet surft, hinterlässt Spuren auf dem eigenen iPad. Unter anderem können die von Ihnen besuchten Internetseiten im Verlauf nachgelesen werden. Dies ist nicht immer erwünscht. Natürlich kann man nach dem Surfen im Internet den Verlauf und die Cookies löschen, siehe hierzu Seite 106, besser wäre es aber, diese Daten erst gar nicht zu sammeln. Für diesen Zweck können Sie Safari in den Privat-Modus umschalten.

1. Wenn Sie eine neue Internetadresse in die Adressleiste eingeben, tippen Sie bevor Sie Ihre Eingabe bestätigen oberhalb der Tastatur auf **Privat** ❷, um den Modus zu aktivieren.

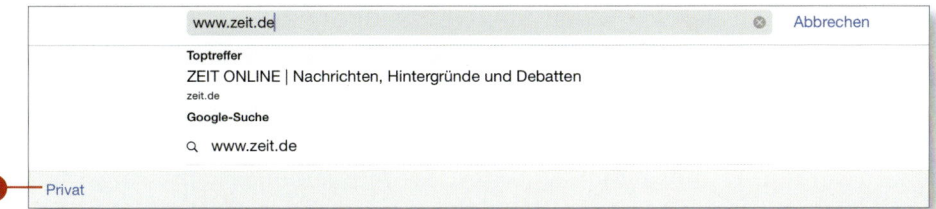

◀ Tippen Sie auf Privat ❷, um keine Spuren der besuchten Seiten auf Ihrem iPad zu hinterlassen.

2. Sollten aktuell noch andere Tabs geöffnet sein, erscheint eine Dialogbox. Diese soll Sie davor schützen, dass einige Tabs privat sind und andere nicht. In diesem Dialog entscheiden Sie, wie mit den vorhandenen Tabs verfahren werden soll.

3. Tippen Sie auf **Schließen**, um bereits existierende Tabs zu schließen, oder auf **Behalten** (jedoch nicht privat), um diese weiterhin zu verwenden. Wenn Sie auf **Abbrechen** tippen, wird der komplette Vorgang, Safari in den Privat-Modus zu schalten, abgebrochen.

4. Sobald Safari im Privat-Modus ist, können Sie dies am oberen Bereich des Bildschirms erkennen. Dieser ist nun nicht mehr in einer hellen, sondern in einer dunklen Farbe gehalten.

5. Um den Privat-Modus wieder zu beenden, rufen Sie erneut eine Adresse auf und tippen wieder auf **Privat**.

6. Sie werden daraufhin erneut gefragt, ob Sie alle Tabs sicherheitshalber schließen möchten.

Safari-Einstellungen

Natürlich gibt es auch zu Safari die eine oder andere Einstellung, die Sie vornehmen können. Wechseln Sie dazu auf den Home-Bildschirm, und tippen Sie auf **Einstellungen**. Innerhalb der Einstellungen wählen Sie nun auf der linken Seite **Safari**. Rechts sehen Sie die Einstellmöglichkeiten. Die Seite ist in mehrere Bereiche geteilt.

▲ Dieses Icon steht für die Einstellungen.

Im allgemeinen Bereich sehen Sie, welche **Suchmaschine** ❶ eingestellt ist. Derzeit haben Sie dort die Wahl zwischen Google, Yahoo! und Bing. Eine Zeile tiefer können Sie die Funktion **Kennwörter & Autom. ausfüllen** ❷ einschalten. Hierdurch wird die Funktion, dass Kennwörter abgespeichert werden, grundsätzlich aktiviert. Sie müssen aber keine Angst haben, dass daraufhin ungefragt Kennwörter gespeichert werden. Sie werden weiterhin bei jeder Kennworteingabe gefragt, ob Sie dies für diese bestimmte Internetseite möchten.

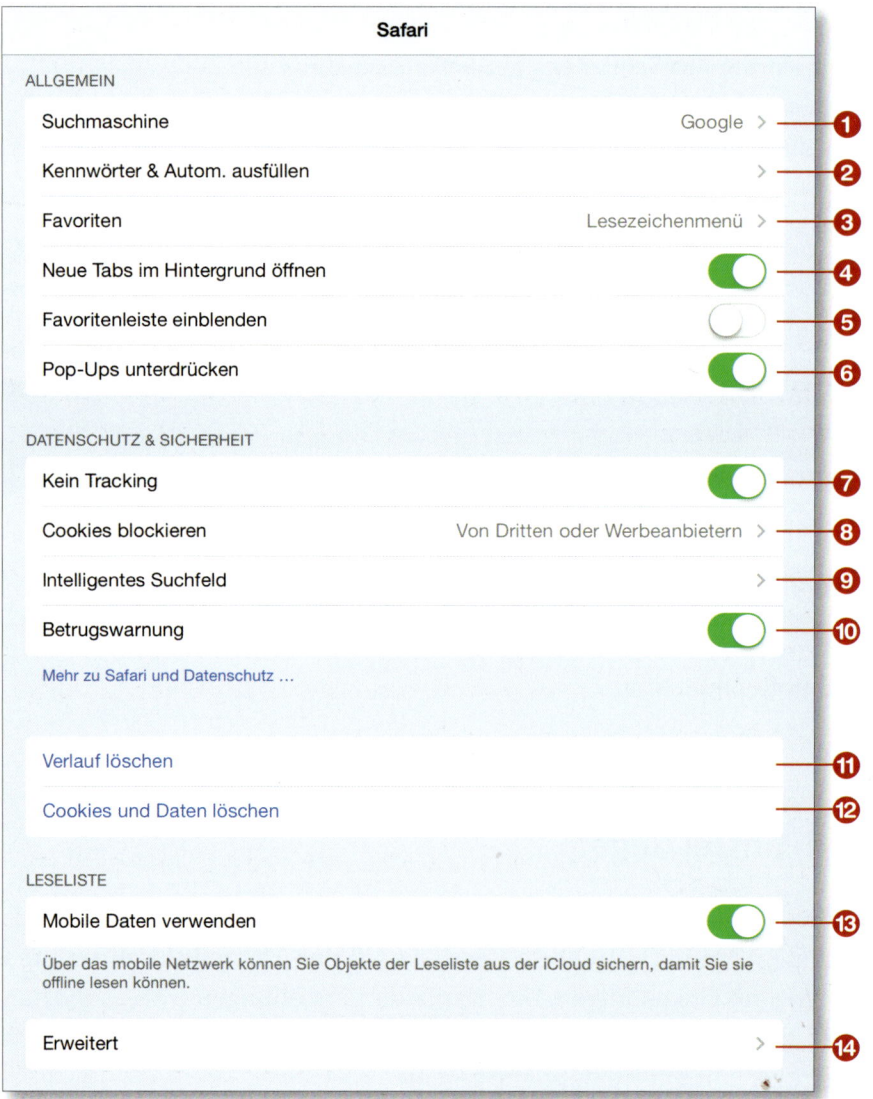

> *Für Safari gibt es eine Reihe von Einstellungen.*

Unter **Favoriten** ❸ können Sie festlegen, welche Internetseiten Ihnen vorgeschlagen werden, wenn Sie einen neuen leeren Tab öffnen. Mit der Option **Neue Tabs im Hintergrund öffnen** ❹ können Sie festlegen, ob ein neu geöffneter Tab aktiv sein soll oder im Hintergrund geöffnet werden soll. Wenn Sie möchten, dass die Favoritenleiste immer angezeigt wird, können Sie das unter ❺ aktivieren. Bei **Pop-Ups unterdrücken** ❻ aktivieren oder deaktivieren Sie diese Funktion.

＋ Was sind Pop-ups?

Bei Pop-ups handelt es sich um sich selbst öffnende Internetseiten. Das heißt, Sie rufen eine Internetseite auf, und zusätzlich öffnen sich selbstständig weitere Internetseiten – ohne dass Sie gefragt werden. Nahezu immer enthalten diese »aufpoppenden« Seiten Werbung. Diese zu unterdrücken ist daher sehr sinnvoll. Leider gibt es jedoch auch einige Internetseiten bei denen die Pop-ups keine Werbebotschaften enthalten, sondern wichtige Informationen.

Als Nächstes sehen Sie den Bereich **Datenschutz & Sicherheit**. Sie möchten nicht, dass Ihre Aktivitäten auf Internetseiten von den Anbietern aufgezeichnet werden, dann aktivieren Sie die Funktion **Kein Tracking** ❼. Safari fordert die Betreiber auf, Ihre Aktivitäten nicht nachzuverfolgen. Ob der Betreiber sich aber daran hält, liegt in seinem Ermessen.

In diesem Buch über den Sinn und Unsinn von **Cookies blockieren** ❽ zu diskutieren, würde den Rahmen sprengen. Unser Tipp: Lassen Sie die Standardeinstellung **Von Dritten oder Werbeanbietern** aktiv. Mit dieser Einstellung wählen Sie einen aus unserer Sicht akzeptablen Mittelweg aus Datenschutz und Komfort.

＋ Was sind Cookies?

Cookies sind kleine Dateien, in denen Internetseiten Informationen ablegen, die dann beim erneuten Aufrufen der Webseite abgerufen werden können. Das kann nützlich, manchmal aber auch gefährlich sein.

In Safari gibt es nur noch ein Eingabefeld für Suchbegriffe und Webadressen. Legen Sie unter **Intelligentes Suchfeld** ❾ fest, wie die Suchmaschinenvorschläge behandelt werden sollen. Wir empfehlen, beide Auswahl-möglichkeiten, **Suchmaschinenvorschläge** und **Toptreffer vorab laden,** zu aktivieren.

Die Funktion **Betrugswarnung** ❿ (siehe Abbildung Seite 104) sollten Sie unbedingt aktiviert lassen. Diese Funktion ist normalerweise akti-viert und schützt vor sogenannten Phishing-Angriffen. Uns fällt kein plausibler Grund ein, warum man diese Funktion deaktivieren sollte.

Zusätzliche Detailinformationen zu Safari und Datenschutz erhalten Sie, wenn Sie auf **Mehr zu Safari und Datenschutz** tippen.

Indem Sie **Verlauf löschen** ⓫ und **Cookies und Daten löschen** ⓬ antippen, können Sie Ihre Spuren verwischen. Danach ist es nicht mehr möglich, nachzuvollziehen, welche Seiten Sie besucht haben.

Aktivieren Sie **Mobile Daten verwenden** ⓭, werden auch von unterwegs über das Mobilfunknetzwerk Daten aus der Leseliste in die iCloud gespei-chert bzw. geladen. Beachten Sie bitte, dass das unterwegs zulasten des Datenvolumens Ihres Mobilfunkvertrages gehen kann.

Hinter dem Button ⓮ **Erweitert** verbergen sich noch drei weitere Ein-stellmöglichkeiten. Unter **Website-Daten** ⓯ sehen Sie detailliert, welche Internetadressen Dateien auf Ihrem iPad abgelegt haben. Wollen Sie ein-zelne Dateien löschen, tippen Sie auf **Bearbeiten**, und löschen Sie dann die entsprechenden Dateien. Möchten Sie aber alle Dateien auf einmal löschen, scrollen Sie ganz nach unten, und tippen Sie auf **Website-Daten entfernen**. Alle Dateien werden daraufhin gelöscht.

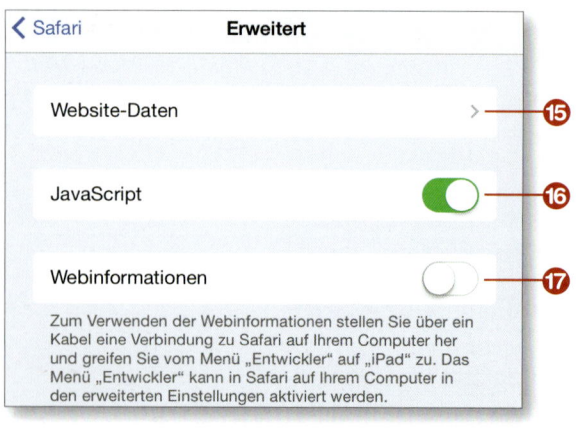

Wenn Sie möchten, können Sie **JavaScript** un-ter ⓰ deaktivieren, Sie werden dann aber mit sehr vielen Internetseiten ein Problem haben – diese funktionieren dann nämlich nicht mehr. Deaktivieren Sie daher JavaScript nur aus gu-tem Grund.

Die letzte Einstellmöglichkeit **Webinformatio-nen** ⓱ dürfte für Sie nicht interessant sein, da Sie für Webentwickler bestimmt ist. Aktivie-ren Sie diese Funktion nicht.

Kapitel 6

Kontakte verwalten

Mit Kontakte finden und verwalten Sie Namen, Anschriften, Telefonnummern, E-Mail-Adressen und andere wichtige Informationen schneller und einfacher als je zuvor.

Tippen Sie auf **Kontakte**, das Programm startet, und das Adressbuch öffnet sich. Die Benutzeroberfläche ist funktional und sehr aufgeräumt, sodass Sie sich schnell zurechtfinden werden.

∧ *Über dieses Icon starten Sie die App Kontakte.*

< *Kontakte lässt sich am bequemsten im Querformat nutzen*

Lassen Sie sich bitte nicht von der Schlichtheit des Programms täuschen. Es ist die Kommunikationszentrale für alle Informationen zu Ihren Kontakten. Sie können zusätzlich Geburtstage, Jahrestage und Notizen hinterlegen. Andere Apps, darunter das Programm Mail oder Safari, greifen auf diese Informationen zu.

Sie können Kontakte sowohl im Quer- als auch im Hochformat verwenden. Im Querformat wird der zur Verfügung stehende Platz jedoch etwas besser ausgenutzt.

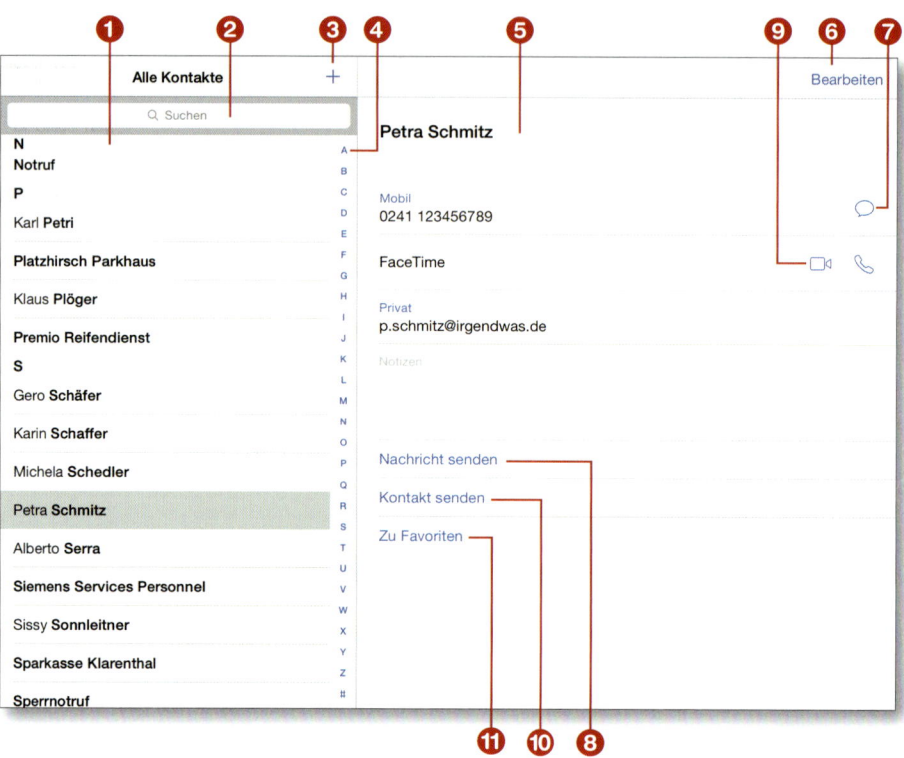

> *Das Adressbuch im Überblick*

Auf der linken Seite sehen Sie Ihre Kontakte in alphabetischer Reihenfolge ❶. Ein Feld zum Suchen befindet sich an der oberen linken Seite ❷. Wollen Sie einen neuen Kontakt erfassen, tippen Sie auf das Symbol ❸. In der Mitte sehen Sie das alphabetische Register ❹. Detailinformationen zu einem Eintrag finden Sie auf der rechten Seite ❺. Zum Bearbeiten eines bestehenden Kontakts tippen Sie auf **Bearbeiten** ❻. Wollen Sie eine Nachricht an den ausgewählten Kontakt schicken, tippen Sie auf das Nachrichtensymbol ❼ oder auf **Nachricht senden** ❽, und wählen Sie dann noch aus, an welche Adresse Sie senden wollen. Wollen Sie mit dem Kontakt ein FaceTime-Gespräch führen, tippen Sie zum Starten des Gesprächs auf **FaceTime** ❾ (Kapitel 9, »Mit der Kamera filmen und fotografieren«, ab Seite 145). Die kompletten Kontaktdaten können Sie versenden, indem Sie auf **Kontakt senden** ❿ tippen und dann zwischen den Sendeoptionen Mail oder Nachrichten auswählen. Tippen Sie auf **Zu Favoriten** ⓫; der Kontakt wird damit durch ein ★, das Favoriten-Symbol, gekennzeichnet. Die Favoriten-Funktion hat auf dem iPad nicht so wahnsinnig viele Auswirkungen. Lediglich FaceTime unterstützt auf dem iPad diese Funktion. Besitzen Sie jedoch zusätzlich noch ein iPhone und werden die Kontakte synchronisiert, haben Sie auch dort diese Favoriten und müssen bei einem Anruf nicht die komplette Kontaktliste durchblättern.

Eine besondere Rolle spielen die Gruppen. Diesen Punkt werden Sie aber nur oben links sehen, wenn Sie Gruppen auf Ihrem Computer eingerichtet und die Kontakte mit dem iPad synchronisiert haben. Auf dem iPad können keine Gruppen erstellt werden.

Kontakte ansehen

Durch Wischen mit dem Finger auf der linken Seite gleiten Sie durch Ihre Kontakte. Sie können aber auch direkt auf das alphabetische Register tippen, um zu einem bestimmten Buchstaben zu gelangen. Wenn Sie Detailinformationen zu einem Ihrer Kontakte angezeigt bekommen möchten, tippen Sie auf den entsprechenden Kontakt. Auf der rechten Seite sehen Sie die Informationen zum ausgewählten Kontakt.

Einen Kontakt suchen

Wenn Sie sehr viele Kontakte haben, dauert das Suchen per Wischen möglicherweise sehr lange. Damit das schneller geht, tippen Sie in das Feld **Suchen** am oberen linken Rand ⓬. Unten wird die Tastatur eingeblendet. Geben Sie jetzt den Suchbegriff ein. Mit jedem eingegebenen Buchstaben verringert sich die Anzahl der angezeigten Kontakte. Tippen Sie auf den gesuchten Kontakt, und Sie sehen rechts die Detailinformationen. Sie können auch die Sprachfunktion benutzen. Versuchen Sie es doch einmal. Macht Spaß und funktioniert meistens sogar.

▲ *So können Sie Kontakte suchen.*

> **+ Wonach kann gesucht werden?**
>
> Sie können nicht nur nach Nach- oder Vornamen suchen, sondern nach so gut wie allem, was im Kontakt steht. Sollten Sie beispielsweise einen Zettel mit einer Telefonnummer auf Ihrem Schreibtisch finden und nicht mehr wissen, zu welchem Ihrer Kontakte diese gehört, können Sie diese eingeben. Bei den Telefonnummern ist das System sogar tolerant gegenüber Leerzeichen oder Sonderzeichen in der Rufnummer. Geburtstage werden jedoch nicht zuverlässig gefunden.

Neuen Kontakt hinzufügen

In der Regel ist es sicherlich so, dass Sie bereits eine Reihe von Kontakten auf Ihrem Computer haben und diese mit dem iPad synchronisieren. Dennoch ist es natürlich ausgesprochen praktisch, dass man auch am iPad neue Kontakte hinzufügen kann. Wie Sie dies machen, lesen Sie hier.

1. Tippen Sie oben in der Mitte auf das +-Symbol ❶.

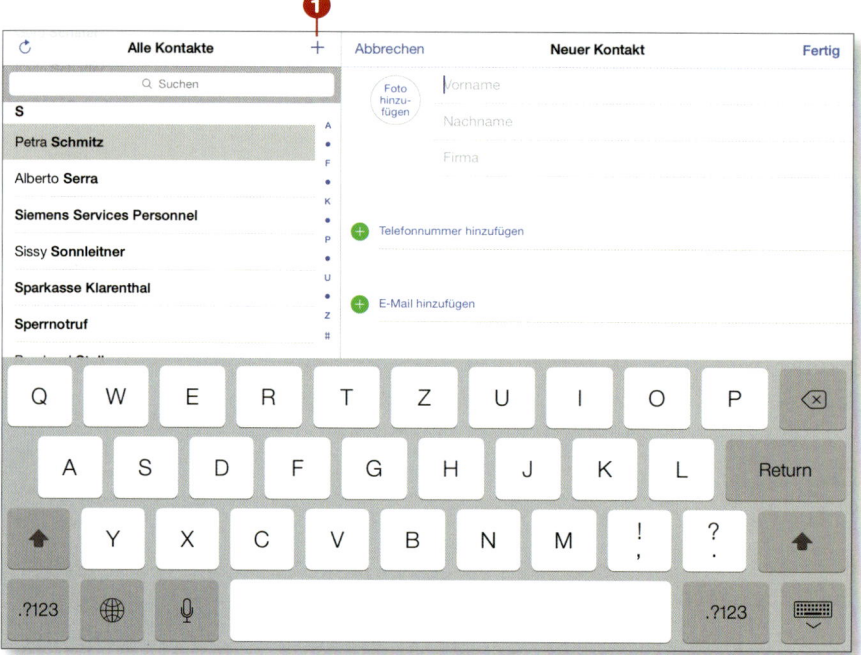

2. Die Anzeige des Adressbuches verändert sich daraufhin, und auf der rechten Seite sehen Sie eine leere Adressbuchseite mit vielen Eingabemöglichkeiten. Scrollen Sie nach unten, um alle Möglichkeiten zu sehen.

3. Tippen Sie in das Feld **Vorname**, und die Tastatur wird eingeblendet, und Sie können mit der Eingabe beginnen.

4. Tippen Sie in das Feld **Nachname**, und geben Sie dort den Nachnamen ein.

5. Analog dazu können Sie mit der Eingabe bei **Firma** verfahren.

6. Um eine Telefonnummer einzugeben, tippen Sie auf das ⊕-Symbol bei **Telefonnummer hinzufügen**. Die Tastatur ändert nun ihr Layout und befindet sich im Zahlenmodus. Aus dem ⊕-Symbol wurde ein ⊖-Symbol.

7. Geben Sie die Rufnummer des Kontakts ein.

8. Sie können jetzt noch die Telefonnummer klassifizieren. Tippen Sie auf den Text hinter dem ⊖-Symbol, in unserem Beispiel **Mobil**, und ein Etikett wird eingeblendet, aus dem Sie auswählen können.

9. Um noch weitere Telefonnummern eingeben zu können, müssen Sie nur erneut auf das ⊕-Symbol tippen. Die Tastatur wird wieder eingeblendet, und Sie können erneut eine Telefonnummer erfassen. Auf diese Weise können Sie beliebig viele Telefonnummern eingeben und einem Kontakt zuweisen.

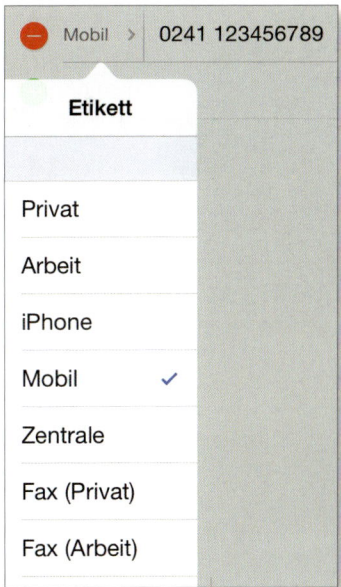

10. Um die E-Mail-Adresse einzugeben, tippen Sie auf das ⊕-Symbol vor **E-Mail hinzufügen**. Daraufhin gelangen Sie in den Eingabemodus. Auch hier ist die Tastatur schon für die Eingabe vorbereitet und zeigt Ihnen das @-Zeichen an. Geben Sie die Adresse ein. Genau wie bei Telefonnummern können Sie auch bei E-Mail-Adressen das Etikett ändern. Die Standardeinstellung ist **Privat**.

> **+ Telefonnummern**
>
> Telefonnummern werden bei der Eingabe automatisch formatiert. Für alle, die gerne nach bestimmten Standards oder Wünschen ihre Telefonnummern mit Leerzeichen gliedern, ist das eine schlechte Nachricht: Es ist im iPad nicht möglich, Telefonnummern nach eigenen Vorstellungen mit Leerzeichen zu gliedern. Die automatische Formatierung funktioniert aber in der Regel sehr gut.

11. Wenn Ihr Kontakt über eine eigene Internetseite verfügt, können Sie diese in das Feld **URL** eingeben. Auch hier können Sie das Etikett verändern. Die Standardeinstellung ist **Homepage**.

12. Bis jetzt fehlt noch die postalische Adresse. Um diese einzugeben, tippen Sie auf das ⊕-Symbol vor **Adresse hinzufügen**, und die Adresseingabefelder **Straße, PLZ** und **Ort** öffnen sich. Tippen Sie in die jeweiligen Felder, und geben Sie die Daten ein. Wenn Sie das Land verändern wollen, tippen Sie auf **Deutschland**, und wählen Sie aus der Liste das gewünschte Land aus. Auch hier können Sie das Etikett verändern. Standardmäßig ist das Etikett **Privat** gesetzt.

13. Für individuelle Notizen steht Ihnen das Feld **Notizen** zur Verfügung. Hier können Sie beliebigen Text einfügen. Oft ist ja die eine oder andere Anmerkung als Gedächtnisstütze zu einem Kontakt durchaus nützlich.

14. Wählen Sie aus den angebotenen Eingabefeldern die aus, die Sie benötigen.

Feld hinzufügen

15. Wenn Sie noch ein zusätzliches Feld benötigen, tippen Sie auf **Feld hinzufügen**. Ein Auswahlfenster öffnet sich, und Sie können durch Antippen auswählen, um welche Art Feld die Adresse erweitert werden soll.

16. Sie können jedem Kontakt ein Foto zuordnen. Diese »Spielerei« wird nicht nur in Kontakte verwendet. Das Programm Mail greift auch auf diese Informationen zu, und bei eingehenden E-Mails wird das Foto angezeigt. Tippen Sie auf **Foto hinzufügen**, ein Etikett öffnet sich, und Sie können wählen zwischen **Foto aufnehmen** und **Foto auswählen**. Tippen Sie auf **Foto auswählen**, und es öffnet sich das Fenster **Fotos**. Wählen Sie ein Fotoalbum aus. Jetzt können Sie ein Bild auswählen.

17. Bei diesem Bild können Sie den Ausschnitt festlegen. Es öffnet sich ein Fenster, und Sie können das Bild bewegen und skalieren. Sind Sie mit dem Ausschnitt einverstanden, tippen Sie auf **Verwenden**. Das Bild erscheint jetzt in Kontakte und in allen Programmen, die auf diese Informationen zugreifen dürfen. Lesen Sie in Kapitel 19, »Einstellungen vornehmen«, ab Seite 305 wie Sie festlegen, welche Programme auf Ihre Kontakte zugriefen können.

18. Wenn alle Einträge stimmen, tippen Sie oben rechts auf **Fertig**. Wenn Sie auf **Abbrechen** tippen, werden die Eingaben verworfen. Seien Sie dabei jedoch vorsichtig, denn es gibt keine Sicherheitsabfrage. Nach einem Klick auf **Abbrechen** werden alle Ihre Einträge gelöscht und Sie müssen alle Eingaben erneut einfügen.

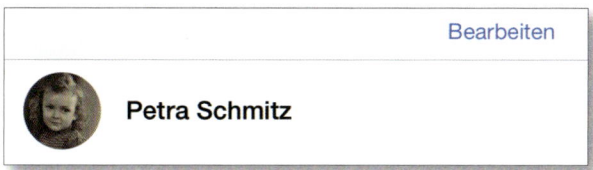

+ Versteckte Funktionen

Wenn Sie innerhalb eines Kontakts einen Tipp auf einen Eintrag machen, öffnet Kontakte eine App, die diese Information nutzt. Hört sich kompliziert an, ist aber ganz einfach:

- Tippen Sie auf eine E-Mail-Adresse, und die App Mail startet. Sie können nun direkt an diese Person eine Nachricht schreiben.

- Tippen Sie auf eine Internetadresse, und Safari wird geöffnet. Die Homepage Ihres Kontakts wird aufgerufen.

- Tippen Sie auf eine Adresse, und die App Karten wird geöffnet. Sie sehen auf der Karte, wo Ihr Kontakt wohnt.

Um wieder zu Kontakte zurückzukehren, müssen Sie den Home-Button drücken und Kontakte erneut starten. Kontakte merkt sich, welcher Kontakt aufgerufen wurde, bevor Sie die App verlassen haben.

Einen Kontakt bearbeiten

Eine Telefonnummer hat sich geändert? Ein Freund ist umgezogen? Ein bereits bestehender Kontakt soll bearbeitet werden. Im Wesentlichen funktioniert das Bearbeiten eines bestehenden Kontakts fast genauso wie das Erstellen eines neuen Kontakts.

1. Wählen Sie den zu bearbeitenden Kontakt durch Antippen aus.

2. Tippen Sie auf **Bearbeiten**. Die Anzeige des Adressbuches verändert sich.

3. Alle Felder können von Ihnen nun geändert werden. Wollen Sie einen Eintrag ändern, tippen Sie auf diesen. Die Tastatur wird eingeblendet, und der Eintrag kann verändert werden.

4. Möchten Sie einen Eintrag – beispielsweise eine nicht mehr existierende Rufnummer – löschen, so tippen Sie auf das ●-Symbol. Daraufhin verschiebt sich der Eintrag, und auf der rechten Seite erscheint ein großer **Löschen**-Button. Tippen Sie darauf, um den Eintrag zu löschen. Sollten Sie den Eintrag nicht löschen wollen, tippen Sie auf eine andere Stelle des Bildschirms.

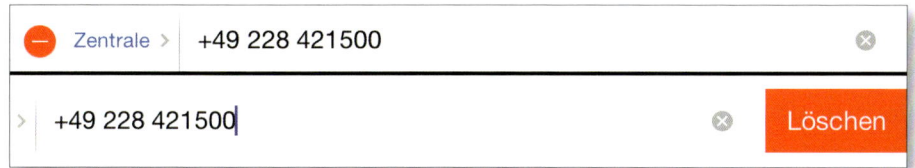

◁ *Einen Eintrag löschen*

5. Möchten Sie einen weiteren Eintrag – z. B. eine zusätzliche E-Mail-Adresse – einfügen, tippen Sie auf das ⊕-Symbol. Nun können Sie einen weiteren zusätzlichen Eintrag erstellen.

6. Sie können natürlich auch jederzeit das Etikett eines bestehenden Eintrags anpassen. Tippen Sie dazu einfach auf das entsprechende Etikett und wählen Sie ein neues aus dem Menü aus.

7. Sobald Sie die Korrekturen eingepflegt haben, tippen Sie auf **Fertig**, und die Änderungen werden gespeichert. Wenn Sie auf **Abbrechen** tippen, werden die Änderungen verworfen.

Nochmals sei gewarnt: Vorsicht, es gibt keine Sicherheitsabfrage! Wenn Sie den Vorgang abbrechen, gehen alle Daten verloren, die Sie eingegeben haben.

Einen Kontakt löschen

Natürlich ist es auch möglich, Kontaktdaten komplett aus Ihrem Adressbuch zu entfernen. Wenn Sie einen Kontakt löschen möchten, müssen Sie zuerst in den Bearbeiten-Modus wechseln. Wischen Sie in dem zu löschenden Kontakt ganz nach unten, und tippen Sie auf **Kontakt löschen**. Sie werden zu Ihrer Sicherheit noch mal gefragt, ob der Kontakt wirklich gelöscht werden soll.

Einen Kontakt senden

Wollen Sie einen Kontakt verschicken, tippen Sie auf **Kontakt senden**. Sie müssen jetzt noch entscheiden, ob Sie den Kontakt per **Mail** oder **Nachrichten** versenden wollen. Haben Sie Mail gewählt, öffnet sich das E-Mail-Programm, und der Kontakt wird als vcf-Datei in die E-Mail integriert. vcf-Dateien sind ein standardisiertes elektronisches Visitenkartenformat, das von allen wichtigen Adressbuch- und E-Mail-Programmen verstanden wird. Ergänzen Sie die E-Mail um den Empfänger und den Betreff, und schreiben Sie noch ein paar nette Zeilen dazu. Tippen Sie dann auf **Senden**.

Haben Sie jedoch **Nachrichten** ausgewählt, öffnet sich das Programm **Neue Nachricht**, und Sie können genau wie bei einer E-Mail die Daten ergänzen und dann auf **Senden** tippen.

> Einen Kontakt bequem und einfach per E-Mail im vcf-Format verschicken

Kontaktgruppen

Kontaktgruppen sind eigentlich eine sehr praktische Sache. Wenn Sie eine ganze Reihe von Kontakten haben, ist es durchaus sinnvoll, diese in Gruppen aufzuteilen (beispielsweise Privat, Firma, Kunden oder Ähnliches). Ungünstig ist lediglich, dass Gruppen derzeit auf dem iPad nur sehr rudimentär unterstützt werden. Vielleicht ändert sich dies in Zukunft noch. Sie können derzeit auf dem iPad keine Gruppen anlegen. Sie können bei einem neuen Kontakt auch nicht festlegen, in welcher Gruppe dieser erstellt werden soll. Gruppen können nur auf dem Computer angelegt werden (z. B. im Adressbuch auf dem Mac). Diese werden beim Synchronisieren dann vom iPad übernommen.

1. Möchten Sie auf eine Gruppe zugreifen, tippen Sie auf **Gruppen**.

2. Nun werden Ihnen die Gruppen angezeigt.

3. Um eine Gruppe auszuwählen, tippen Sie auf den Namen der Gruppe. Hierdurch werden im Adressbuch nur noch die Mitglieder dieser Gruppe angezeigt.

4. Um wieder alle Gruppen anzuzeigen, tippen Sie erneut auf **Gruppen**. Jetzt wird Ihnen die Übersicht über die Gruppen angezeigt. Tippen Sie anschließend auf **Alle Kontakte**. Hierdurch werden wieder alle Kontakte angezeigt.

Einstellungen für Kontakte

Es gibt nicht viele Einstellungen, die Sie im Programm Kontakte vornehmen können. Die wenigen, die es gibt, finden Sie unter **Einstellungen ▶ Mail, Kontakte, Kalender**. Wischen Sie nach unten zum Abschnitt **Kontakte**.

▲ *Die Einstellungen der Kontakte-App*

Sie können vier Einstellungen vornehmen, nämlich ob Ihre Kontakte nach Vor- oder Nachnamen sortiert werden ❶ (siehe Abbildung Seite 118) und ob in den Einträgen zuerst der Vorname oder zuerst der Nachname angezeigt wird ❷. Möchten Sie **Kurzname** ❸ verwenden, können Sie diese Funktionen hier aktivieren. Unter **Meine Infos** ❹ legen Sie die Kontaktdaten fest, die Safari und andere Apps verwenden. Wählen Sie Ihre Kontaktkarte aus.

▲ *Stellen Sie die Sortier- bzw. Anzeigereihenfolge für Ihre Kontakte ein.*

In den Standardeinstellungen werden die Kontakte nach Nachnamen sortiert. Die Anzeigefolge dagegen ist Vor-, Nachname. Wenn Sie diese Einstellungen verändern wollen, tippen Sie auf **Sortierfolge** bzw. **Anzeigefolge**, und nehmen Sie dort die Veränderungen vor.

> *Viel einzustellen gibt es bei den Kontakten nicht.*

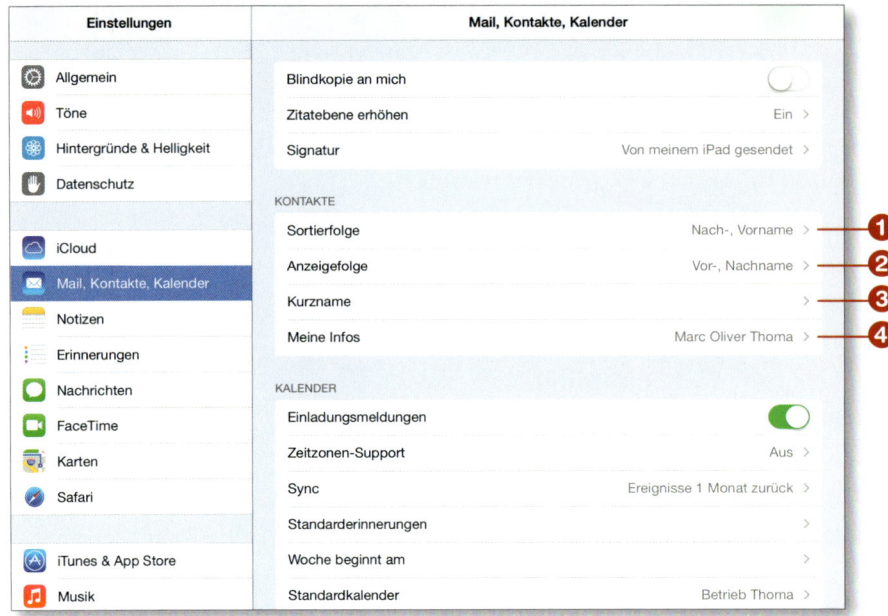

Einen Verzeichnisdienst einrichten

In Firmennetzen macht es keinen Sinn, dass jeder Mitarbeiter sein eigenes Adressbuch führt. Hierzu werden firmeninterne Verzeichnisserver zur Verfügung gestellt. Viele dieser Server stellen ihre Daten mithilfe des Protokolls LDAP zur Verfügung. Mit Ihrem iPad können Sie direkt auf einen solchen Server zugreifen. Weitere Infos erhalten Sie unter *http://de.wikipedia.org/wiki/Ldap*.

Um den LDAP-Server einzutragen, tippen Sie auf **Einstellungen ▸ Mail, Kontakte, Kalender ▸ Account hinzufügen ▸ Andere ▸ LDAP-Account hinzufügen**.

Geben Sie in die Felder die Daten ein, die Sie in der Regel von Ihrem Netzwerkadministrator bekommen. Eine weitere Variante eines Adressbuch-Servers ist der CardDAV-Server. Die Angaben tragen Sie unter **Einstellungen ▸ Mail, Kontakte, Kalender ▸ Account hinzufügen ▸ Andere ▸ CardDAV-Account hinzufügen**. Ob LDAP- oder CardDAV-Server, die Einstellmöglichkeiten sind identisch.

Kapitel 7

E-Mails senden und empfangen

Mail ist neben Safari eine der wichtigsten Apps auf Ihrem iPad. Mit Mail können Sie Ihre E-Mail-Nachrichten einfach und sehr bequem lesen, schreiben und versenden. Die Entwickler von Mail haben sich sehr viel Mühe mit schönen und lustigen Animationen gegeben. Achten Sie einmal auf die diversen Nettigkeiten.

^ *Das Icon der App Mail*

Mail arbeitet mit iCloud, Microsoft Exchange, Google Mail und Yahoo! Mail direkt zusammen. Selbstverständlich werden E-Mail-Konten, die nach POP3- oder IMAP4-Standard arbeiten, unterstützt. In die letzte Kategorie fällt z. B. auch T-Online. Wollen Sie Fotos oder Kontaktinformationen versenden – mit Mail ist das möglich. Erhalten Sie Mails mit Dateianhängen (z. B. PDFs), können Sie diese in Abhängigkeit vom gesendeten Format öffnen.

Um mit Mail optimal arbeiten zu können, benötigt die App eine aktive Internetverbindung!

Im Hochformat werden die E-Mails anders dargestellt als im Querformat. Nach unserer Erfahrung ist für Mail das Querformat die bessere Lösung. Wir beschränken uns deshalb auf die Beschreibung im Querformat.

Wie Sie mit Mail grundsätzlich E-Mails schreiben und lesen können, haben Sie schon in Kapitel 4, »Die wichtigsten Apps im Überblick«, ab Seite 80 gelernt. In diesem Kapitel wollen wir uns auf die Feinheiten konzentrieren.

^ *E-Mails bequem auf der Couch beantworten (Foto: iStockphoto)*

Zunächst erläutern wir Ihnen kurz die Bedienelemente von Mail. Mit dem Button links oben ❶ gelangen Sie in der Ordnerhierarchie eine Ebene nach oben. Rechts daneben sehen Sie den **Bearbeiten**-Button ❷. Noch etwas weiter rechts sehen Sie das Symbol ⚑ ❸. Tippen Sie darauf, und Sie können Ihre Mail zum besseren Wiederfinden kennzeichnen. Daneben finden Sie das Symbol, mit dem Sie eine Mail in einem Ordner ablegen können ⬜ ❹.

Soll hingegen eine Nachricht gelöscht werden, tippen Sie auf den Papierkorb 🗑 ❺. Möchten Sie eine E-Mail beantworten oder weiterleiten, tippen Sie auf das Antworten-/Weiterleiten-Symbol ↩ ❻. Um eine neue E-Mail zu verfassen, klicken Sie auf das Symbol ganz rechts ✎ ❼.

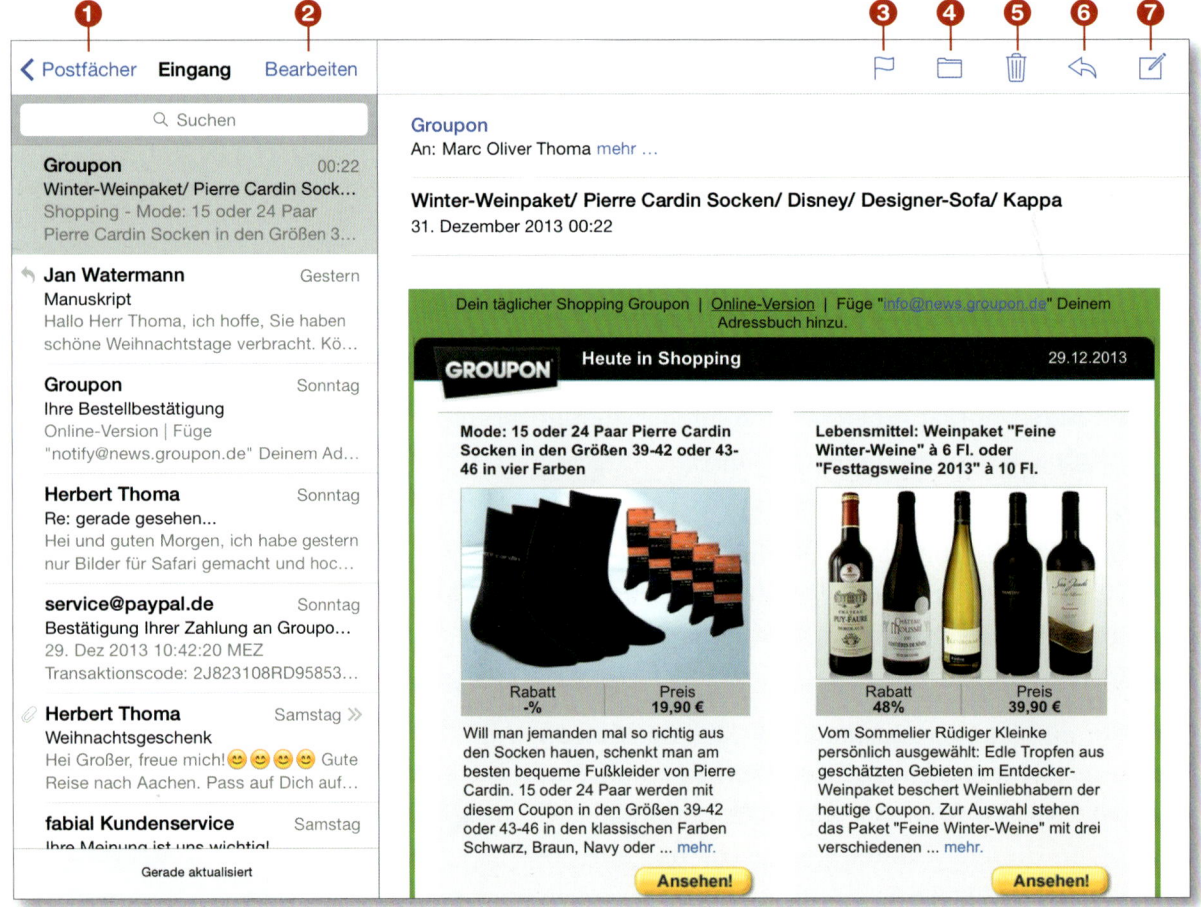

∧ *Der Posteingang in Mail*

➕ **POP3 oder IMAP4?**

POP3 ist ein recht alter Standard zum Übertragen von elektronischer Post. Als dieser Standard entwickelt wurde, konnte sich noch niemand ernsthaft vorstellen, welche Rolle E-Mails einmal im täglichen Leben vieler Menschen spielen würden – und Computer sahen damals auch noch ganz anders aus als heute. Kurzum, dieses Protokoll wird von nahezu allen E-Mail-Dienstleistern unterstützt, ist aber gerade für ein Gerät wie das iPad eigentlich ungeeignet.

Dies liegt daran, dass das POP3-Protokoll keine vernünftige Unterstützung dafür bietet, dass Sie mit mehreren Geräten auf ein und dasselbe Postfach zugreifen. Wenn Sie eine E-Mail auf Ihrem iPad empfangen, gelesen und danach gelöscht haben, soll schließlich die gleiche E-Mail im Posteingang auf Ihrem »großen« Computer nicht erneut als ungelesen erscheinen.

Genau diese Probleme kennt das IMAP4-Protokoll nicht. Wann immer es möglich ist, sollten Sie daher diese Variante vorziehen. Nahezu alle Anbieter ermöglichen dieses Protokoll, leider manchmal nur gegen Aufpreis.

E-Mail-Accounts und Ordnerhierarchie

E-Mail-Accounts und Ordner sind hierarchisch angeordnet. Diese Hierarchie ist in Mail nicht auf den ersten Blick ersichtlich. Der Wechsel zwischen den Ebenen ist aber sehr einfach möglich: Sie gelangen immer eine Hierarchieebene nach oben, wenn Sie oben links auf den Button ❶ (siehe Abbildung Seite 120) tippen.

Was in diesem Button steht, hängt davon ab, wie der übergeordnete Ordner heißt. Um in einen Ordner (oder in einen Account, wenn Sie mehrere haben) zu gelangen, tippen Sie einfach auf seinen Namen. Sie steigen dann in der Hierarchie eine Stufe nach unten.

Im folgenden Screenshot befinden wir uns auf der obersten Hierarchieebene – der Übersicht über die Postfächer.

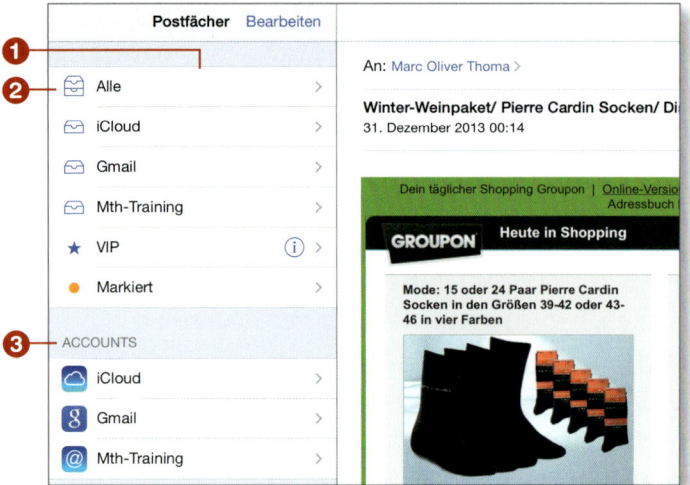

> *Mehrere E-Mail-Accounts im Überblick*

Im oberen Bereich sieht man nur die Posteingänge sowie markierte E-Mails und solche von besonders wichtigen Personen alias VIP ❶. Hier haben Sie Zugriff auf die Posteingänge Ihrer E-Mail-Accounts. Damit Sie nicht alle Posteingänge der Reihe nach abklappern müssen, können Sie über **Alle** ❷ in einem Rutsch auf alle Posteingangsfächer zugreifen. Im unteren Bereich sehen Sie **Accounts** ❸. Hier haben Sie die Möglichkeit, ganz regulär auf alle Ordner zuzugreifen, die sich auf Ihrem E-Mail-Account befinden.

Beispielhaft sehen Sie hier eine Ordnerstruktur aus dem Alltag.

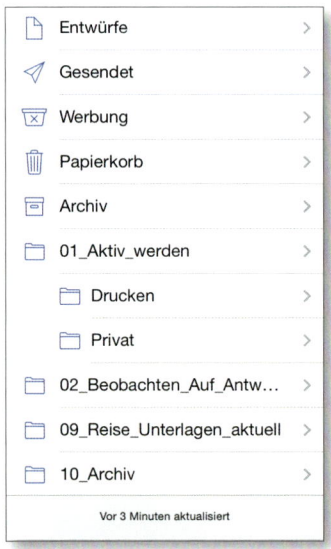

> *Beispiel für eine Ordnerstruktur*

Beim Start der App werden alle auf Ihren E-Mail-Accounts eingegangenen E-Mails auf das iPad geladen. Die Anzahl der neuen oder ungelesenen E-Mails wird angezeigt.

E-Mails empfangen und lesen

Um E-Mails empfangen zu können, muss eine aktive Internetverbindung bestehen. Bereits heruntergeladene E-Mails können aber auch ohne Internetverbindung gelesen werden. Ältere E-Mails, die Sie aber bislang nicht heruntergeladen haben, können dann nur über eine Internetverbindung gelesen werden.

Sollten Sie den Text nur mühsam entziffern können, da die Schrift zu klein angezeigt wird, ist dies kein Problem. Mit der Pinch-Geste (Geste 5, siehe Seite 79) können Sie den Text mühelos vergrößern und auch wieder verkleinern.

Sie benötigen genauere Informationen zum Absender der E-Mail? Tippen Sie auf den Absender, und Sie erhalten Detailinformationen. Ist der Absender bereits in Ihren Kontakten vorhanden, werden die Kontaktdaten eingeblendet.

Wollen Sie den E-Mail-Eingang aktualisieren? Legen Sie den Finger auf der linken Seite in den Bereich des Postfachs, und »ziehen« Sie diesen Bereich nach unten. Eine Aktualisierung des E-Mail-Eingangs wird vorgenommen.

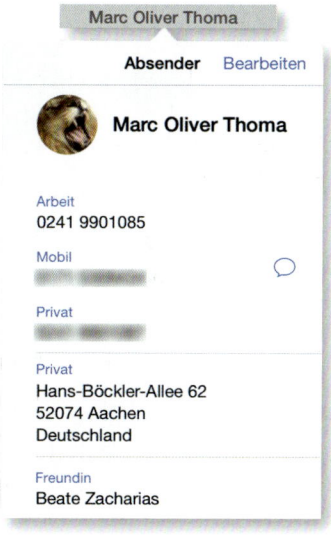

∧ *Wenn Sie auf den Absender tippen, sehen Sie weitere Informationen.*

 Große E-Mails werden nicht vollständig geladen

Große E-Mails werden aus Zeitgründen und um die zu übertragende Datenmenge klein zu halten, nicht zwingend vollständig geladen.

Wenn das bei einer E-Mail der Fall ist, erhalten Sie an ihrem unteren Ende rechts stehenden Hinweis.

Tippen Sie auf **Zum Laden tippen**. Der E-Mail-Anhang wird nun komplett nachgeladen.

E-Mails schneller schreiben

E-Mail-Adressen immer wieder aufs Neue einzutippen kann sehr nervig sein. Damit Sie Ihre E-Mail-Adressen nicht alle von Hand eintippen müssen, können Sie selbstverständlich beim Schreiben einer E-Mail auf die in der App Kontakte hinterlegten E-Mail-Adressen zugreifen. Tippen Sie im **An**-Feld auf ⊕ ❶. Ihre Kontakte werden eingeblendet. Suchen Sie den Empfänger aus, tippen Sie auf den Namen, und der Name erscheint in der E-Mail.

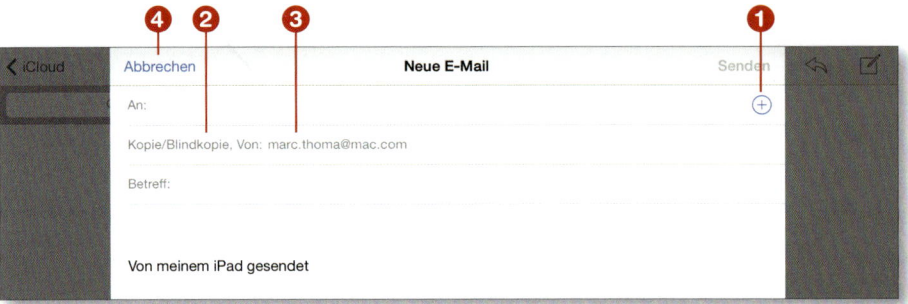

> *Eine neue E-Mail schreiben*

Wenn Sie wollen, können Sie Ihre E-Mail auch in **Kopie** oder in **Blindkopie** schicken. Tippen Sie hierzu einfach auf die entsprechenden Bezeichnungen ❷. Auch wenn es sich hierbei nicht um Buttons handelt, werden Sie sehen, wie sich das Formular erweitert. Das Gleiche gilt für den Absender. Auch hier können Sie einfach auf Ihre Absenderadresse ❸ tippen, und für den Fall, dass Sie mehrere E-Mail-Adressen haben, können Sie aus der Auswahl die richtige aussuchen.

Wollen Sie die E-Mail noch nicht unmittelbar versenden, tippen Sie auf **Abbrechen** ❹. Ein Fenster öffnet sich, und Sie werden gefragt, ob Sie den **Entwurf löschen** oder den **Entwurf sichern** möchten.

Sie haben eine E-Mail erhalten und wollen direkt darauf antworten? Kein Problem! Tippen Sie auf das ↰-Symbol, und wählen Sie zwischen den beiden Möglichkeiten **Antworten/Weiterleiten** aus.

Tippen Sie auf **Antworten**. Der Absender wird automatisch als Empfänger voreingestellt, und Sie können sofort antworten. Die Dateianhänge werden nicht mit zurückgesendet.

Tippen Sie auf **Weiterleiten**, und Sie werden gefragt, ob die Anhänge aus der Original-E-Mail übernommen oder nicht übernommen werden sollen. Wählen Sie diese Option bitte durch Tippen entsprechend aus, und die Eingabemaske zum Schreiben einer E-Mail wird angezeigt. Geben Sie nun einen Empfänger und ein paar nette Worte ein, und tippen Sie auf **Senden**.

∧ *Wählen Sie, ob Sie eine E-Mail beantworten, weiterleiten oder drucken möchten.*

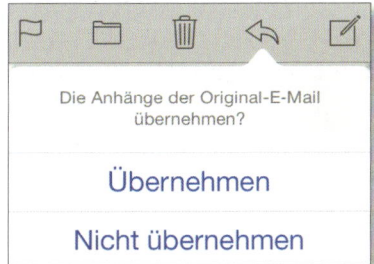

+ Eine E-Mail mit Anhang versenden

Dateien oder Fotos können Sie nur mit **Kopieren** und **Einfügen** in eine E-Mail integrieren (siehe hierzu Kapitel 3, »Erste Schritte mit dem iPad«, ab Seite 71). Der von Apple angedachte Weg ist, dass Sie aus der jeweiligen App heraus die E-Mail erstellen und versenden. Dies bedeutet allerdings zwangsläufig, dass in einer E-Mail nur eine »Art« von Anhang versendet werden kann.

E-Mails mit Anhang öffnen

Tja, E-Mails mit Anhang sind auf dem iPad so eine Sache. Während Sie auf einem normalen Computer jederzeit die Möglichkeit haben, einen Anhang auf der Festplatte zu speichern, um sich dann in aller Ruhe Gedanken zu machen, mit welchem Programm diese Datei geöffnet werden kann, ist dies auf dem iPad nicht möglich. Es ist einfach nicht möglich, einen Anhang direkt zu speichern.

Dateiendung	Format	Anmerkungen
.doc, .docx .pages	MS Word Pages	Wenn Pages installiert ist, können diese Dateien von Pages geöffnet und bearbeitet werden.
.ppt, .pptx .key	MS PowerPoint Keynote	Wenn Keynote installiert ist, können diese Dateien von Keynote geöffnet und bearbeitet werden.
.xls, .xlsx .numbers	MS Excel Numbers	Wenn Numbers installiert ist, können diese Dateien von Numbers geöffnet und bearbeitet werden.
.htm, .html	Webseite	HTML-Dateien werden von Safari geöffnet.
.pdf	Adobe Acrobat	PDF-Dateien werden angezeigt und können an die App iBooks übergeben werden.
.rtf .txt	Rich Text Format Text	Textdateien werden geöffnet und können gelesen werden.
.vcf	Visitenkarte	Eine Visitenkarte wird als Vorschau angezeigt und kann als Kontakt ins Adressbuch importiert werden.

Das iPad unterstützt von Haus aus bereits eine Reihe von modernen und wichtigen Dateiformaten. In der Regel können diese Dateien jedoch nur betrachtet werden. Um sie auch bearbeiten zu können, ist eine weitere App nötig.

Wenn Sie zusätzliche Apps installieren, können sich diese Apps bei Mail einklinken (Sie müssen hierzu nichts tun), sodass Dateien mit einer bestimmten Endung an diese Apps übergeben werden können.

Verwalten von E-Mails

Damit Ihre Postfächer nicht »überlaufen«, sollten Sie Ihren Posteingang hin und wieder aufräumen. Schließlich verliert man schnell die Übersicht, wenn zu viele E-Mails im Posteingang herumliegen, und auch wenn man zu einem späteren Zeitpunkt E-Mails sucht, ist Ordnung auf jeden Fall hilfreich. Sie können E-Mails entweder löschen oder in einen anderen Ordner verschieben.

1. Wenn Sie Ihre aktuellen E-Mails verschieben oder löschen möchten, tippen Sie einfach auf das Verschieben-Symbol ❶ oder auf den kleinen Papierkorb ❷.

2. Wenn Sie auf den Papierkorb getippt haben, wird die entsprechende E-Mail in den Papierkorb verschoben, also nicht direkt gelöscht. Haben Sie auf das Verschieben-Symbol getippt, werden Sie nun noch gefragt, wohin Sie die E-Mail verschieben möchten.

3. Möchten Sie viele E-Mails auf einmal löschen oder verschieben, ist diese Vorgehensweise unpraktisch. Besser ist es dann, wenn Sie auf **Bearbeiten** ❸ tippen. Daraufhin ändert sich die Darstellung.

4. Tippen Sie eine E-Mail an, wird diese markiert. Markieren Sie alle E-Mails, die Sie löschen möchten.

5. Tippen Sie anschließend auf **Löschen**. Die markierten E-Mails werden in den Papierkorb verschoben. Achtung: Die E-Mails werden noch nicht endgültig gelöscht!

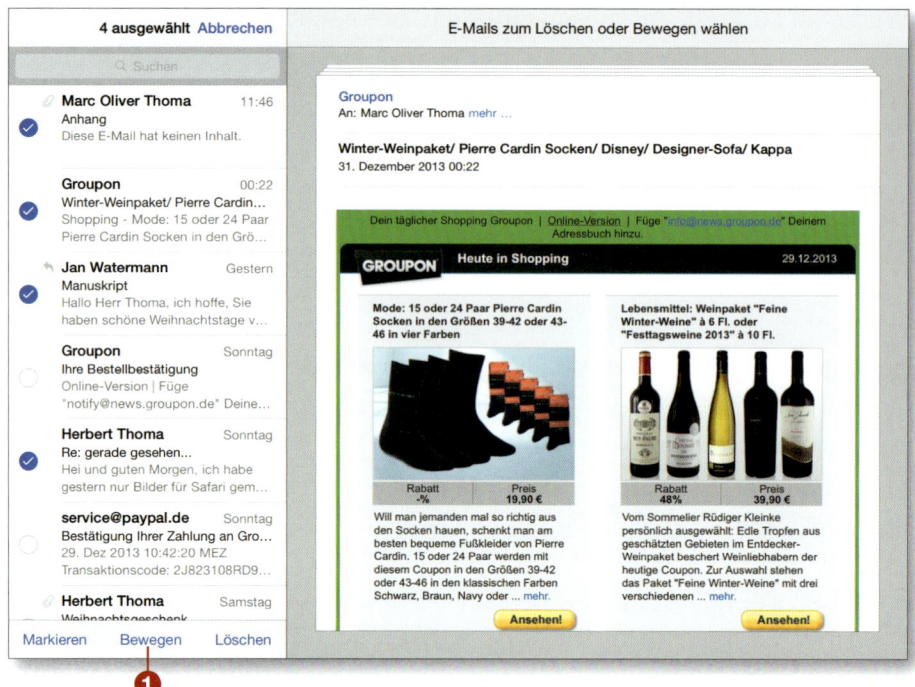

> *E-Mails im Bearbeiten-Modus*

Möchten Sie die E-Mails nicht löschen, sondern nur verschieben, markieren Sie zuerst Ihre E-Mails (wie beim Löschen), tippen nun aber auf **Bewegen** ❶. Geben Sie jetzt an, in welchen Ordner die E-Mails verschoben werden sollen. Daraufhin werden die E-Mails verschoben.

Postfächer erstellen

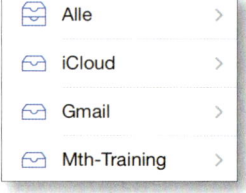

∧ *Mehrere Postfächer*

Sie erhalten viele E-Mails und wollen ein wenig Ordnung in das tägliche Chaos bringen? Dann kann es sinnvoll sein, zusätzliche Postfächer anzulegen. Postfächer sind vergleichbar mit Ordnern, in denen Sie Ihre E-Mails ablegen. Neue Postfächer anzulegen ist nicht schwer – allerdings ist die Funktion etwas versteckt.

Sehen Sie im Folgenden, wie ein neues Postfach angelegt wird. Die Darstellung unterscheidet sich natürlich von der auf Ihrem iPad, aber das Prinzip wird sicherlich deutlich.

1. Gehen Sie bitte in die Übersicht Ihrer Postfächer. Wählen Sie dort im unteren Bereich, in welchem Account Sie das Postfach erstellen wollen. In unserem Beispiel haben wir den iCloud-Account gewählt.

2. Sie sehen die bereits vorhandenen Postfächer. Wählen Sie oben den Punkt **Bearbeiten** aus. Hierdurch wird der rechte Teil des Bildschirms abgedunkelt.

3. Unten rechts sehen Sie nun den Button **Neues Postfach**. Tippen Sie auf diesen Button, um das neue Postfach zu erstellen.

4. Die Eingabemaske zum Erstellen des neuen Ordners erscheint.

5. Geben Sie den Namen Ihres zu erstellenden Postfachs ein. In unserem Beispiel ist es **Freunde**. Um das neue Postfach wirklich zu erstellen, tippen Sie auf **Sichern**.

6. Durch diese einfachen, aber etwas versteckten Schritte wurde ein neues Postfach erstellt. Diesen Vorgang können Sie beliebig oft wiederholen. Sie können auch problemlos Postfächer in Postfächern erstellen.

Durchsuchen von E-Mail-Nachrichten

Sie finden eine E-Mail nicht? Sie muss aber auf dem iPad sein? Um sie zu finden, kann die Suche Sie unterstützen.

1. Tippen Sie auf der linken Seite in der Übersicht in das Feld **Eingang durchsuchen**. Sollten Sie sich nicht im Ordner **Eingang** befinden, wird dort natürlich etwas anderes stehen.

2. Die Tastatur wird eingeblendet. Geben Sie nun den Begriff ein, nach dem Sie suchen. Um die Suche weiter einzugrenzen, können Sie auswählen, ob in den Feldern **Von, An, Betreff** oder **Alle** gesucht werden soll.

3. Im unteren Bereich werden Ihnen sofort passende Treffer angezeigt. Mit jedem Buchstaben, den Sie mehr eingeben, wird die Suche weiter eingegrenzt.

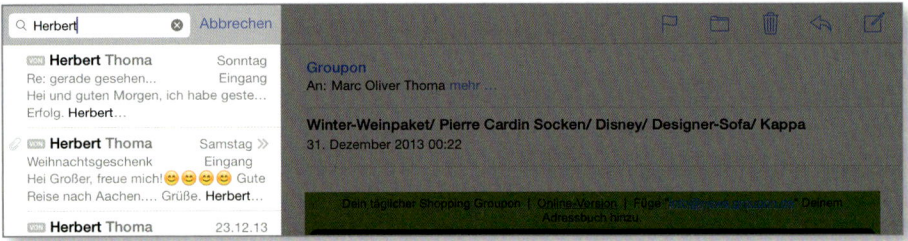

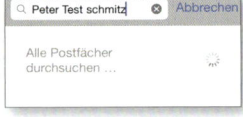

4. Auf Ihrem iPad sind möglicherweise nicht alle E-Mails gespeichert, ältere Nachrichten liegen nur auf dem Server. Die Suche wird dann automatisch auf dem Server durchgeführt, was naturgemäß etwas dauern kann. Während der Suche auf dem Server wird Ihnen die Statusmeldung **Alle Postfächer durchsuchen**… angezeigt.

5. Naturgemäß dauert die Suche auf dem Server etwas länger und ist nur mit Internetverbindung möglich.

➕ **Gesucht und nichts gefunden?**

Dass es überhaupt eine Suche auf dem iPad gibt, ist schon eine extrem hilfreiche Sache – insbesondere weil man die Suche auch auf dem Server fortsetzen kann. Leider ist es aber nur möglich, in den Feldern **Von, An, Betreff** und **Alle** zu suchen. Sie können nicht innerhalb einer Nachricht suchen. Vielleicht wird dies in Zukunft noch realisiert, wünschenswert wäre es natürlich. Vermutlich müssen die Prozessoren für das iPad dazu aber noch leistungsfähiger werden.

Einstellungen für Mail

Wie Sie Accounts einrichten können, haben Sie bereits in Kapitel 4, »Die wichtigsten Apps im Überblick«, ab Seite 77 erfahren. Nun wollen wir Ihnen erläutern, wie Sie die Einstellungen verändern können. Wechseln Sie in die **Einstellungen**. Tippen Sie dort auf **Mail, Kontakte, Kalender**, und wischen Sie dann auf **Mail**. Im Vergleich zu den anderen Programmen gibt es bei Mail relativ viele Einstellungen, die Sie verändern können. Wir empfehlen Ihnen jedoch, die Standardeinstellungen möglichst nicht zu verändern.

Mail, Kontakte, Kalender

∧ *Hier finden Sie die Einstellungen für die App Mail.*

Bei der **Vorschau** ❶ legen Sie die Zeilenanzahl fest, mit der Ihre E-Mails in der Vorschau angezeigt werden (zum Vergleich siehe die Abbildung auf der nächsten Seite).

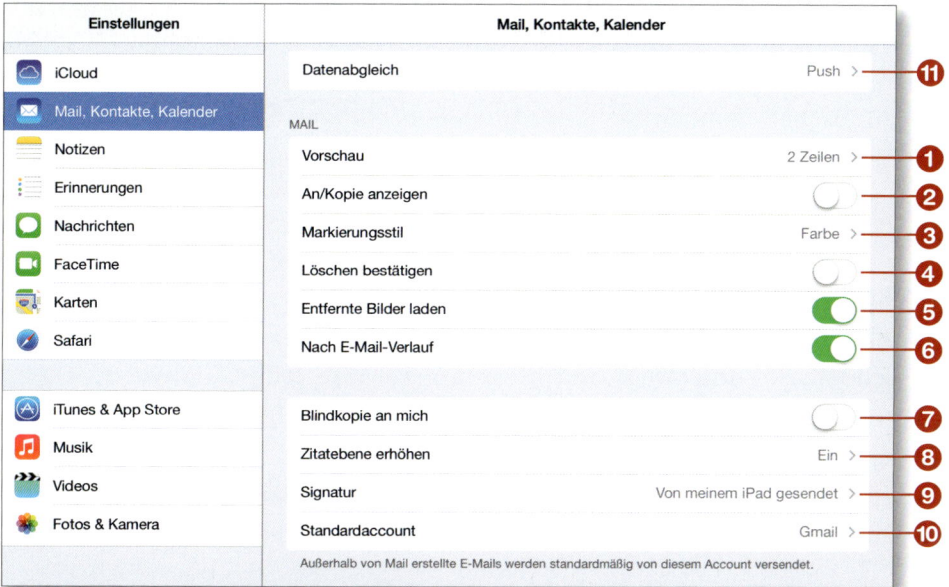

Sollte es für Sie im Alltag wichtig sein, auf einen Blick zu erkennen, ob eine E-Mail direkt an Sie adressiert wurde oder ob Sie die E-Mail »nur« in Kopie erhalten, können Sie die Funktion **An/Kopie anzeigen** ❷ einschalten. In der Vorschau der E-Mail wird Ihnen dann zusammen mit den Sendeinformationen AN oder Kopie angezeigt.

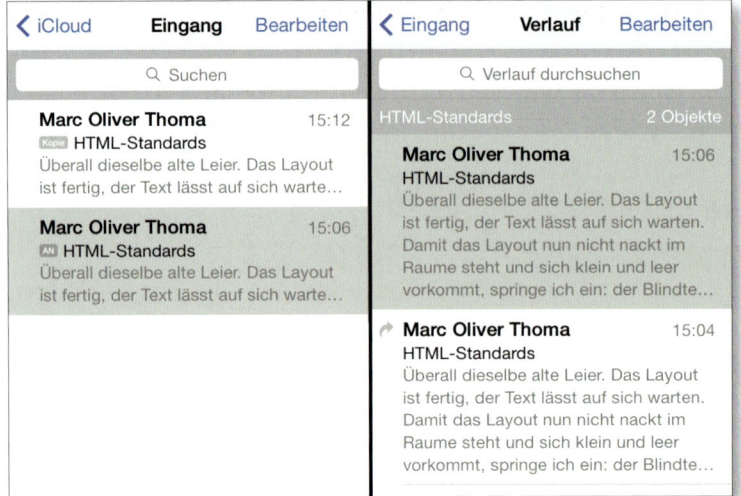

> *Die Vorschau mit zwei (links) und fünf (rechts) Zeilen*

Unter **Markierungsstil** ❸ (siehe Abbildung Seite 131) legen Sie fest, ob markierte E-Mails in Farbe oder mit einem Symbol gekennzeichnet werden sollen. Wenn Sie Angst davor haben, eine E-Mail aus Versehen zu löschen, können Sie unter **Löschen bestätigen** ❹ festlegen, dass eine E-Mail beim Tippen auf das Papierkorb-Symbol nicht umgehend in den Papierkorb verschoben wird. Vor dem Löschen erscheint dann zunächst eine Sicherheitsabfrage.

Bilder in E-Mails können sehr groß sein. Wenn Sie Ihre E-Mails ausschließlich über Ihr eigenes WLAN laden, ist dies kein Problem. Sind Sie jedoch viel unterwegs und müssen via UMTS jedes Kilobyte an Daten teuer bezahlen, ist es doch sehr ärgerlich, wenn Bilder grundlos heruntergeladen werden. Wenn Sie wollen, können Sie das automatische Herunterladen von Bildern unter **Entfernte Bilder laden** ❺ deaktivieren, um so das Datenvolumen Ihres Mobilfunkvertrags nicht zu überstrapazieren.

Wenn die Funktion **Nach E-Mail-Verlauf** ❻ aktiviert ist, werden E-Mails, die den gleichen Betreff haben, zusammengehörend dargestellt. Vielleicht möchten Sie, dass jede E-Mail, die Sie von Ihrem iPad versenden, automatisch als Kopie an Ihre Haupt-E-Mail-Adresse geschickt wird. Unter **Blindkopie an mich** ❼ können Sie diese Funktion einschalten.

Wenn Sie **Zitatebene erhöhen** ❽ aktivieren, wird beim Weiterleiten einer E-Mail der Text der E-Mail eingerückt und mit einer blauen Linie gekennzeichnet.

E-Mails enden in der Regel mit einer Signatur. In Firmen gibt es dazu einen engen juristischen Rahmen, der hier eingehalten werden muss. Unter **Signatur** ❾ legen Sie eine Signatur für die von Ihnen mit dem iPad versendeten E-Mails fest. Die Signatur gilt nur für das iPad und wird nicht mit anderen E-Mail-Programmen synchronisiert. Wenn Sie keine Signatur festlegen, wird am Ende jeder E-Mail automatisch »Von meinem iPad gesendet« angefügt.

Zu guter Letzt können Sie noch festlegen, welcher E-Mail-Account der **Standardaccount** ❿ sein soll. Immer wenn Sie eine neue E-Mail schreiben, wird dieser Account verwendet. Wenn Sie auf eine E-Mail antworten, wird immer der Account verwendet, an den die E-Mail gegangen ist.

Zur Übertragung von E-Mails auf ein Endgerät gibt es zwei Varianten, nämlich **Push** oder **Laden**. Die gewünschte Variante legen Sie unter **Datenabgleich** ⓫ (siehe Abbildung Seite 131) fest.

∧ *Die Signatur für E-Mails*

➕ **Push oder Laden**

Bevor E-Mails auf Ihr iPad übertragen werden, muss Ihr iPad wissen, dass neue E-Mails auf dem Server liegen. Um dies herauszufinden, gibt es zwei Möglichkeiten. Der klassische Weg ist der, wie es das POP3-Protokoll macht. Hierbei schaut der Computer entweder in regelmäßigen Abständen auf dem Server nach, ob eine neue E-Mail eingegangen ist, oder nur dann, wenn der Benutzer sagt: »Los, fang an, schau nach!«

Ganz anders funktioniert es auf Ihrem Handy beim Empfang von SMS-Nachrichten. Sie müssen dem Handy nicht erst sagen, es möge nachschauen, ob eine neue SMS beim Mobilfunkanbieter für Sie bereitliegt. Der Mobilfunkanbieter funkt einfach das Handy an und stellt die Nachricht zu. Streng genommen unterscheidet sich eine E-Mail nicht sonderlich von einer SMS. Daher wäre es natürlich sehr sinnvoll, wenn auch E-Mails über diese Push-Technik zugestellt werden könnten. Via Microsoft Exchange, iCloud oder IMAP4 (nur wenn der Anbieter dies unterstützt) ist dies möglich.

Diese Varianten haben aber Auswirkungen auf den Akku des iPads. Sollten Sie auf eine besonders lange Akkulaufzeit Wert legen, schalten Sie die Push-Technik aus, und laden Sie Ihre E-Mails manuell.

Mit dem Schieberegler **Push** ❶ schalten Sie die Push-Funktion global ein oder aus und legen dadurch fest, wie die Daten vom Server geladen werden sollen. Für jeden einzelnen Account können Sie festlegen, ob Nachrichten via Push oder Laden vom Server geholt werden ❷.

Unter **Laden** ❸ können Sie festlegen, in welchem Zeitrahmen die Daten abgerufen werden sollen. Beachten Sie, dass, wenn Push aktiviert ist und der E-Mail-Account Push unterstützt, die Einstellungen ignoriert werden. Wählen Sie **Manuell** aus, werden die Daten nur beim Starten der App aktualisiert bzw. wenn Sie die Aktualisierung manuell starten.

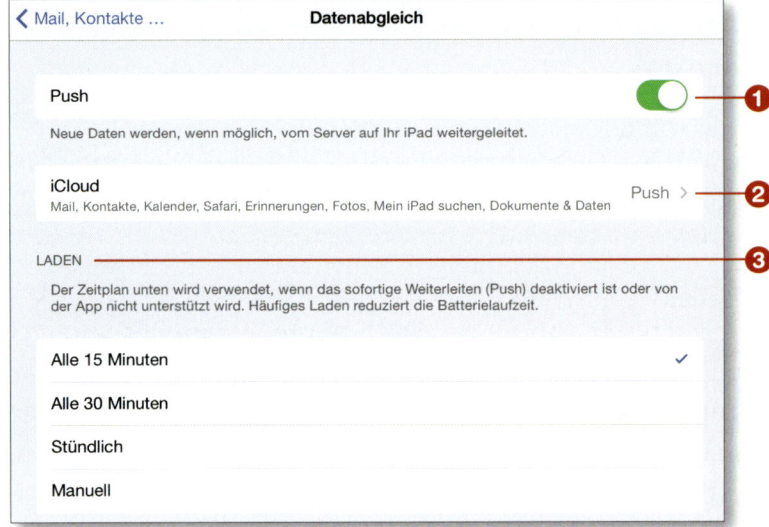

Kapitel 8

Termine organisieren mit dem Kalender

Mit dem Kalender auf dem iPad haben Sie Ihre Termine bei Bedarf immer im Blick. Sie können Ereignisse auf dem iPad anlegen, bearbeiten und sich daran erinnern lassen sowie den Kalender mit Ihrem PC synchronisieren. Ob Sie das iPad im Hoch- oder Querformat halten, hat keinen gravierenden Einfluss auf die Darstellung des Kalenders. Wir beschränken uns daher im Folgenden auf das Querformat.

Starten Sie den Kalender durch Antippen des Kalender-Symbols. Die Kalender-App merkt sich, wie sie verlassen wurde. Vermutlich wird der Kalender daher etwas anders aussehen als auf der Abbildung auf Seite 136. Sie können sich den Kalender im Tages-, Wochen-, Monats- und Jahresmodus ansehen. Um zwischen diesen vier Ansichten zu wechseln, tippen Sie jeweils auf die entsprechende Ansicht. Um wie in unserem Beispiel in die Tagesansicht zu wechseln, tippen Sie unter ❶ auf **Tag**.

Unter ❷ sehen Sie die Uhrzeiten im Stundentakt. Die aktuelle Uhrzeit wird mit einem roten Querstrich dargestellt und gleichzeitig digital auf der linken Seite angezeigt. Mit einer Wischgeste nach oben oder unten wischen Sie durch den Tag.

Auch wenn Sie in der Tagesansicht sind, sehen Sie oben unter ❸ die komplette Woche in der Übersicht.

Haben Sie ganztägige Termine festgelegt oder sind an dem entsprechenden Tag Geburtstage zu feiern, wird Ihnen das unter ❹ angezeigt.

Ein von Ihnen vereinbarter Termin wird mit der festgelegten Zeitspanne blau hervorgehoben ❺. Das von Ihnen ausgewählte Tagesdatum sehen Sie unter ❻. Wird das Datum rot hervorgehoben, ist es der aktuelle Tag.

^ *Das Icon der Kalender-App*

Ansonsten werden die Daten schwarz angezeigt. Im rechten Bereich der Tagesansicht erhalten Sie Detailinformationen zu einem von Ihnen ausgewählten Termin. Tippen Sie dafür zunächst in das Terminfeld ❺, daraufhin werden die Detailinformationen eingeblendet.

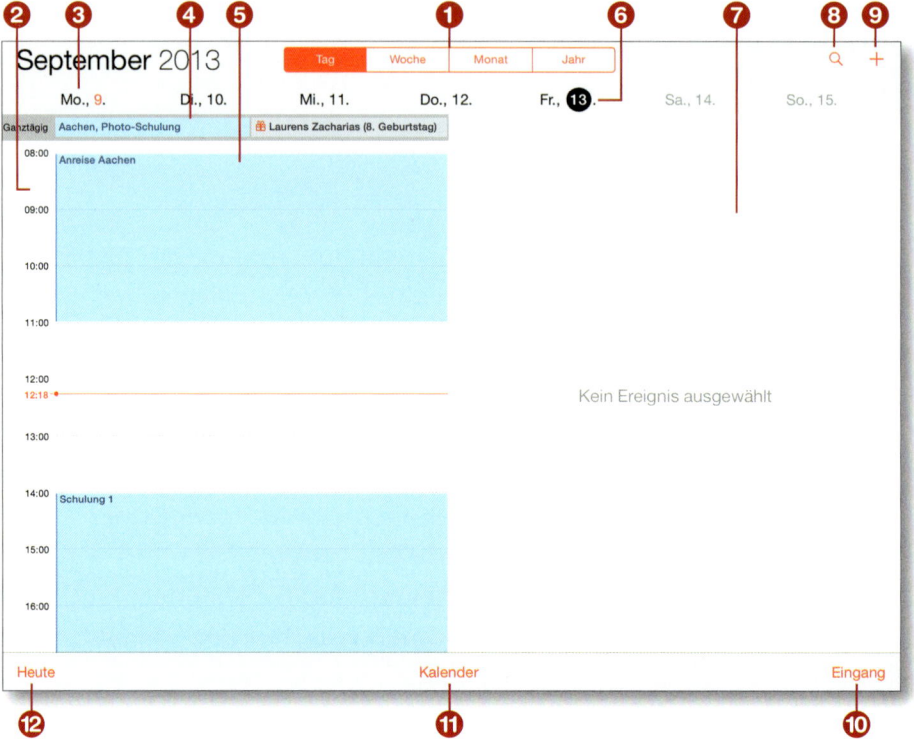

Tippen Sie auf das Lupen-Symbol ❽, und die Suchfunktion wird aktiviert. Gleichzeitig werden alle Termine in Listenform angezeigt.

Um einen neuen Termin einzugeben, tippen Sie auf das +-Symbol ❾. Eine Eingabemaske öffnet sich. Dies wird im Abschnitt »Einen Kalendereintrag erstellen«, ab Seite 139 erläutert.

Werden Sie zu einem Termin eingeladen, dann bekommen Sie unter **Eingang** ❿ einen entsprechenden Hinweis. Unter **Kalender** ⓫ können Sie sich anzeigen lassen und auch festlegen, welcher Kalender eingeblendet werden soll.

Egal welcher Tag angezeigt wird, um zum aktuellen Tag zu gelangen, müssen Sie nur auf **Heute** ⓬ tippen.

Kalender synchronisieren

Sie müssen nicht jeden Termin selbst in den Kalender einpflegen, sondern können Kalender, die im CalDAV-iCalendar-Format vorliegen, abonnieren. Mit Google, Yahoo! oder einem iCal-Server bespielsweise ist das problemlos möglich.

Wochendarstellung

Tippen Sie auf **Woche** ⑬, und die Kalenderdarstellung verändert sich. Sie sehen jetzt eine komplette Woche. Die Handhabung ist nahezu die gleiche wie in der Tagesansicht. Die Detailinformationen zu einem Termin werden Ihnen in dieser Ansicht allerdings in einem kleinen Fenster eingeblendet.

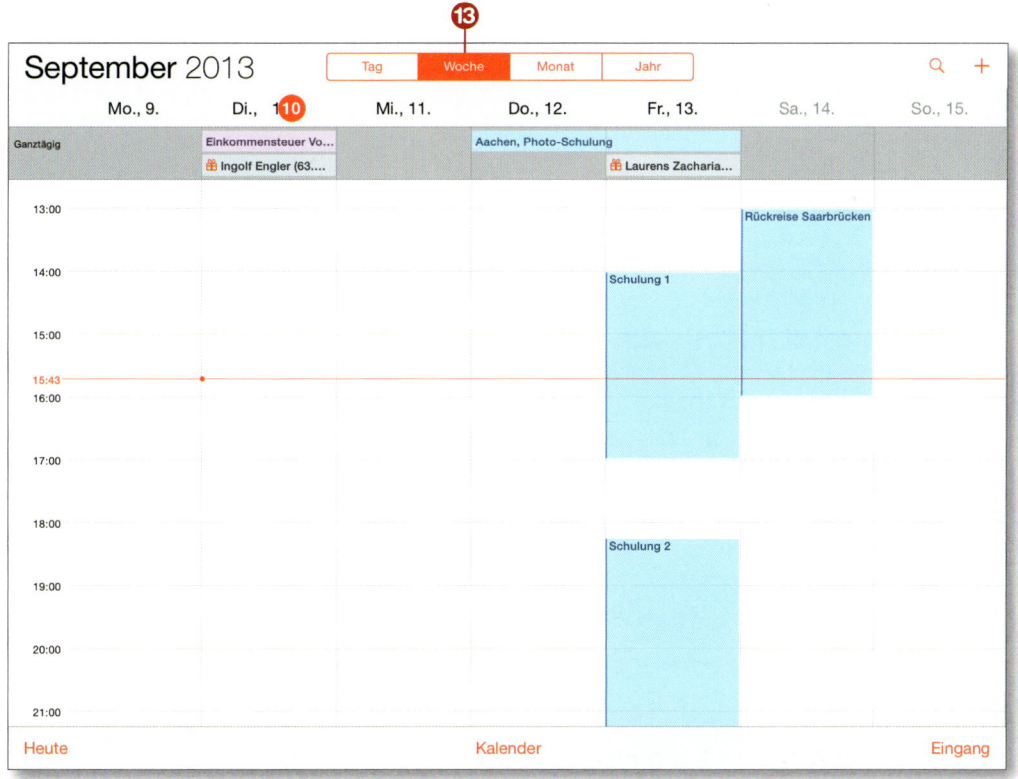

Monatsdarstellung

Tippen Sie auf **Monat**, und wieder verändert sich die Kalenderdarstellung. Jetzt sehen Sie einen kompletten Monat. Auch hier ist die Handhabung die gleiche wie beim Tages- bzw. beim Wochenkalender.

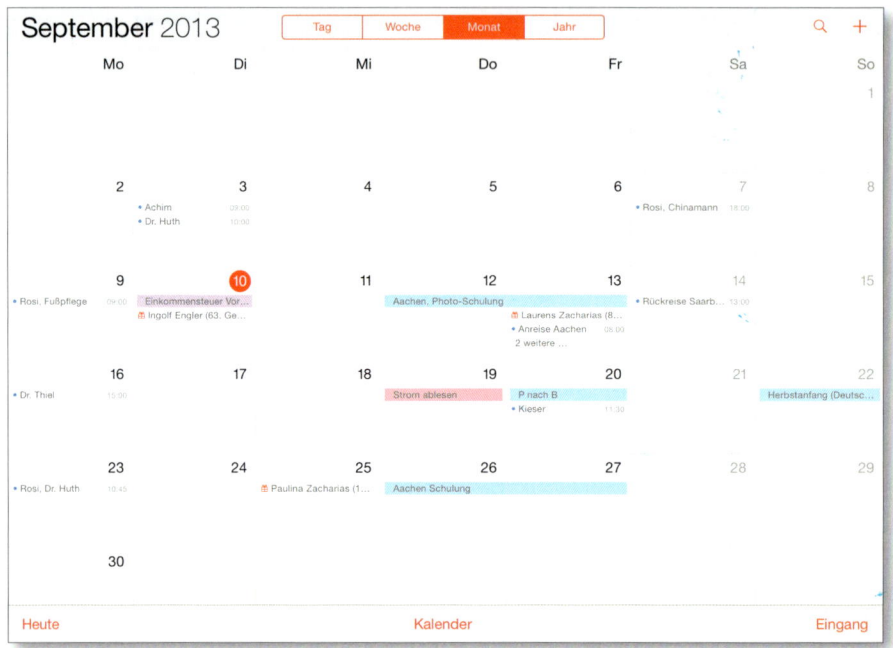

Jahresdarstellung

In der Jahresdarstellung können Sie sich im Grunde nur einen Überblick über das Jahr verschaffen. Leider kann man den Tagen in der Jahresansicht nicht ansehen, ob Termine eingetragen sind. Durch einen Tipp auf ein Datum wechseln Sie in die Monatsansicht des angetippten Datums.

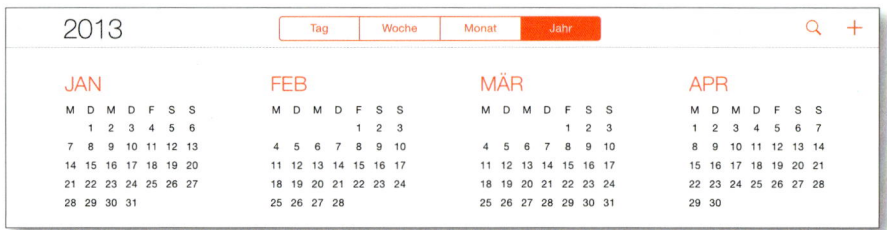

Listendarstellung

Möchten Sie einen Überblick über ihre Termine erhalten, so können Sie auf das Lupensymbol tippen. Hierdurch wird eine Art Listendarstellung all Ihrer Termine eingeblendet.

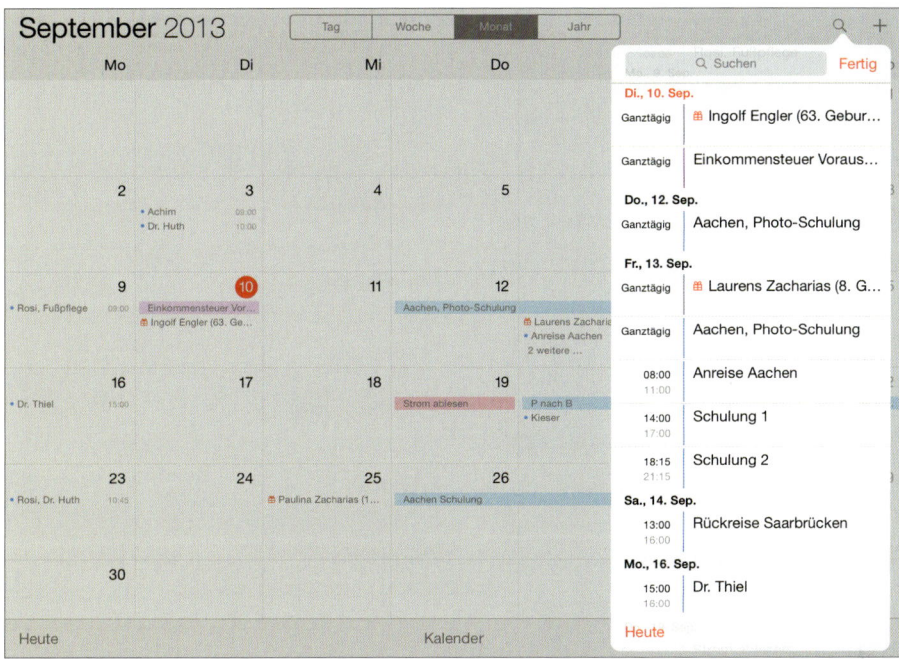

Welche Kalenderdarstellung für Sie am geeignetsten ist, hängt natürlich von Ihren Vorlieben oder der Menge der Einträge ab, die Sie gerne auf einen Blick sehen möchten. Jede Ansicht hat natürlich ihre Vor- und Nachteile.

Einen Kalendereintrag erstellen

Sie wollen einen neuen Kalendereintrag erstellen? Das können Sie sowohl in der Tages-, Wochen-, Monats- als auch in der Jahresansicht vornehmen. Meistens spricht man bei einem Kalendereintrag von einem Termin, auf dem iPad, und in der Apple-Welt generell, wird dafür immer der Begriff »Ereignis« verwendet.

1. In der Kalenderansicht tippen Sie oben rechts auf das +-Symbol. Es öffnet sich daraufhin ein Ereignis, und die Tastatur wird eingeblendet. Tippen Sie auf **Titel** ❶, und geben Sie dem Ereignis einen Namen. Wollen Sie den Ort eingeben, tippen Sie auf **Ort** ❷, und geben ihn dort entsprechend ein.

2. Tippen Sie jetzt auf **Beginn** ❸, und wählen Sie mithilfe der Drehregler ❹ (Abbildung Seite 141) zuerst das Datum und die Anfangszeit aus.

3. Tippen Sie dann auf **Ende** ❺, um nun ebenfalls mithilfe der Drehregler das Ende Ihres Termins samt Datum festzulegen. Handelt es sich um ein ganztägiges Ereignis, tippen Sie auf den Schieberegler von **Ganztägig** ❻. Eine Ebene zurück kommen Sie, indem Sie auf **Fertig** tippen.

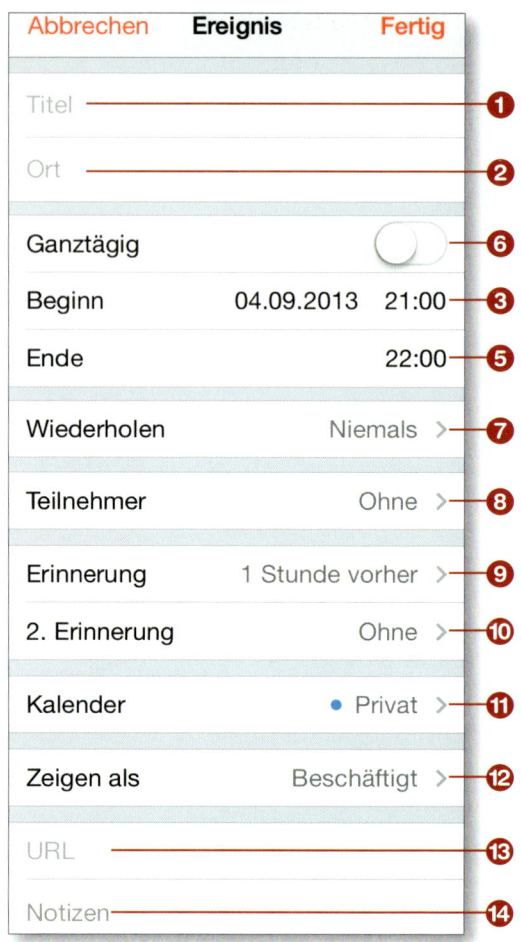

4. Soll das Ereignis wiederholt werden, tippen Sie auf **Wiederholen** ❼, und ein weiteres Etikett wird eingeblendet. Wählen Sie durch Tippen aus, in welchen Intervallen sich Ihr Ereignis wiederholt. Zurück kommen Sie durch Tippen auf ‹**Ereignis**.

5. Unter **Teilnehmer** ❽ können Sie die Namen der Teilnehmer an diesem Termin eingeben.

6. Wollen Sie an das Ereignis erinnert werden, tippen Sie auf **Erinnerung** ❾. Ein weiteres Etikett wird angezeigt. Wählen Sie nun, wie groß der zeitliche Vorlauf sein soll, mit dem Sie an Ihr Ereignis erinnert werden wollen.

7. Sie wollen ein zweites Mal an den Termin erinnert werden? Dann wählen Sie den Zeitpunkt unter **2. Erinnerung** ❿ aus.

8. Tippen Sie auf **Kalender** ⓫, und legen Sie fest, in welchem Kalender das Ereignis angezeigt werden soll.

9. Unter **Zeigen als** ⓬ können Sie die Verfügbarkeit auf **Beschäftigt** oder **Frei** einstellen.

10. Sollte es eine Internetadresse mit Informationen zu Ihrem Termin geben, geben Sie diese unter **URL** ⓭ ein.

11. Im unteren Bereich unter **Notizen** ⓮ können Sie zu guter Letzt noch kurze Informationen zu Ihrem Termin eintragen.

12. Wenn Sie alles Erforderliche zu Ihrem Termin eingetragen haben, tippen Sie auf **Fertig**. Ihr Ereignis ist angelegt.

Einen Kalendereintrag bearbeiten

Die Bearbeitung von Kalendereinträgen ist in allen Kalenderdarstellungen möglich. Es gibt jedoch in Abhängigkeit von der Kalenderdarstellung zwei unterschiedliche Varianten.

Möchten Sie einen Eintrag in der Tagesansicht bearbeiten, tippen Sie zunächst auf den zu bearbeitenden Eintrag. Daraufhin werden im rechten Bereich die Details zum ausgewählten Termin angezeigt. Wenn Sie jetzt auf **Bearbeiten** tippen, öffnet sich ein Etikett, und Sie können alle Felder nach Ihren Wünschen verändern (siehe dazu auch den Abschnitt »Einen Kalendereintrag erstellen«, ab Seite 139).

> *Der Kalenderein-*
> *trag wird angezeigt.*

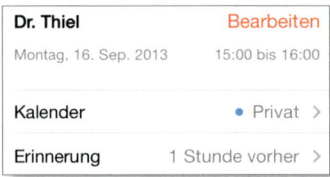

Befinden Sie sich im Wochen- oder Monatskalender, tippen Sie ebenfalls zunächst auf den zu bearbeitenden Eintrag, woraufhin ein Etikett mit den Termindetails eingeblendet wird. Auch hier wird, wenn Sie auf **Bearbeiten** tippen, das eingeblendete Etikett erweitert, und Sie können alle Felder bearbeiten.

Einen Kalendereintrag löschen

Sie wollen einen Kalendereintrag löschen? Wählen Sie einfach den Eintrag aus, und aktivieren Sie den Bearbeitungsmodus. Scrollen Sie in dem eingeblendeten Fenster nach ganz unten. Tippen Sie auf **Ereignis löschen**. Zu Ihrer Sicherheit werden Sie nochmals gefragt, ob Sie wirklich löschen wollen. Wenn ja, tippen Sie nochmals auf **Ereignis löschen**.

> *Hier können Sie*
> *einen Kalender-*
> *eintrag bearbeiten*
> *oder löschen.*

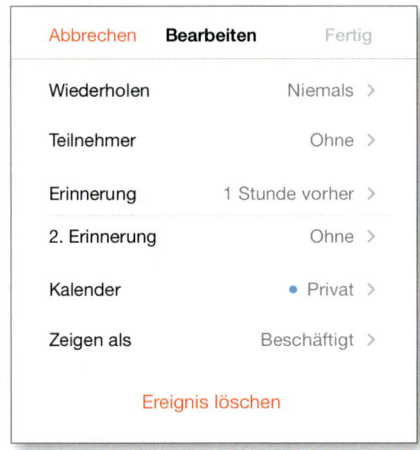

Einen Kalendereintrag suchen

Sie können in allen Kalenderdarstellungen die Suchfunktion benutzen. Tippen Sie oben rechts auf das Lupensymbol, und die Terminliste wird eingeblendet. Tippen Sie nun in das Suchen-Feld, und die Tastatur wird eingeblendet. Sie können unter anderem nach Titeln, Namen und Veranstaltungsorten suchen. Die Kalender-App sucht aber grundsätzlich in allen Eingabefeldern. Sobald Sie mit der Eingabe beginnen, wird eine Ergebnisliste eingeblendet. Je genauer Ihre Eingaben sind, umso treffsicherer wird die Ergebnisliste. Wählen Sie aus der Ergebnisliste durch Tippen ein Ereignis aus, und es wird im Kalender angezeigt.

Einstellungen für den Kalender

Wollen Sie die Einstellungen für den Kalender verändern, tippen Sie auf **Einstellungen** und dann auf **Mail, Kontakte, Kalender.** Wischen Sie nach unten auf **Kalender.**

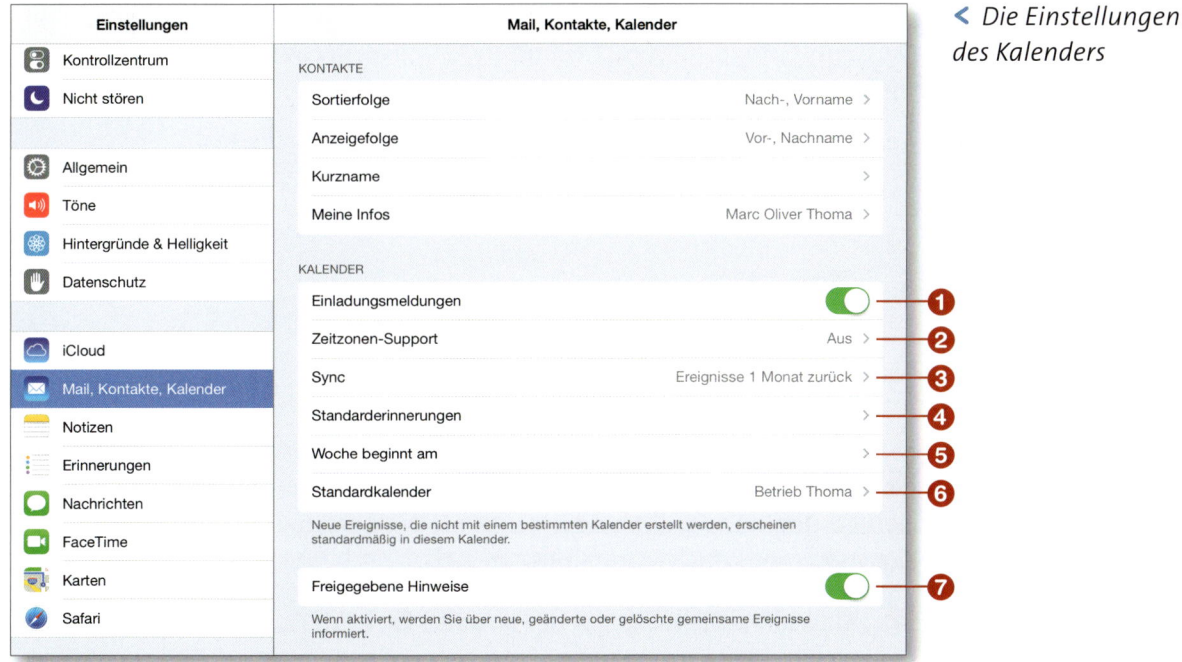

◄ *Die Einstellungen des Kalenders*

143

1. Sie möchten einen akustischen Hinweis bei einer Einladung erhalten? Dann aktivieren Sie diese Funktion über den Schieberegler **Einladungsmeldungen** ❶ (siehe Abbildung Seite 143). Beachten Sie bitte, dass die Einladungsmeldung leider nicht mit allen Kalendern funktioniert.

2. Tippen Sie auf **Zeitzonen-Support** ❷. Beachten Sie in der Abbildung unten den Hinweis zum Zeitzonen-Support. Unter **Zeitzone** können Sie festlegen, wo Sie sich aktuell befinden. Für Deutschland sollten Sie »Berlin« einstellen.

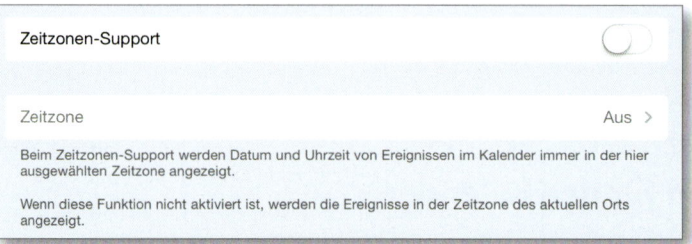

3. Tippen Sie auf **Sync** ❸, um festzulegen, wie lange Ereignisse rückwirkend synchronisiert werden sollen.

4. Tippen Sie auf **Standarderinnerungen** ❹, und legen Sie fest, wann Sie an Geburtstage, Ereignisse und ganztägige Ereignisse erinnert werden möchten.

5. Tippen Sie auf **Woche beginnt am** ❺, um festzulegen, welcher der erste Tag der Woche ist.

6. Tippen Sie auf **Standardkalender** ❻. Legen Sie hier fest, welcher Kalender der Standardkalender sein soll. Wird ein neuer Termin erstellt, so wird dieser in diesem Kalender erstellt.

7. Aktivieren Sie **Freigegebene Hinweise** ❼, und Sie werden über gemeinsame Ereignisse informiert.

Kapitel 9

Mit der Kamera filmen und fotografieren

Im iPad Air sind zwei Kameras verbaut. Die Kamera auf der Vorderseite ist primär für FaceTime und Photo Booth gedacht. Die Kamera auf der Rückseite ist geeignet, um ordentliche Fotos oder Videos zu machen. Die Frontkamera hat eine Auflösung von 1.280 × 960 Bildpunkten (ist also eine 1,2-Megapixel-Kamera), und die Kamera auf der Rückseite hat eine Auflösung von 2.592 × 1.936 Bildpunkten (ist also eine 5-Megapixel-Kamera).

ᐱ Das Icon der Kamera-App

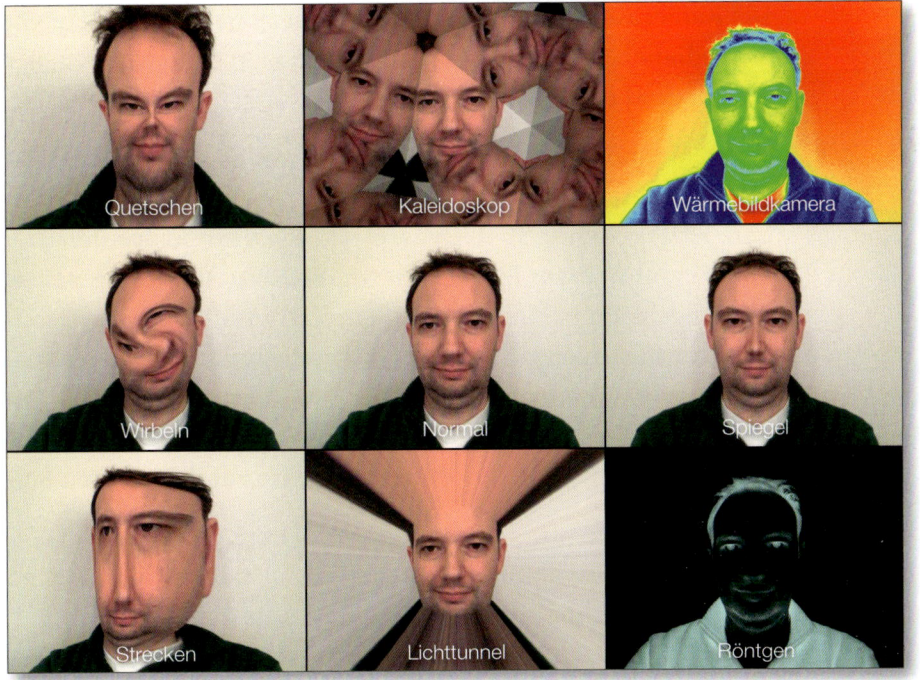

< Die eingebaute Kamera macht einfach Spaß (hier mit der App Photo Booth).

Im Gegensatz zum iPad der zweiten Generation ist die Rückkamera deutlich besser geworden und bietet keinen Anlass zu übertriebener Kritik. Die Qualität der rückseitigen Kamera bewegt sich zwischen der des iPhone 4 und iPhone 4s. Auch wenn Sie vielleicht nicht vorhaben, mit dem iPad durch die Gegend zu laufen und es wie einen Fotoapparat zu verwenden, machen insbesondere FaceTime und Photo Booth jede Menge Spaß.

Die Kamera-App

Selbstverständlich können nicht nur die von Apple mitgelieferten Apps auf die Kamera zugreifen, sondern auch die von Fremdanbietern erstellten kleinen Programme. Ist das Erstellen von Fotos aber nicht die Hauptaufgabe der App, sondern eine willkommene Nebensache, so machen sich die Programmierer nicht die Mühe, eine eigene Routine zu programmieren. Sie werden aus ihren Apps auf die Kamera-App zurückgreifen und die damit erstellten Bilder weiterverwenden.

^ *Die Kamera-App zeigt, auf welchen Bildausschnitt fokussiert wird.*

Die Kamera-App ist Apple-typisch recht spartanisch und leicht zu bedienen. Durch Tippen auf ❶ können Sie zwischen der Vorder- und der Rückkamera hin- und herschalten.

Wenn Sie möchten, können Sie sogenannte HDR-Fotos erstellen und diese Option aktivieren, indem Sie auf **HDR aus** ❷ tippen. HDR bedeutet High Dynamic Range. Hierbei werden drei Fotos in sehr kurzer Folge gemacht. Ein Bild ist unterbelichtet, eines normal und eines überbelichtet. Hieraus wird ein besonders kontrastreiches Foto erstellt. Diese Funktion arbeitet ausgesprochen gut, aber nur, wenn weder der Fotograf noch das Motiv sich während der Aufnahme bewegt. Der Auslöseknopf ❸ ist (für Rechtshänder) daumengünstig auf der rechten Seite angebracht.

Indem Sie durch das Auswahlmenü wischen ❹, schalten Sie zwischen dem Foto- und dem Videomodus hin und her. Als Besonderheit können Sie hier auch noch **Quadrat** auswählen und automatisch quadratische Fotos aufnehmen. Diese Funktion ist in der Regel nur sinnvoll, um Fotos für Internetseiten zu erstellen. Wenn Sie sich im Videomodus befinden, ändert sich der Auslöseknopf in einen roten Punkt. Während einer Videoaufnahme verändert sich dieser in ein kleines rotes Quadrat, und die Laufzeit wird angezeigt.

Tippen Sie auf ❺, um Zugriff auf bereits gemachte Fotos zu erhalten.

Auf welchen Teil die Kamera Ihres iPads fokussieren soll, legen Sie durch Tippen auf den entsprechenden Bildteil fest. In dem Bildbereich, auf den fokussiert wird, erscheint ein Quadrat (siehe Abbildung auf vorheriger Seite). Durch das Setzen des Fokus wird so auch die Bildhelligkeit nachjustiert.

< So bedienen Sie die Kamera-App. (Foto: iStockphoto)

Wenn Sie die Rückkamera verwenden, können Sie sich zusätzlich noch in das Bild hineinzoomen. Durch eine Pinch-Geste (Geste 5, siehe Seite 79) vergrößern Sie das Bild. Da es sich hierbei um einen digitalen und nicht um einen optischen Zoom handelt (so wie bei einer Digitalkamera), empfehlen wir Ihnen, dies besser nicht zu machen. Wenn Sie eine Ausschnittsvergrößerung wünschen, machen Sie diese besser später an einem Computer mit einer Bildbearbeitungssoftware.

Die Kamera-App speichert auf Wunsch Ihren Standort.

Die Kamera-App speichert – wenn Sie dies möchten – den aktuellen Standort, an dem Sie das Foto (oder Video) aufgenommen haben. Viele Programme können diese Ortsinformation auswerten und zeigen dann den Standort, an dem das Foto gemacht wurde, auf einer Karte an. Auf dem iPad kann z. B. die Fotos-App diese Informationen anzeigen (Kapitel 10, »Fotos verwalten«, ab Seite 157).

FaceTime

Über dieses Icon starten Sie FaceTime.

Vielleicht benutzen Sie lieber eine richtige Kamera oder Ihr handliches Handy zum Erstellen von Fotos und nutzen die Kamera gar nicht richtig. Versuchen Sie aber doch auf jeden Fall einmal FaceTime. Das macht richtig Spaß. Die Person, mit der Sie via FaceTime in Kontakt treten möchten, muss nicht zwingend ein iPad haben. FaceTime-geeignete Geräte sind alle iPhones nach der vierten Generation, ein iPod touch der vierten Generation oder ein Mac mit eingebauter Kamera und installierter FaceTime-Software. Wichtig dabei ist, dass eine Internetverbindung besteht. Bevor Sie mit FaceTime beginnen können, müssen Sie es zuerst einrichten.

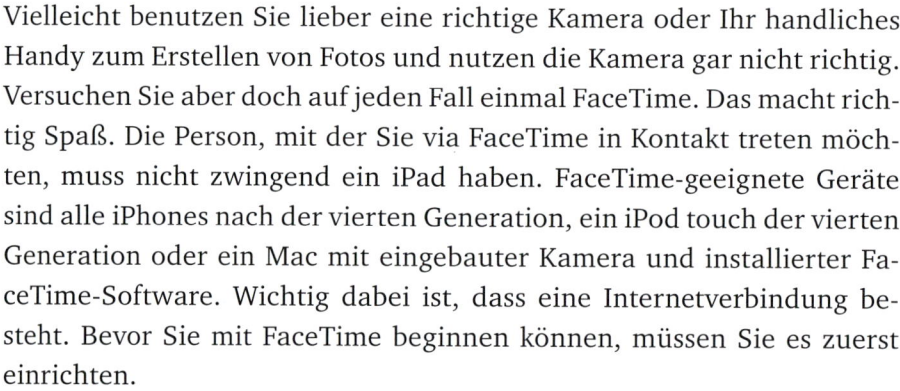

1. Starten Sie die App FaceTime, indem Sie auf dem Home-Bildschirm auf das FaceTime-Symbol tippen.

2. Sollten Sie bereits eine Apple-ID (z. B. für den Einkauf bei iTunes) besitzen, geben Sie diese unter Apple-ID ein. Zusätzlich müssen Sie natürlich noch das Kennwort eintippen.

3. Wenn Sie noch keine Apple-ID besitzen, tippen Sie auf **Neue-Apple ID erstellen**, und Sie erhalten ein Formular. Füllen Sie dieses aus. Beachten Sie, dass die Anforderungen an das Kennwort recht hoch sind. Es muss mindestens acht Zeichen lang sein sowie eine Ziffer und einen Großbuchstaben enthalten. Weitere Infos zur Apple-ID erhalten Sie in Kapitel 2, »Das iPad in Betrieb nehmen«, ab Seite 39.

4. Wenn Sie das Formular vollständig ausgefüllt haben, tippen Sie auf **Weiter**.

Ab jetzt sind Sie mit dieser Apple-ID via FaceTime für Ihre Freunde und Kontakte erreichbar.

Einen Kontakt via FaceTime anrufen

Um einen Freund oder eine Freundin via FaceTime anzurufen, müssen Sie deren FaceTime-Account kennen. Der FaceTime-Account ist immer mit einer E-Mail-Adresse verbunden. Es gibt jedoch eine Ausnahme: Wenn Ihr Gegenüber ein iPhone 4/4s besitzt, können Sie auch dessen Handynummer verwenden.

Um eine Verbindung via FaceTime aufzubauen, haben Sie zwei Möglichkeiten. Entweder Sie starten die App Kontakte, wählen den Kontakt aus und tippen dort auf **FaceTime**, oder Sie starten zuerst die FaceTime-App. Im Folgenden erläutern wir Ihnen den zweiten Weg.

1. Starten Sie die App FaceTime.

2. FaceTime startet immer mit aktiver Frontkamera. Sie sehen sich selbst in Großaufnahme (so wie es später Ihr Gegenüber auch tut). In welcher Art und Weise Ihre Kontakte auf der rechten Seite angezeigt werden, hängt davon ab, ob Sie **Favoriten** ❶ (siehe Abbildung Seite 150), **Anrufliste** ❷ oder **Kontakte** ❸ ausgewählt haben. Wenn **Kontakte** ausgewählt ist, sehen Sie den Inhalt Ihres Adressbuches. Ist dieses sehr umfangreich, können Sie über das Suchen-Feld ❹ schnell Ihren Kontakt finden.

Möchten Sie einen neuen Kontakt hinzufügen, tippen Sie auf das $+$-Symbol ❺. Hier haben Sie nun ähnliche Möglichkeiten wie in der Kontakte-App, einen neuen Kontakt anzulegen. FaceTime verwaltet dabei die Adressen nicht selbst, sondern greift auf die Adressen zu, die in der App Kontakte eingetragen sind.

3. Um eine Verbindung zu einem Kontakt aufzubauen, tippen Sie auf den Namen. Die Verbindung wird aufgebaut.

4. Die angewählte Person erhält nun eine FaceTime-Einladung und kann diese annehmen oder ablehnen. Auf dem iPad sieht die Einladung wie folgt aus.

5. Während einer FaceTime-Verbindung können Sie FaceTime durch Drücken des Home-Buttons verlassen. Die Verbinung bleibt bestehen. Sie können sich auch noch unterhalten – der Ton wird also übertragen – das Videosignal pausiert jedoch. Sie können nun mit Ihrem iPad ganz normal arbeiten, beispielsweise etwas im Internet nachschauen.

6. Während die FaceTime-Verbindung besteht, wird oben eine leuchtend grüne Leiste eingeblendet.

7. Um zu FaceTime zurückzukehren, tippen Sie auf die grüne Leiste.

8. Sollte die Person keinen FaceTime-Account besitzen, erhalten Sie eine entsprechende Meldung. Eine FaceTime-Verbindung ist also nicht möglich. Fordern Sie daher die Person auf, einen FaceTime-Account einzurichten.

Photo Booth

Seien wir mal ehrlich, der Nutzen von Photo Booth ist doch eher gering. Spaß macht es aber dennoch. Photo Booth ist vor allem für eine Sache gut, nämlich mal über sich selbst zu lachen. Also nur zu, ab jetzt ist Lachen und Lächeln angesagt.

1. Um Photo Booth zu starten, tippen Sie auf dem Home-Bildschirm auf das Symbol der App.

2. Das Programm startet umgehend und zeigt Ihnen das über die Kamera aufgenommene Bild in neun Varianten an. Ob Photo Booth die Front- oder die Rückkamera verwendet, hängt davon ab, wie Sie die App verlassen haben.

3. In der Mitte sehen Sie das Bild ohne Effekt. Wählen Sie eine der neun Varianten aus (siehe Abbildung Seite 145). Tippen Sie auf das entsprechende Bild.

4. Sie sehen nun das Bild inklusive Effekt in voller Bildschirmgröße. Wenn Sie einen anderen Effekt auswählen möchten, tippen Sie auf 🔵 ❶.

5. Ihnen gefällt das Bild? Dann lösen Sie es durch Tippen auf den Auslöser ❷ aus. Wundern Sie sich nicht, dass der Bildschirm im Auslösemoment weiß wird, dies ersetzt den Blitz. Warum Photo Booth das beim Einsatz der Rückkamera macht, ist jedoch nicht ganz verständlich.

6. Wenn Sie zwischen Front- und Rückkamera umschalten möchten, tippen Sie auf 📷 ❸.

7. Sie wollen sich die gemachten Fotos anschauen? Tippen Sie auf eines der Bilder in der Bildleiste ❹. Das ausgewählte Bild wird nun in voller Bildschirmgröße angezeigt. Um zurück zum Livebild zu gelangen, tippen Sie wieder auf den Button in der Mitte ❷.

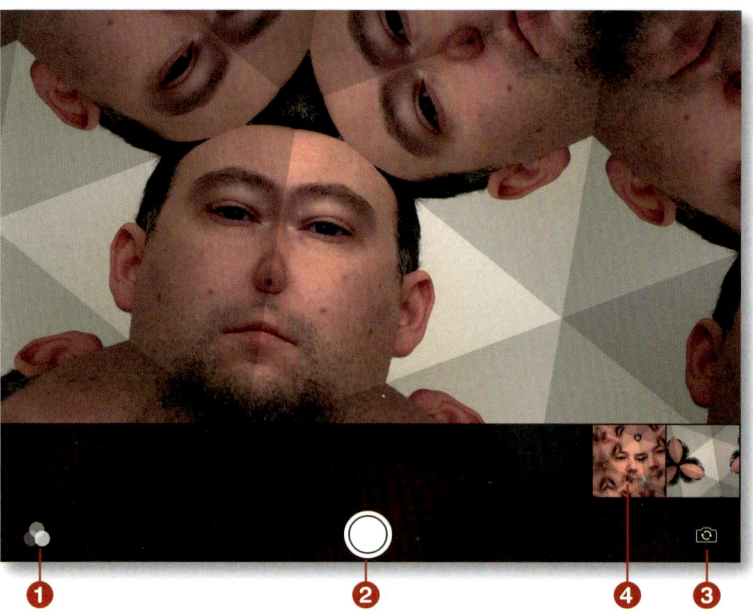

Alle mit Photo Booth erstellten Fotos können Sie auch über die App Fotos bearbeiten (Kapitel 10, »Fotos verwalten«, ab Seite 154). Vergessen Sie nicht zu lächeln, wenn Sie mit Photo Booth spielen.

Kapitel 10

Fotos verwalten

Sie wollen sich Ihre Fotos ansehen oder Ihren Freunden Urlaubsfotos zeigen? Kein Problem! Das iPad eignet sich super, um Fotos vorzuführen. Die Fotos-App ist die ganz neue und andere Art, Bilder zu präsentieren. Es ist unserer Meinung nach die derzeit beste und einfachste Art, Bilder zu betrachten. Vergessen Sie alle langweiligen Bilderalben oder ein unpraktisches Notebook auf dem Schoß. Darüber hinaus haben Sie mit Ihrem iPad Ihre Bilder und Erinnerungen immer dabei.

∧ *Das Icon der Fotos-App*

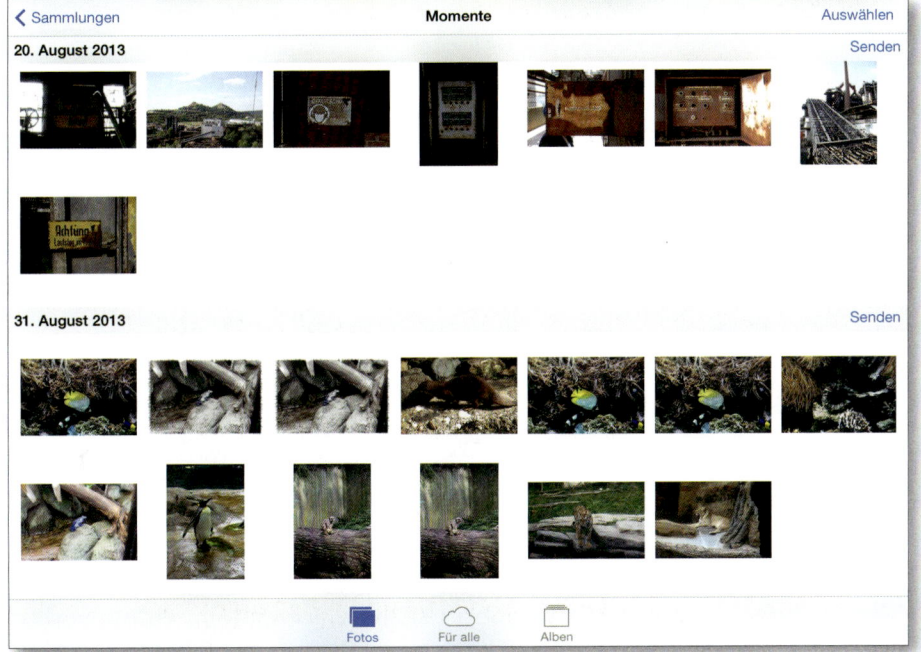

< *Bilder in der Fotos-App im Überblick*

Die Möglichkeiten, die Sie mit Fotos haben, hängen davon ab, ob Sie mit einem Mac und iPhoto arbeiten oder mit einem Windows-PC. Den vollen

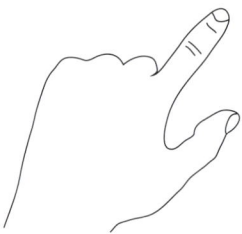

Leistungsumfang haben Sie nur, wenn Sie Ihre Bilder mit Apple/iPhoto sortieren. Im Folgenden beschreiben wir, was alles möglich ist, und machen Sie dann darauf aufmerksam, wenn dies unter Windows nicht möglich ist. Das iPad beherrscht auch das RAW-Format.

∧ *Zum Steuern von Fotos benutzen Sie Ihr bestes Werkzeug: Ihre Finger.*

Fotos ansehen

Tippen Sie auf Fotos, und das Programm startet. Grundsätzlich sehen Sie ein ähnliches Bild wie in der folgenden Abbildung, sobald Sie einige Fotos auf Ihrem iPad gespeichert haben.

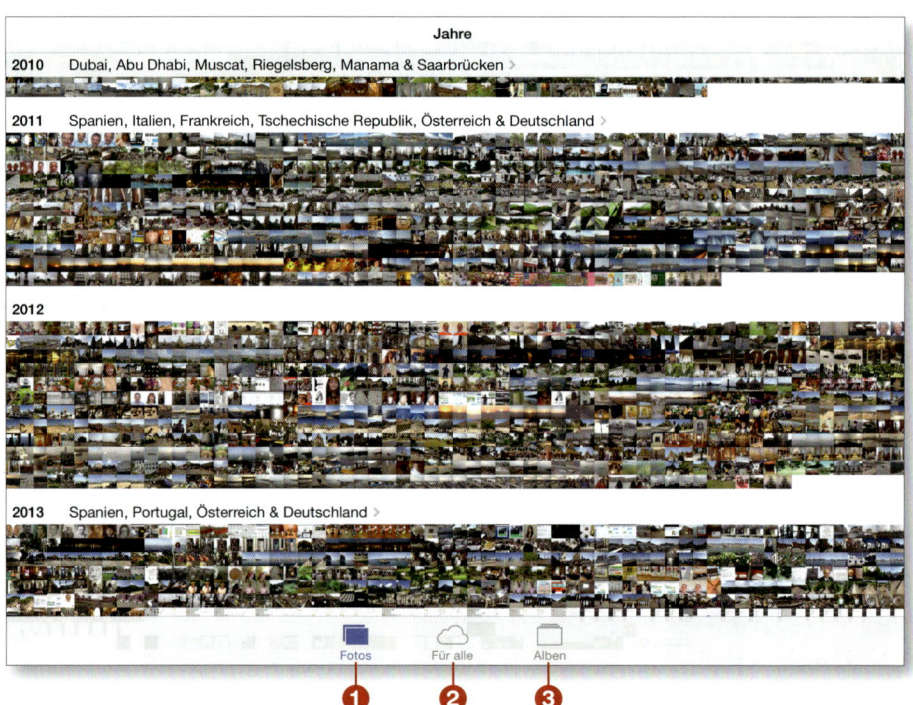

> *Fotos beispielhaft im Überblick*

Genauso wie die anderen Apps merkt sich die Fotos-App, wie sie verlassen wurde. Daher befinden Sie sich unter Umständen nach dem Öffnen in einer anderen »Ebene« innerhalb von Fotos. Sollte es bei Ihnen anders ausschauen, tippen Sie auf **Fotos** ❶. Die Funktionen **Für alle** ❷ und **Alben** ❸ erläutern wir später.

Unter **Fotos** werden Ihnen alle Bilder nach Datum sortiert und in vier unterschiedlichen hierarchischen Ebenen angezeigt.

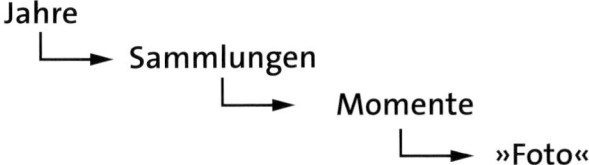

In der obersten Ebene erfolgt eine Sortierung nur nach Jahren. In dieser Ebene können Sie, außer den Jahreszahlen und eventuell vorhandenen Ortsinformationen, relativ wenig erkennen. Diese Ebene kann und soll auch nur einen sehr groben Überblick über die vorhandenen Fotos geben. Um in die nächste Ebene zu gelangen, tippen Sie auf ein Bild im entsprechenden Jahr. Hierdurch gelangen Sie eine Ebene tiefer.

Diese hat den Namen **Sammlungen**. In dieser werden Bilder automatisch in Gruppen zusammengefasst. Wie aber werden diese Bilder automatisch zusammengefasst? Ein Beispiel: Sie haben an drei aufeinanderfolgenden Tagen Fotos gemacht, dann ist die Wahrscheinlichkeit groß, dass diese aus demselben Grund gemacht worden sind, beispielsweise während eines Wochenendurlaubs in einer fremden Stadt. Leider hat man auf diesen Automatismus keinen Einfluss und ist ihm ausgeliefert.

Tippen Sie auf ein Foto einer Sammlung, gelangen Sie eine weitere Ebene tiefer. Ihnen werden nun die Bilder dieser Sammlung angezeigt. Diese Ansicht nennt sich **Momente**. Hier werden Ihnen die Bilder nach Tagen beziehungsweise alle Aufnahmen eines kurzen Zeitraums zusammengefasst.

Die unterste Ebene hat keinen offiziellen Namen. Wir haben Sie in unserer Ebenendarstellung »Foto« genannt. Gemeint ist damit, dass nur ein Foto bildschirmfüllend angezeigt wird. Diese Ansicht werden Sie vermutlich am häufigsten verwenden, weil man hier die Fotos wunderbar sieht und präsentieren kann.

Wenn es möglich ist, Ebenen nach unten zu gehen, dann muss es natürlich auch möglich sein, Ebenen wieder nach oben zu gehen. Dies geht im Wesentlichen immer auf demselben Weg.

Links oben können Sie, abhängig davon, in welcher Ebene Sie sich aktuell befinden, auf **Jahre**, **Sammlungen** oder **Momente** tippen, um jeweils eine höherliegende Ebene zu erreichen.

Fotos durchblättern

Tippen Sie unten auf **Fotos**, und es werden Ihnen alle Fotos angezeigt, die sich auf Ihrem iPad befinden. Durch Wischen von oben nach unten (oder umgekehrt) können Sie sich in jeder Ebene bequem durch Ihre Bilder bewegen. Befinden Sie sich in der Ebene **Momente** und tippen auf ein Bild, wird das Foto vergrößert und im Vollbildmodus angezeigt. Oben und unten werden zusätzliche Steuerleisten eingeblendet. Möchten Sie diese Leisten ausblenden, tippen Sie einfach auf das Bild. Durch erneutes Tippen auf das Bild werden die Steuerleisten wieder eingeblendet.

Wollen Sie eine Ebene zurückspringen, tippen Sie auf **Momente** ❶. In der Mitte der oberen Leiste ❷ wird Ihnen angezeigt, das wievielte Bild einer Sammlung Sie aktuell anschauen und wieviele Bilder insgesamt in dieser Sammlung enthalten sind. Um das Bild zu bearbeiten, tippen Sie auf **Bearbeiten** ❸. Weitere Informationen zum Bearbeiten von Bildern erhalten Sie im Abschnitt »Fotos bearbeiten«, ab Seite 166. Das Papierkorb-Symbol ❹ sehen Sie möglicherweise nicht bei allen Fotos. Nicht alle Fotos können von Ihnen auf dem iPad gelöscht werden. Sollte der Papierkorb fehlen, wurde das Foto via iTunes übertragen, dann kann das Foto nicht auf dem iPad, sondern nur via iTunes gelöscht werden. Daher fehlt in diesen Fällen das Papierkorbsymbol. Ebenfalls am unteren Bildschirmrand sehen Sie eine Bildlaufleiste ❺. Das aktuelle Bild wird in dieser Leiste etwas größer angezeigt. Sie können mit dem Finger über diese Leiste gleiten (tippen und Finger nicht vom Miniaturbild nehmen und gleiten), und die Bilder werden im Vollbildmodus angezeigt. Durch Tippen auf das ⬆-Symbol ❻ können Sie Bilder weiterleiten. Sie können sie z. B. per E-Mail verschicken, ausdrucken oder als Hintergrund für Ihren Home-Bildschirm oder den Sperrbildschirm festlegen.

< *Die Bedienelemente von Fotos*

Möchten Sie einfach nur zum nächsten Foto gelangen, wechseln Sie durch Wischen nach rechts oder links zum nächsten oder vorherigen Foto.

Durch einen Doppeltipp auf ein Bild wird dieses vergrößert. Ein erneuter Doppeltipp verkleinert das Bild wieder. Sie können das Bild aber auch mit zwei Fingern auseinanderziehen. Das Bild vergrößert sich, und Sie bestimmen den Grad der Vergrößerung. Rückgängig machen Sie das Ganze, indem Sie das Bild mit zwei Fingern wieder zusammenziehen. Möchten Sie jetzt aber wieder von der Ebene Foto in die Ebene Momente wechseln, ziehen Sie zwei Finger zusammen.

Nach Orten sortieren

Diese Ansicht funktioniert nur, wenn in Ihren Bildern GPS-Informationen gespeichert sind. Viele moderne Kameras sind in der Lage, solche Informationen abzuspeichern. Neben digitalen Fotoapparaten können auch Smartphones oder Ihr iPad Fotos mit diesen Geoinformationen abspeichern. Sollten Ihren Fotos diese Informationen fehlen, können Sie diese auch am Computer manuell nachtragen. Programme, mit denen dies möglich ist, sind beispiesweise iPhoto, Aperture, Lightroom oder Picasa. Fehlende Informationen können jedoch nicht auf dem iPad nachgetragen werden.

Um Fotos auf der Karten-App angezeigt zu bekommen, müssen Sie sich in der **Jahres-**, **Sammlungen-** oder **Momente**-Ansicht befinden. Tippen Sie nun nicht auf eines der Bilder, sondern auf die Ortsangabe ❶.

Beachten Sie, dass im Bild nur die GPS-Informationen stehen. Damit diese Angaben nun sinnvoll auf der Karte angezeigt werden können, muss eine Internetverbindung bestehen. Nur so ist es möglich, diese Ortsinformationen aufzulösen. Die Kartendaten werden nun nachgeladen.

Auf der Karte werden Ihnen nun »Bildhaufen« ❷ mit einer Nummer angezeigt, die angibt, wie viele Bilder an diesem Ort entstanden sind. Tippen Sie auf diesen »Haufen«, und alle Bilder zu diesem Ort werden Ihnen angezeigt. Genau wie in der Karten-App können Sie sich auch in dieser App ganz leicht mithilfe der Pinch-Geste in die Karte hinein- oder auch herauszoomen.

> *Lassen Sie sich den Aufnahmeort Ihrer Bilder auf der Karte anzeigen.*

Ein Bild als E-Mail verschicken

Sie kommen aus dem Urlaub und möchten nun einen Bekannten mit einem bestimmten Foto beeindrucken? Kein Problem! Schicken Sie ihm doch einfach eine E-Mail mit diesem Bild. Mit der folgenden Vorgehensweise können Sie natürlich Bilder nicht nur per **Mail** ❸ versenden, sondern sie auch per **Nachricht** ❹, via **iCloud** ❺ oder über **Twitter** ❻ weitergeben. Sie können die Fotos auch in Ihr **Facebook-** ❼ oder **Flickr**-Konto ❽ hochladen und dort mit Ihren Kontakten teilen.

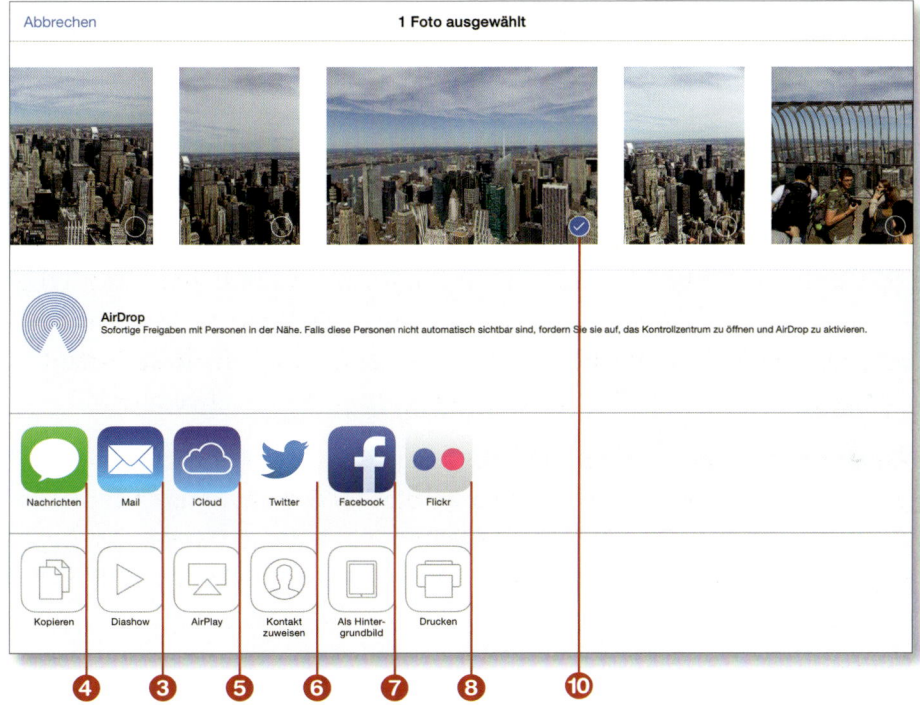

◀ *Ein Bild als E-Mail verschicken*

1. Wenn Sie ein Bild gefunden haben, das Sie versenden möchten, wählen Sie es aus, sodass es bildschirmfüllend angezeigt wird.

2. Um das Bild zu verschicken, tippen Sie unten in der Leiste auf ⬆️ ❾. Es öffnet sich daraufhin ein Untermenü.

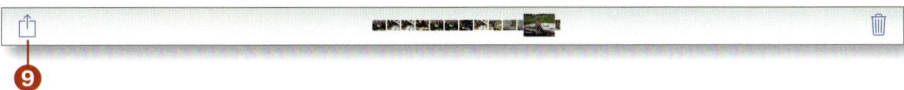

3. Im oberen Bereich sehen Sie Ihre Bilder in einer Streifenansicht. Das zu verschickende Bild ist mit einem blauen Häkchen ✓ ❿ (siehe Abbildung Seite 159) versehen. Sie können auch mehr als ein Bild markieren, tippen Sie dazu einfach weitere Bilder an. Sollten Sie aus Versehen das falsche Bild ausgewählt haben, tippen Sie erneut auf das entsprechende Bild, und das Häkchen verschwindet wieder.

4. Tippen Sie auf **Mail**, und das Mailprogramm wird aufgerufen.

5. Ihr Bild ist nun bereits als Dateianhang eingefügt. Sie können jetzt das Bild nach Eingabe der Empfängeradresse, des Betreffs und der eigentlichen Nachricht verschicken.

6. Tippen Sie auf **Senden**, um die E-Mail abzuschicken.

Sie können mit dieser Methode bis zu fünf Fotos markieren und diese verschicken. Im Alltag wird man auf diesem Weg aber vermutlich immer nur ein Foto verschicken. Um mehrere Fotos (ebenfalls maximal fünf) via E-Mail zu versenden, gibt es auch eine andere Methode, die wir Ihnen im nächsten Abschnitt vorstellen werden.

Mehrere Bilder drucken oder senden

Fotos auf dem iPad anzuschauen ist eine tolle Sache. Nichtsdestotrotz ist es oft einfach schön, ein Foto auszudrucken, um es in Händen halten zu können. Im Folgenden zeigen wir Ihnen, wie das geht. Mit dieser Methode können Sie mehrere Fotos auf einen Rutsch drucken – aber auch per E-Mail versenden, kopieren oder löschen.

1. Um mehrere Fotos auf einen Rutsch zu drucken, müssen Sie sich in der Ansicht **Momente** befinden. Sie sehen hier eine Vielzahl verkleinerter Fotos. Wenn Sie nur ein einzelnes Foto bildschirmfüllend sehen, tippen Sie oben links auf **Momente**.

2. Tippen Sie jetzt auf **Auswählen**. Die obere Statusleiste ändert daraufhin ihr Aussehen.

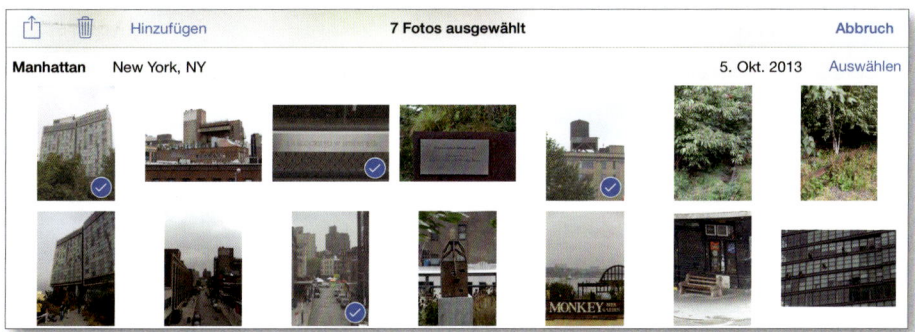

3. Sie können nun durch Antippen Fotos markieren. Diese erhalten daraufhin ein Häkchen ✅. Markieren Sie die Fotos, die Sie ausdrucken möchten. Sollten Sie ein Foto aus Versehen markiert haben, tippen Sie erneut auf das Foto. Das Häkchen wird entfernt, und das Foto ist nicht mehr markiert.

4. Nachdem Sie die auszudruckenden Fotos markiert haben, tippen Sie auf ⬆️. Darunter öffnet sich ein Auswahlfenster.

5. Durch Tippen auf **Drucken** erhalten Sie eine Liste der im Netz verfügbaren Drucker. Wählen Sie einen Drucker aus. Wählen Sie hier weiterhin aus, ob jedes Foto einmal oder direkt mehrfach ausgedruckt werden soll.

6. Tippen Sie auf **Drucken**, und der Ausdruck startet.

7. Vielleicht möchten Sie Ihre Fotos aber auch gar nicht ausdrucken? In diesem Fall tippen Sie auf **Nachrichten**, **Mail**, **iCloud**, **Facebook** oder **Flickr**. Wenn Sie Fotos per E-Mail versenden möchten, können Sie maximal fünf Fotos markieren.

Damit die zu versendende E-Mail nicht zu groß wird, existiert hier eine Datenmengenbegrenzung. Wenn Sie mehr als 5 Bilder markiert haben, erscheint **Mail** nicht mehr. Ihnen stehen dann nur die anderen Möglichkeiten zur Verfügung.

Wie kommen die Fotos auf das iPad?

Es gibt im Wesentlichen sechs Möglichkeiten, wie Fotos auf das iPad übertragen werden können.

1. Die Fotosammlung auf Ihrem PC übertragen Sie mit iTunes auf das iPad. Wenn Sie einen Mac einsetzen und iPhoto oder Aperture verwenden, ist es besonders einfach für Sie – und auch leistungsfähig. Die mit iPhoto oder Aperture verwalteten Fotos können direkt auf das iPad übertragen werden. Diese Variante ist deswegen so praktisch, weil Sie aus iTunes direkt auf die Alben zugreifen können. Nur bei der Variante ist es auch möglich, auf Gesichter oder Orte zuzugreifen. Wenn Sie Ihre Bilder von einem Windows-PC auf das iPad übertragen, geben Sie ein Verzeichnis an. Alle darin enthaltenen Bilder werden dann auf das iPad übertragen. Aus den Unterordnern dieses Verzeichnisses werden bei der Übertragung auf das iPad automatisch Alben erstellt.

2. Sie sind Besitzer eines Lightning auf USB Kamera-Adapters? Dann können Sie Ihre Kamera direkt mit dem iPad verbinden und die Bilder importieren. Sie können aber auch die SD-Karte aus Ihrer Kamera direkt in den SD-Kartenleser einstecken und die Bilder auf diesem Weg übertragen.

3. Sie erhalten eine E-Mail mit einer Bilddatei und wollen das Bild gerne in die Fotos-App importieren? Durch Tippen auf das Foto und Halten des Fingers wird es zur Speicherung vorbereitet. Daraufhin öffnet sich ein Etikett. Wählen Sie **Bild sichern** aus, und das Bild wird in der App Fotos gespeichert.

4. Sie sehen Bilder auf Internetseiten, die Sie interessieren? Tippen Sie auf das Bild, und halten Sie den Finger auf dem Bild, bis sich ein Etikett öffnet. Wählen Sie hier **Bild sichern** aus.

5. Wenn Sie ein Bildschirmfoto (Screenshot) erstellen möchten, drücken Sie den Home-Button und gleichzeitig den Ein- und Ausschalter oben rechts am iPad. Hierdurch wird das, was auf Ihrem Bildschirm angezeigt wird, »fotografiert« und abgespeichert.

6. Die vielleicht bequemste Variante ist die iCloud. Mit der iCloud kommen die Fotos automatisch auf Ihr iPad. Hierfür müssen Sie natürlich die iCloud und den Fotostream aktiviert haben. Beachten Sie, dass der Fotostream, nachdem Sie die iCloud eingerichtet und aktiviert haben, erst einmal deaktiviert ist und Sie ihn separat aktivieren müssen! Weitere Informationen zur iCloud erhalten Sie in Kapitel 12, »So funktioniert die iCloud«, ab Seite 207.

➕ **Bildqualität von Fotos auf dem iPad**

Bilder von digitalen Fotoapparaten mit Megapixel-Chips sind zum Teil richtig groß. Bei sinkenden Festplattenpreisen ist dies jedoch kein Problem. Bei einem Gerät wie dem iPad wäre es allerdings Verschwendung, wenn die Bilder in ihrer Originalauflösung abgelegt würden. Da das Display des iPads eine Auflösung von 2.048 × 1.536 Bildpunkten hat, ist eine deutlich höhere Auflösung nicht sinnvoll. Aus diesem Grund werden Fotos verkleinert und via iTunes oder iCloud in einer niedrigeren Auflösung abgelegt. Werden Fotos nun vom iPad aus verschickt, kann das in der niedrigeren Auflösung erfolgen.

Dies gilt selbstverständlich nicht für Fotos, die Sie mithilfe des Lightning auf USB Kamera-Adapter oder Lightning auf SD Kartenlesegeräts auf das iPad geladen haben. Diese Fotos bleiben in ihrer Originalauflösung erhalten.

Vom Fotoapparat auf das iPad

Um Fotos vom digitalen Fotoapparat direkt auf das iPad zu übertragen, benötigen Sie den Lightning auf USB Kamera-Adapter oder ein Lightning auf SD Kartenlesegerät von Apple. Diese kosten bei Apple jeweils ca. 29 €. Mit dem einen Adapter können Sie Ihre Kamera direkt über das USB-Kabel und mit dem anderen eine SD-Karte direkt an das iPad anschließen und Ihre Bilder übertragen. Beide Methoden sind unserer Meinung in ihrer Handhabung gleichwertig.

1. Schließen Sie einen der beiden Adapter an das iPad an, und legen Sie entweder die SD-Karte ein, oder verbinden Sie die Kamera mithilfe eines USB-Kabels mit dem iPad. Möglicherweise müssen Sie Ihre Kamera jetzt noch einschalten und sie in einen bestimmten Modus setzen. Schauen Sie hierzu gegebenenfalls im Handbuch Ihrer Kamera nach. Das iPad verhält sich im Zusammenspiel mit der Kamera ganz so, als wäre es ein »großer« Computer.

2. Nach ein paar Sekunden startet die Fotos-App automatisch (falls sie nicht ohnehin schon aktiv ist). Die Fotos, die sich auf der Kamera (oder auf der Karte) befinden, werden jetzt angezeigt. Dieses Anzeigen der Vorschaubilder kann ein paar Sekunden dauern. Danach erhalten Sie eine Anzeige wie in der folgenden Abbildung.

3. Wenn Sie nicht alle Fotos importieren möchten, können Sie durch Antippen die zu importierenden Fotos markieren. Die Bilder werden mit einem blauen Häkchen gekennzeichnet.

4. Tippen Sie als Nächstes oben rechts auf **Importieren**.

5. Unterhalb des **Importieren**-Buttons können Sie sich nun entscheiden, ob Sie nur die markierten oder doch lieber alle Fotos importieren möchten. Tippen Sie dementsprechend auf eine der beiden Schaltflächen.

6. Nun beginnt der Importvorgang. Dieser kann abhängig von der Bildmenge eine Weile dauern.

7. Nachdem die Bilder importiert worden sind (die Bilder sind jetzt mit einem grünen Häkchen gekennzeichnet), können Sie entscheiden, was mit den Fotos auf der Kamera bzw. der Speicherkarte passieren soll. Diese können gelöscht werden oder auf dem Speichermedium verbleiben. Tippen Sie also entsprechend auf **Löschen** oder **Behalten**.

8. Die importierten Bilder finden Sie ganz allgemein unter **Momente** oder im Album **Letzter Import**.

➕ **Das iPad und RAW-Bilder**

Einfache Digitalkameras legen die Fotos im JPEG-Format auf der Karte ab. Bei besseren Kameras (also bei den meisten digitalen Spiegelreflexkameras) haben Sie die Möglichkeit, die Fotos im RAW-Format zu speichern. Das RAW-Format ist jedoch kein genormtes Format (im Vergleich zu JPEG), sondern hier kocht jeder Hersteller sein eigenes Süppchen. Selbst unterschiedliche Modelle desselben Kameraherstellers weisen in manchen Fällen unterschiedliche Formate auf.

Fotos im RAW-Format können auch auf das iPad übertragen werden. Sie werden dort auch am Bildschirm angezeigt. Das iPad muss dazu aber das von Ihrem Kamerahersteller verwendete RAW-Format verstehen. Sollten Sie eine superneue Kamera Ihr Eigen nennen, wird dies möglicherweise nicht der Fall sein. Hier heißt es dann: einfach ausprobieren.

Vom iPad auf den Computer

Wenn es möglich ist, Fotos von der Digitalkamera auf das iPad zu übertragen, wäre es ja günstig, wenn man nun auch die Fotos vom iPad auf den Computer bekommen könnte. Auch hier gibt es wieder mehrere Möglichkeiten. Die bequemste ist sicherlich der iCloud-Fotostream. Hierbei werden die Bilder automatisch in den Fotostream hochgeladen. Es spielt keine Rolle, wie die Fotos auf das iPad gekommen sind. Nach den Regeln des Fotostreams werden neue Fotos automatisch hochgeladen. Hierzu muss natürlich der Fotostream aktiviert sein, und Sie müssen sich mit Ihrem iPad in einem WLAN befinden. Fotos werden nicht hochgeladen, wenn Sie via UMTS mit dem Internet verbunden sind. Das Hochladen der Fotos via Fotostream läuft dabei komplett im Hintergrund ab, und Sie müssen sich um nichts kümmern.

Alternativ können Sie natürlich die Bilder auch per Kabel vom iPad auf den Computer bekommen. Apple hat es Ihnen hier leicht gemacht. In dem Moment, in dem Sie das iPad an den Computer anschließen, sieht es für den Computer so aus, als hätten Sie eine Digitalkamera angeschlossen.

Hierdurch können Sie jedes Programm verwenden, mit dem Sie normalerweise auch Ihre Fotos von der Digitalkamera herunterladen. Auf dem Mac wird dies vermutlich iPhoto oder Aperture sein. Auf einem Windows-PC können Sie über den Windows-Explorer auf das Fotoverzeichnis des iPads zugreifen.

> **+ Fotos vom iPhone auf das iPad übertragen**
>
> Auch wenn es sich zunächst ziemlich verrückt anhört: Sie können über das iPad Camera Connection Kit Fotos vom iPhone auf das iPad übertragen. Dies ist möglich, da sich das iPhone gegenüber anderen Geräten wie ein »normaler« Fotoapparat verhält. Auf der einen Seite können Sie so die Bilder vergrößert anschauen, und auf der anderen Seite können Sie damit den Speicher Ihres iPhones von Bildern befreien.

Fotos bearbeiten

Sie sind mit den gemachten Fotos nicht hundertprozentig zufrieden? Im Folgenden erläutern wir Ihnen wie Sie das ändern können. Innerhalb der App Fotos können Sie kleine Veränderungen an Fotos vornehmen. Bitte erwarten Sie aber kein Superfotobearbeitungsprogramm. Die App kann das Allernötigste. Wenn Sie Ihre Fotos stärker bearbeiten möchten, können Sie zu der App iPhoto von Apple greifen. Um ein Foto bearbeiten zu können, muss das Foto maximiert sein; tippen Sie hierzu auf ein beliebiges Foto in Ihrer Sammlung. Sehen Sie nun, wie Sie ein Foto bearbeiten können.

1. Tippen Sie oben in der Leiste auf den Button **Bearbeiten**. Die Fotos-App wechselt hierdurch in den Bearbeitungsmodus.

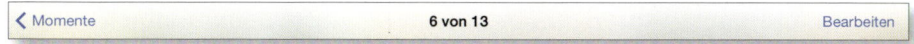

2. Am unteren Rand werden Ihnen nun fünf Bearbeitungsmöglichkeiten angeboten: **Drehen** ❶, **Verbessern** ❷, **Rote Augen** ❸ und **Beschneiden** ❹.

3. Durch Tippen auf **Drehen** wird das Bild um 90° nach rechts gedreht. Ein erneutes Tippen und das Bild dreht sich weiter entgegen dem Uhrzeigersinn. Legen Sie so die Ausrichtung fest. Sind Sie mit der Ausrichtung zufrieden, tippen Sie oben rechts auf **Sichern** ❺, und das gedrehte Bild ist gespeichert.

4. Mit der Funktion **Verbessern** können Sie die Bilddarstellung möglicherweise verbessern. Probieren Sie es einfach einmal aus. Wenn Ihnen das verbesserte Bild besser gefällt, tippen Sie oben rechts auf **Sichern**. Möchten Sie jedoch lieber zur Ursprungsdarstellung zurück, tippen Sie erneut unten auf **Verbessern** oder oben auf **Widerrufen** ❻ (siehe Abbildung Seite 167).

5. Wenn Sie Ihrem Foto ein bestimmtes Aussehen verpassen wollen, so wählen Sie **Filter** ❼ aus. Die Filter hier im Einzelnen zu beschreiben würde den Rahmen sprengen, probieren Sie diese daher einfach einmal aus. Beachten Sie jedoch, dass ein Filter, der auf einem Bild sehr schlecht wirkt, auf einem anderen Motiv vielleicht einen ganz tollen Effekt erzeugt.

> *Die verfügbaren Filter in der Übersicht*

6. Ein leider häufig vorkommendes Problem auf Bildern sind rote Augen bei Personen. Aktivieren Sie zum Entfernen zuerst die Funktion **Rote Augen**. Tippen Sie danach mit dem Finger auf das rote Auge. Die Rotfärbung sollte verschwinden wie auf dem Foto beim linken Auge.

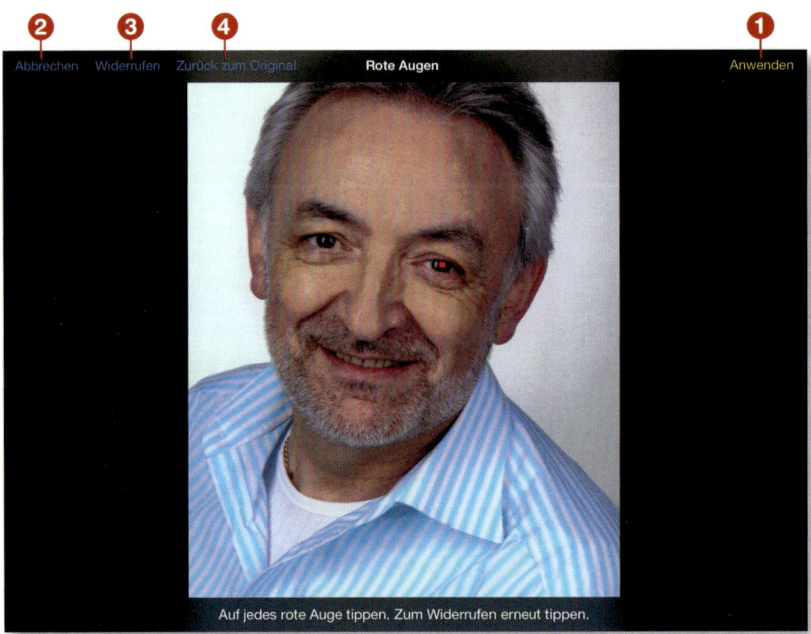

7. Wenn Sie mit dem Ergebnis zufrieden sind, tippen Sie oben rechts auf **Anwenden** ❶. Wollen Sie die Änderungen nicht durchführen, können Sie oben links auf **Abbrechen** ❷, **Widerrufen** ❸ oder **Zurück zum Original** ❹ tippen.

8. Die letzte Verbesserungsmöglichkeit innerhalb der App Fotos besteht darin, das Bild zu beschneiden und zu begradigen. Tippen Sie hierzu auf **Beschneiden**. Sie erhalten folgende Ansicht:

9. Auf dem Bild sehen Sie jetzt ein Gitternetz und einen Rahmen um das Bild. Durch Bewegen des Rahmens (oder der Ecken) beschneiden Sie das Bild. Wenn Sie mit einem Finger innerhalb des Bildes wischen, bewegen Sie das Bild innerhalb des Rahmens.

10. Wenn Sie wollen, dass das Bild in einem bestimmten festgelegten Seitenverhältnis beschnitten wird, tippen Sie unten auf **Bildformat** ❺. Eine Liste mit Formaten wird eingeblendet. Wählen Sie das von Ihnen gewünschte Format aus. Bitte beachten Sie, dass das ausgewählte Format nichts damit zu tun hat, wie groß das Bild später ausgedruckt wird, sondern nur angibt, wie sich die Bildhöhe zur Bildbreite verhält.

11. Um das Bild zu begradigen, benötigen Sie zwei Finger. Wenn Sie mit zwei Fingern gleichzeitig das Bild anfassen wie bei der Pinch-Geste, können Sie das Bild auch drehen und damit ausrichten. Haben Sie hierbei ein wenig Geduld, das Drehen des Bildes funktioniert möglicherweise nicht auf Anhieb.

Sind Sie mit den von Ihnen vorgenommenen Änderungen zufrieden, tippen Sie oben rechts auf **Anwenden** ❻ (siehe Abbildung Seite 169), dann auf **Sichern**.

➕ **Sind die Änderungen am Bild endgültig?**

Nein, innerhalb der Fotos-App werden die Bilder immer – wie es in der Fachsprache heißt – nicht destruktiv bearbeitet. Das heißt, das Bild selbst wird nie verändert. Innerhalb des Bildes wird eine Zusatzinformation abgelegt, die diese Änderung beschreibt.

Am einfachsten versteht man dies sicherlich beim Drehen eines Bildes. Hierbei werden innerhalb eines Fotos nicht die Pixel umsortiert, sondern es wird eine Zusatzinformation abgespeichert, die übersetzt so viel heißt wie »Das Bild beim Anzeigen bitte um 90° nach links drehen«.

Das Originalbild bleibt daher auch immer erhalten. Die Bildveränderung kann jederzeit rückgängig gemacht werden. Da Zusatzinformationen innerhalb des Bildes gespeichert werden, muss das anzeigende Programm diese Informationen aber auch auswerten können. Versteht dieses Programm beispielsweise die Drehen-Anweisung nicht, bleibt das Bild im Originalzustand.

Bildänderungen rückgängig machen

Alle gemachten Änderungen an einem Bild können wieder rückgängig gemacht werden. Dies ist ganz einfach.

1. Wechseln Sie in den Bearbeiten-Modus, indem Sie oben auf den Button **Bearbeiten** tippen.

2. Um die Bearbeitungen am Bild wieder rückgängig zu machen, tippen Sie auf den Button **Zurück zum Original**.

3. Hierdurch werden alle Änderungen am Bild rückgängig gemacht. Um dieses Rückgängigmachen zu fixieren, tippen Sie nun auf **Sichern**.

Beachten Sie, dass Sie nur alle Bildänderungen in einem Rutsch wieder rückgängig machen können und nicht eine einzelne.

Ein neues Fotoalbum anlegen

Wenn Sie sehr viele Fotos auf dem iPad haben, ist es sicher sinnvoll, ein wenig Ordnung in die Vielfalt zu bringen. Hierzu können Sie einfach Alben anlegen. Darin können Sie z. B. alle Fotos einer Reise sammeln. Hierdurch erhalten Sie eine bessere Übersicht. Alben sind auch sehr praktisch, um eine Diashow vorzubereiten, da dann nur die Fotos aus einem Album abgespielt werden. So legen Sie ein Album an:

1. Aktivieren Sie die Albenansicht, indem Sie im unteren Bereich des Bildschirms auf **Alben** tippen.

2. Nun können Sie im oberen Bereich die Alben sehen. Um ein neues Album zu erstellen, müssen Sie die Bearbeiten-Funktion aktivieren. Tippen Sie hierzu oben links auf +.

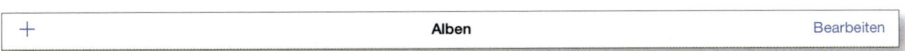

3. Durch einen Tipp auf **Neues Album** öffnet sich eine Eingabemaske, und die Tastatur wird eingeblendet.

4. Tippen Sie den Namen des neu zu erstellenden Albums ein, in unserem Beispiel »New York Urlaub«. Schließen Sie das Erstellen des neuen Albums durch Tippen auf **Sichern** ab.

5. Bis hierhin wurde nur ein neues Album erstellt, in diesem sind jedoch noch keine Bilder. Das können Sie nun ändern. Tippen Sie auf die Bilder, die in das soeben erstellte Album aufgenommen werden sollen. Die Bilder werden mit einem blauen Häkchen markiert. Haben Sie ein falsches Bild ausgewählt, tippen Sie einfach ein weiteres Mal darauf, und das Häkchen verschwindet.

6. Um den Vorgang abzuschließen und die zuvor ausgewählten und markierten Bilder dem neu erstellten Album hinzuzufügen, tippen Sie auf **Fertig**.

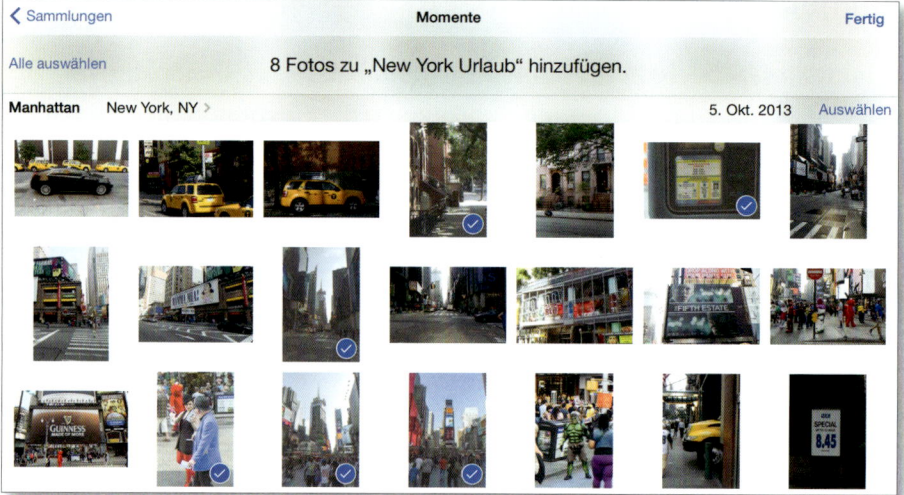

7. Sie befinden sich noch im Modus zum Bearbeiten des Albums. Um diesen Modus zu verlassen, tippen Sie oben rechts auf **Fertig**. Ihr neues Album wurde erstellt, und Sie können sich nun die Bilder im Album ansehen.

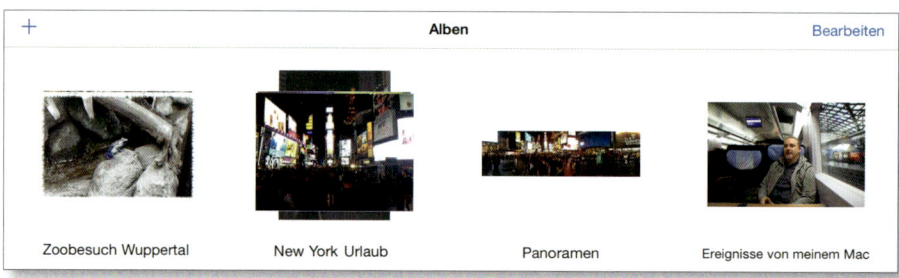

➕ **Ein Album – sind die Bilder nun doppelt auf meinem iPad?**

Wenn Sie ein Album auf dem iPad anlegen und die Bilder in ein Album legen, sind die Bilder nicht doppelt oder vielfach auf Ihrem iPad. Ein Album ist nur so etwas wie ein Inhaltsverzeichnis. Die Bilder belegen daher nur einmal Platz auf dem iPad.

Kommen die Bilder jedoch via iTunes in unterschiedlichen Alben auf das iPad (und sind doppelt und dreifach auch auf Ihrem Computer vorhanden), befinden sie sich auch mehrfach auf Ihrem iPad.

Diashow

Sie möchten sich Ihre Bilder gerne in aller Ruhe anschauen oder jemandem zeigen? Kein Problem – starten Sie doch einfach die Diashow! Sie können eine Diashow am einfachsten starten, wenn Sie zuerst aus allen Bildern, die in der Diashow angezeigt werden sollen, ein Album erstellt haben (siehe hierzu den vorherigen Abschnitt).

1. Alle Fotos, die im Album zu sehen sind, werden in der Diashow angezeigt. Sollten Sie **Fotos** ausgewählt haben, werden alle Bilder angezeigt.

2. Tippen Sie auf **Diashow** ❶. Es öffnet sich ein Fenster mit Optionen.

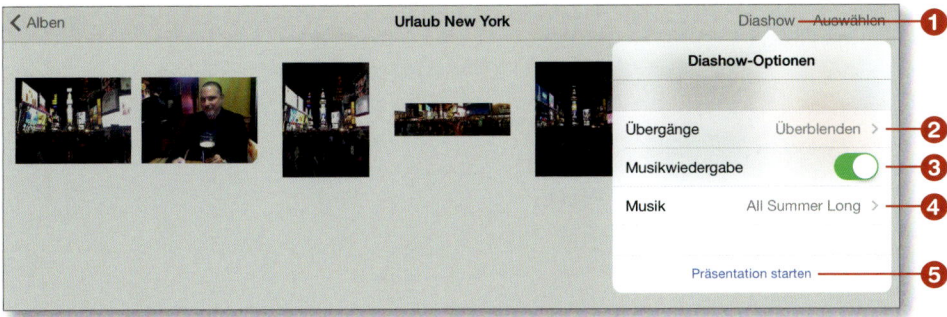

3. Unter ❷ wählen Sie einen von fünf verschiedenen Übergängen aus. Zur Wahl stehen Ihnen **Überblenden**, **Würfel**, **Welle**, **Wischen** und **Origami**.

4. Wenn Sie Musikbegleitung wünschen, schieben Sie den Regler **Musikwiedergabe** ❸ (siehe Abbildung Seite 173) nach rechts.

5. Wenn Sie die Musikwiedergabe aktiviert haben, können Sie unter ❹ wählen, welcher Titel Ihre Diashow begleiten soll.

6. Sind alle Eingaben in Ordnung? Tippen Sie auf **Präsentation starten** ❺, und los geht's! Genießen Sie Ihre Show.

7. Um die Diashow zu stoppen, tippen Sie einfach auf ein Bild, und die Show wird angehalten. Um die Diashow wieder zu starten, tippen Sie rechts oben erneut auf **Diashow**.

Einstellungen

Sie können nur wenige Einstellungen für die App Fotos vornehmen. Tippen Sie dazu auf **Einstellungen** und dann auf **Fotos & Kamera**.

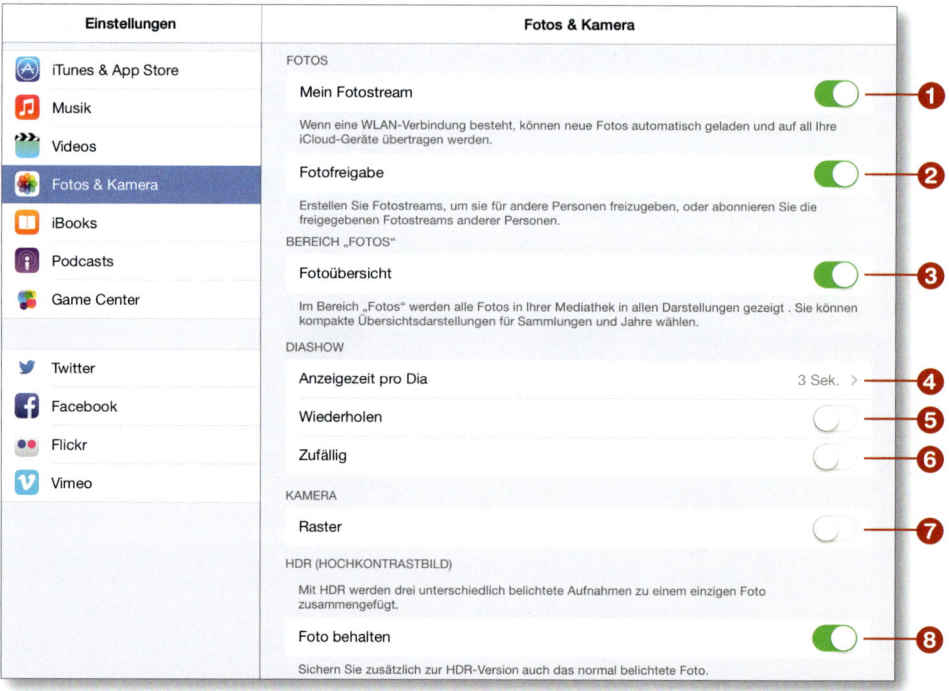

> *Die Einstellungen zur Fotos-App*

Wenn Sie **Mein Fotostream** ❶ verwenden möchten, aktivieren Sie die gleichnamige Funktion. Beachten Sie, dass Sie die Funktion Fotostream nur sehen, wenn Sie die iCloud aktiviert haben. Sollte dies nicht der Fall sein, muss die iCloud zuerst grundsätzlich aktiviert werden. Weitere Informationen dazu finden Sie in Kapitel 12, »So funktioniert die iCloud«, ab Seite 207.

Fotos, die in der iCloud liegen, können auch für andere freigegeben werden. Hierzu ist es nötig, dass die **Fotofreigabe** ❷ aktiviert ist. Wenn Sie etwas mehr Übersicht in Ihren Fotos haben wollen, so deaktivieren Sie die Funktion **Fotoübersicht** ❸. Hierdurch werden Ihre Fotos stärker zusammengefasst. Probieren Sie den Unterschied einfach einmal aus. Abhängig von Ihren Fotos werden Sie keinen oder einen sehr großen Unterschied sehen.

Wenn Sie innerhalb der Fotos-App eine Diashow zusammenstellen, bieten sich Ihnen dort nur wenige Einstellmöglichkeiten. Weitere Möglichkeiten finden Sie in den **Einstellungen** im Bereich **Diashow**. Unter **Anzeigezeit pro Dia** ❹ legen Sie fest, wie lange jedes einzelne Foto angezeigt werden soll. **Wiederholen** ❺ legt fest, ob nach Ablauf der Diashow sie erneut angezeigt werden soll. Wenn Sie wollen, dass die Bilder nicht in der chronologischen Reihenfolge angezeigt werden, so aktivieren Sie **Zufällig** ❻.

Eine sehr praktische Funktion verbirgt sich hinter der Option **Raster** ❼. Durch Aktivierung dieser Funktion wird im Aufnahmebildschirm der Kamera-App ein Raster eingeblendet. Der Bildschirm wird durch das Raster in 3 × 3 Felder aufgeteilt. Dies hat zum einen den Vorteil, dass Sie eine Hilfe haben mit der Sie dafür sorgen, dass die Kamera im Verhältnis zum Motiv gerade ausgerichtet ist. Zum anderen können Sie damit die Bilder besser aufteilen. Wenn Sie HDR-Fotos erstellen (Kapitel 9, »Mit der Kamera filmen und fotografieren«, ab Seite 145) und **Foto behalten** ❽ aktiviert haben, dann wird sowohl ein HDR-Foto also auch ein »normales« Foto gespeichert.

Kapitel 11
Musik und Filme genießen

In diesem Kapitel erklären wir Ihnen drei sehr ähnliche Apps: die Musik-App, die Videos-App und die Podcasts-App. Da die Themen eng miteinander verwandt sind, haben wir uns entschlossen, sie in einem Kapitel zu bündeln.

∧ Das Icon der Videos-App

Musik auf dem iPad

Apple hat nach seiner Fastpleite im Jahre 1997 nicht zuletzt dem iPod sein Überleben und den heutigen Siegeszug zu verdanken. Es ist daher nicht verwunderlich, dass das iPad auch ein iPod ist – etwas zu groß, um es am Handgelenk zu tragen, aber auf jeden Fall ideal, um im Zug sitzend nicht nur das Neueste vom Tag zu lesen, sondern auch noch die persönliche Lieblingsmusik zu hören. Genau für diesen Fall gibt es die Musik-App.

Wie Sie Musikdateien von Ihrem PC auf das iPad übertragen können, haben wir Ihnen bereits in Kapitel 4, »Die wichtigsten Apps im Überblick«, ab Seite 86 kurz erläutert. Detailliertere Ausführungen hierzu finden Sie in Kapitel 15, »iTunes«, ab Seite 241. Die Bedienung dieser App ist ausgesprochen intuitiv gestaltet. Wir werden uns im Folgenden auf die wichtigen und relevanten Punkte beschränken.

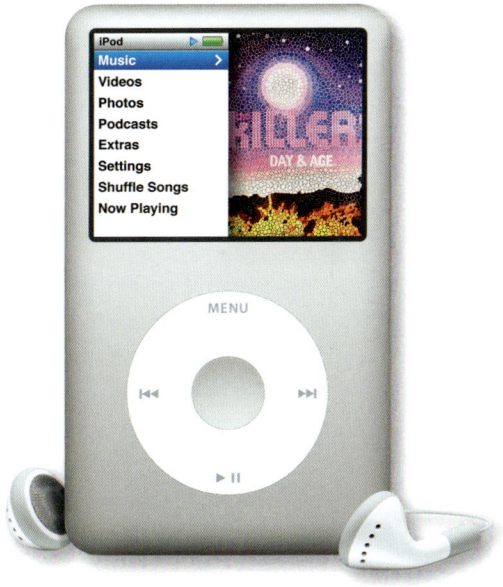

∧ iPod Classic zur Musikwiedergabe

^ *Das Icon der Musik-App*

Tippen Sie auf **Musik**, und die App startet. Die drei zentralen Steuerelemente links oben im Bildschirm kennen Sie sicherlich von Ihrem DVD-Player zu Hause. Mithilfe des großen Play-Buttons ❶ in der Mitte starten oder stoppen Sie die Wiedergabe.

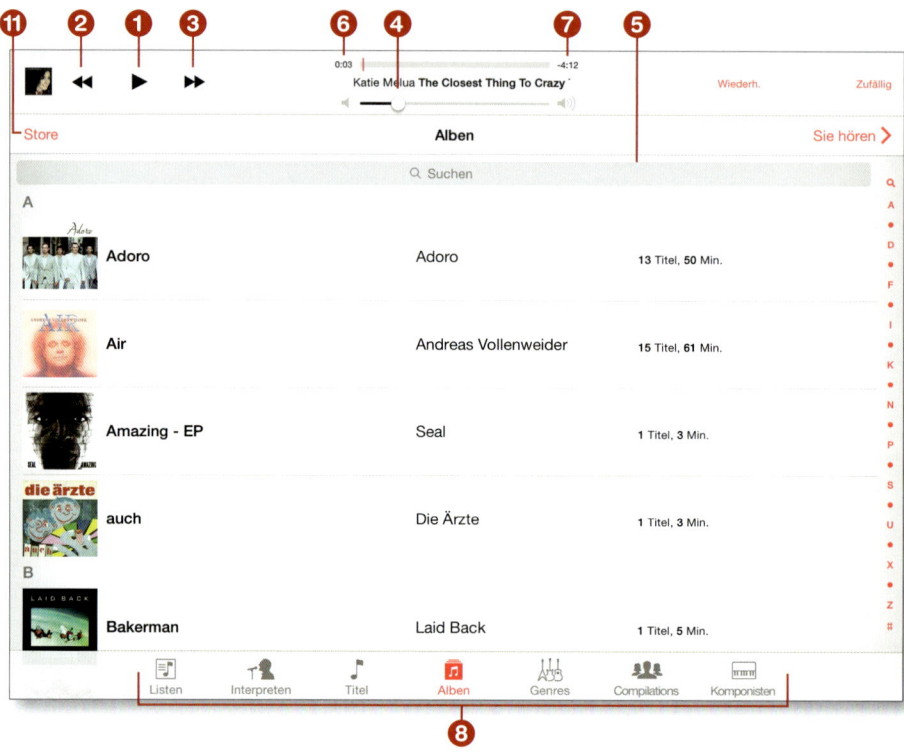

> *Die Musik-App in der Alben-Ansicht*

Mit dem Vor- und Zurück-Button ❷ und ❸ können Sie durch einfaches Tippen von einem zum nächsten Lied springen. Wenn Sie die Buttons jedoch drücken und gleichzeitig halten, dann spulen Sie innerhalb eines Liedes vor bzw. zurück. Je länger Sie den Button drücken und halten, desto schneller wird gespult. Mit dem Schieberegler in der Mitte ❹ können Sie die Lautstärke verändern. Selbstverständlich können Sie das auch genauso gut mit dem Hardwareschalter an Ihrem iPad machen.

Auch auf das kleinste iPad mit 16 GByte passt problemlos so viel Musik, dass man leicht die Übersicht verlieren kann. Um ein Lied dennoch schnell zu finden, können Sie nach ihm suchen ❺. Rechts neben den zentralen Steuerelementen wird Ihnen angezeigt, wie lange das Lied schon läuft ❻ und wie lange es noch laufen wird ❼.

➕ **Musik spielt auch im Hintergrund**

Im Gegensatz zu vielen Apps wird die Musik-App nicht beendet, wenn Sie den Home-Button drücken. Die Musik läuft auch dann weiter, wenn Sie die App verlassen. Dies ist natürlich super, da Sie so Musik hören und gleichzeitig im Internet surfen können.

Auch die meisten anderen Apps lassen sich auf diese Art und Weise sozusagen mit Hintergrundmusik ausführen. Sollte eine App zwingend Tonwiedergabe voraussetzen, pausiert die Musik. Wenn Sie die App wieder verlassen und in die Musik-App wechseln, können Sie die Musikwiedergabe fortsetzen.

Im unteren Bereich ❽ können Sie festlegen, wie Ihnen Ihre Musiksammlung im Hauptbereich angezeigt werden soll. Sie können dabei zwischen **Listen**, **Interpreten**, **Titel**, **Alben**, **Genres**, **Compilations** und **Komponisten** wählen. Die von Ihnen getroffene Auswahl wird rot hervorgehoben ❾.

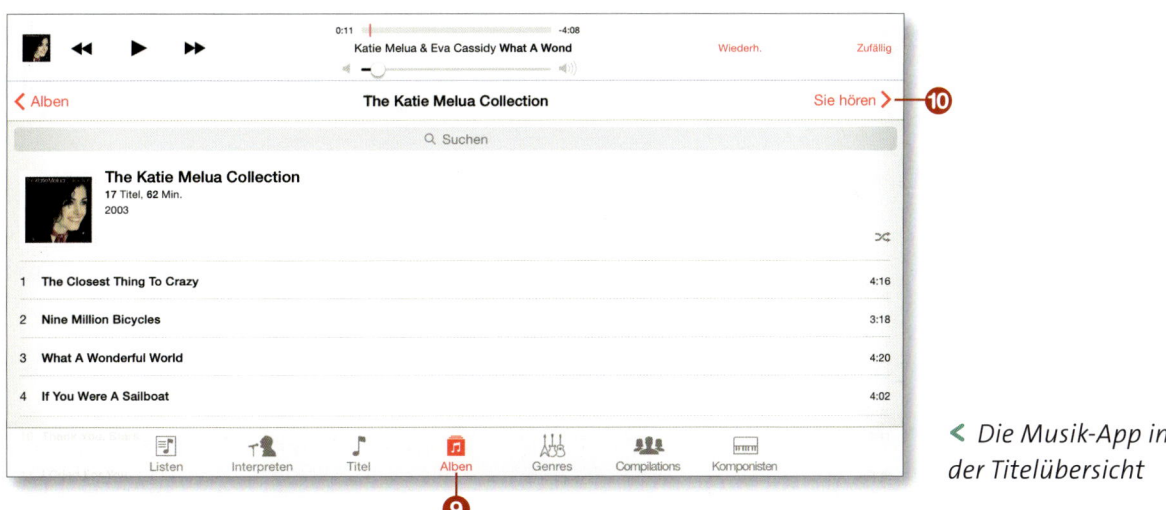

< *Die Musik-App in der Titelübersicht*

Oben links sehen Sie das Minicover des ausgewählten Titels. Tippen Sie auf **Sie hören** ❿, und das Cover wird bildschirmfüllend angezeigt. Wie dies ausschaut, sehen Sie in der Abbildung auf der nächsten Seite.

In der **Interpreten**- oder **Alben**-Ansicht sehen Sie das Cover Ihrer Alben auf der linken Seite. Wenn Sie nun in die Zeile mit dem Album tippen, ändert sich die Darstellung, und Sie sehen eine Liste mit allen Titeln des Albums (siehe vorangegangene Abblidung). Um wieder eine Ebene zurückzugelangen, tippen Sie am einfachsten im unteren Bereich erneut auf **Interpreten** oder **Alben**. Probieren Sie doch einfach mal die unterschiedlichen Anzeigemöglichkeiten aus.

Tippen Sie auf **Store** ⑪, (siehe Abbildung Seite 178),und Sie werden zum Einkaufen in den iTunes Store weitergeleitet. Beachten Sie, dass Sie hierdurch die Musik-App verlassen und danach wieder über den Home-Bildschirm zurückkommen müssen.

Die Cover-Ansicht

Die Übersicht über alle Lieder zu haben ist ja gut und schön, aber wenn das Cover des Albums angezeigt wird, während das Lied abgespielt wird, ist das noch viel schöner.

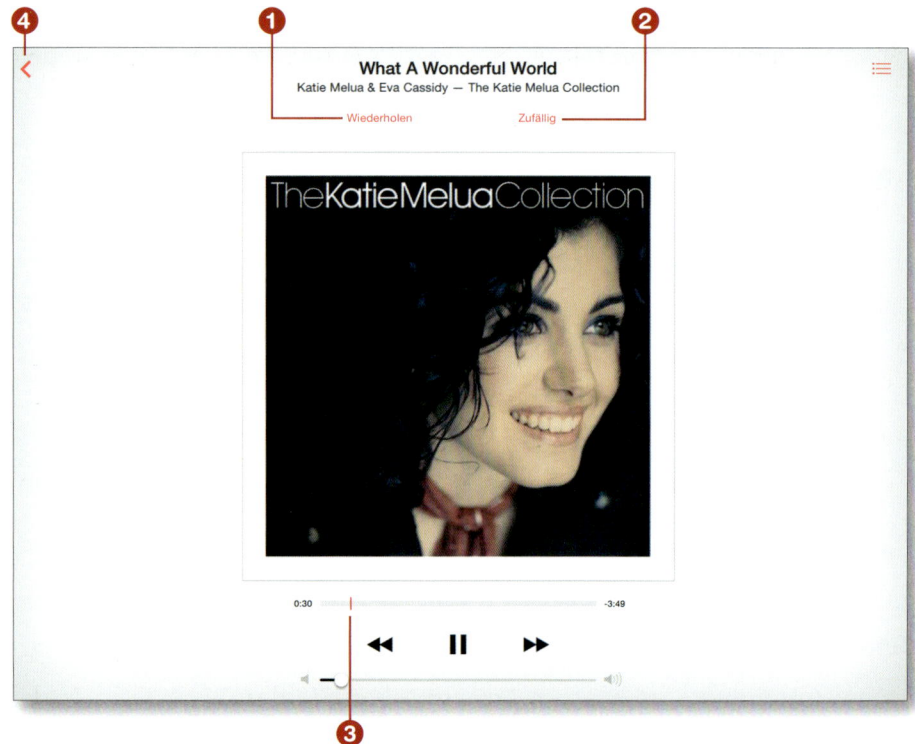

> *Das Album in einer bildschirmfüllenden Ansicht*

Tippen Sie hierzu während der Wiedergabe auf **Sie hören** (siehe Abbildung Seite 179). Die Anzeige ändert sich, und das Cover wird bildschirmfüllend vergrößert. Diese Darstellung macht schon etwas her, finden Sie nicht?

Die Grundfunktion kennen Sie bereits aus dem vorherigen Abschnitt. Daher stellen wir Ihnen in diesem Abschnitt ein paar nützliche Feinheiten zur Bedienung der Musik-App vor.

Tippen Sie auf **Wiederholen** ❶, und ein Auswahlmenü wird eingeblendet. Wählen Sie hier zwischen **Wiederholen aus, Titel wiederholen** und **Interpret wiederholen** aus. Tippen Sie auf **Zufällig** ❷, und die Anzeige verändert sich in **Alle zufällig**. Nun werden die Lieder nach dem Zufallsprinzip abgespielt. Tippen Sie auf **Alle zufällig**, um die Zufallswiedergabe wieder auszuschalten.

> Wiederholen aus
>
> Titel wiederholen
>
> Interpret wiederholen

Vielleicht suchen Sie ja eine bestimmte Stelle in einem Lied. Drücken und halten Sie den Strich ❸. Bewegen Sie nun den Finger nach rechts oder links. Sie spulen damit durch das Lied. Bei einem sehr langen Lied (oder einem Hörbuch) können kleine Bewegungen mit dem Finger große zeitliche Sprünge bedeuten. Wenn Sie dies vermeiden wollen, bewegen Sie den Finger auf dem Bildschirm nach oben. Wichtig hierbei ist, dass Sie dabei nicht den Finger vom Bildschirm nehmen. Hierdurch verändert sich die – wie Apple es nennt – Scrubbing-Geschwindigkeit.

> **Scrubbing-Geschwindigkeit: 25 %**
> Zum Anpassen mit dem Finger streichen.

Bewegen Sie nun den Finger nach rechts (oder links), und Sie spulen ebenfalls durch das Lied, aber langsamer als zuvor. Hört sich kompliziert an? Probieren Sie es doch einfach einmal aus.

Möchten Sie die **Cover**-Ansicht verlassen, tippen Sie auf den Pfeil ❹.

Mit dem Kontrollzentrum die Musikwiedergabe steuern

Um die Musik anzuhalten oder zum nächsten Lied zu springen, müssen Sie nicht unbedingt die Musik-App starten.

1. Egal, in welcher App Sie sich befinden, wischen Sie von unten nach oben. Hierbei ist es wichtig, dass Sie die Wischgeste von außerhalb des Bildschirms beginnen. Durch diese Wischgeste wird das Kontrollzentrum eingeblendet.

2. Sie können nun die Wiedergabe mit den bekannten Steuerelementen ❶ regeln. Die Lautsträke kann ebenfalls über das Kontrollzentrum geändert werden ❷.

3. Möchten Sie das Kontrollzentrum wieder schließen, tippen Sie auf den nach unten gerichteten Pfeil ❸.

Eine neue Wiedergabeliste erstellen

Wiedergabelisten sind eine tolle Sache, um Ordnung in eine große Musiksammlung zu bringen. Sie können Wiedergabelisten sowohl auf dem iPad als auch auf dem Computer verwalten und erstellen. Wie Sie Wiedergabelisten auf dem Computer verwalten, lesen Sie in Kapitel 15, »iTunes«, ab Seite 248. Wenn Sie eine Wiedergabeliste auf dem iPad verändern (oder erstellen), wird diese Veränderung beim nächsten Anschließen des iPads an den Computer mit den Wiedergabelisten von iTunes synchronisiert.

1. Um eine neue Wiedergabeliste zu erstellen, müssen Sie in der **Listen**-Ansicht der Musik-App sein. Scrollen Sie bitte ganz nach oben, bis Sie oben links **Neue Wiedergabeliste…** ❹ sehen. Tippen Sie darauf, um eine neue Wiedergabeliste zu erstellen.

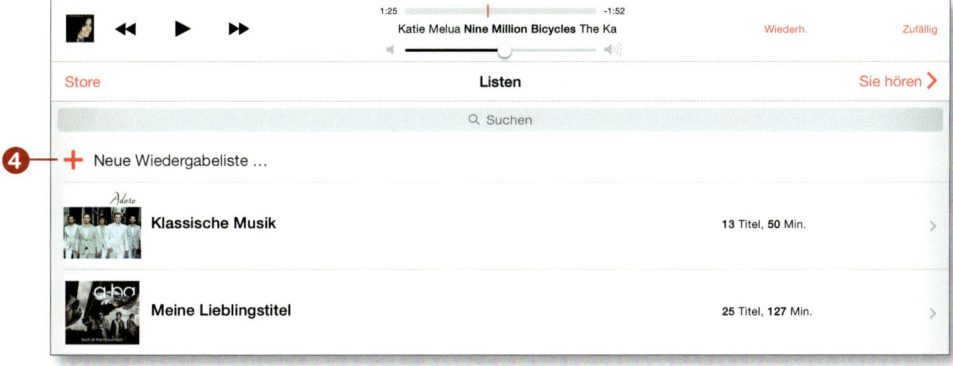

2. Geben Sie mithilfe der eingeblendeten Tastatur einen neuen Namen ein. In unserem Fall haben wir sie »Ich + Ich, Gute Reise« genannt. Zum Bestätigen des Namens tippen Sie auf **Sichern**.

3. Nun ist die Liste aber noch leer. Um jetzt der Liste die Lieder hinzuzufügen, werden Ihnen alle Lieder, die sich auf Ihrem iPad befinden, angezeigt. Suchen Sie nun die Lieder aus, die der Wiedergabeliste hinzugefügt werden sollen. Rechts neben jedem Titel sehen Sie das ⊕-Symbol. Tippen Sie auf dieses Symbol, um der Wiedergabeliste das entsprechende Lied hinzuzufügen. Lieder, die Sie markiert haben, werden zur besseren Orientierung leicht ausgegraut angezeigt.

4. Wenn Sie der Wiedergabeliste alle Lieder hinzugefügt haben, tippen Sie auf **Fertig**.

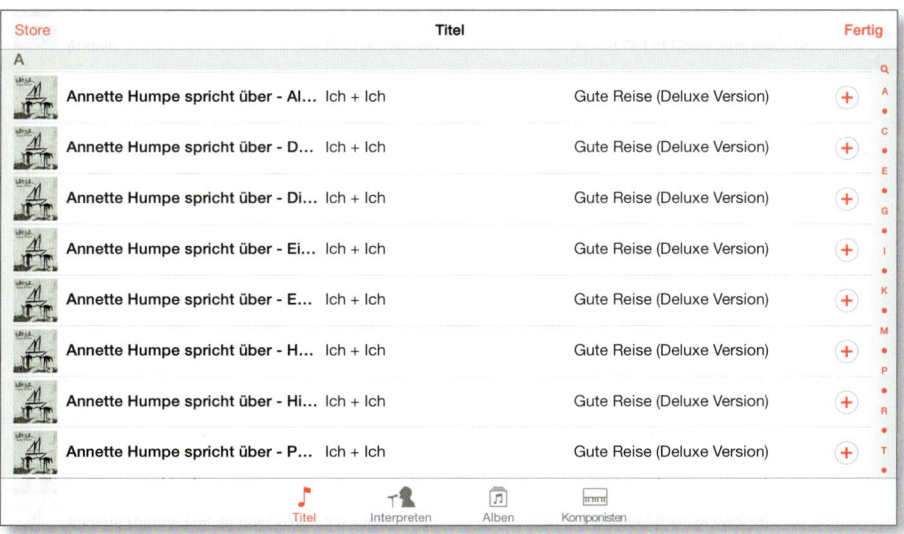

+ Wiedergabelisten besser am Computer erstellen?

Sie können Wiedergabelisten sowohl auf dem iPad als auch am Computer erstellen. In der Regel wird das Erstellen einer solchen Liste am Computer unter iTunes immer schneller gehen als auf dem iPad. Grundsätzlich würden wir Ihnen daher empfehlen, eine solche Arbeit lieber am Computer zu erledigen. Fairerweise muss man aber auch sagen, dass es oft einfach mehr Spaß macht, solche Listen in aller Ruhe zu erstellen, während man im Bett oder auf der Couch liegt. Probieren Sie daher doch einfach einmal beides aus, und entscheiden Sie dann von Fall zu Fall.

Einstellungen der Musik-App

Ähnlich wie bei den meisten Apps können Sie auch bei der Musik-App nur wenige Einstellungen vornehmen. Tippen Sie im Home-Bildschirm auf **Einstellungen** und dann auf **Musik**.

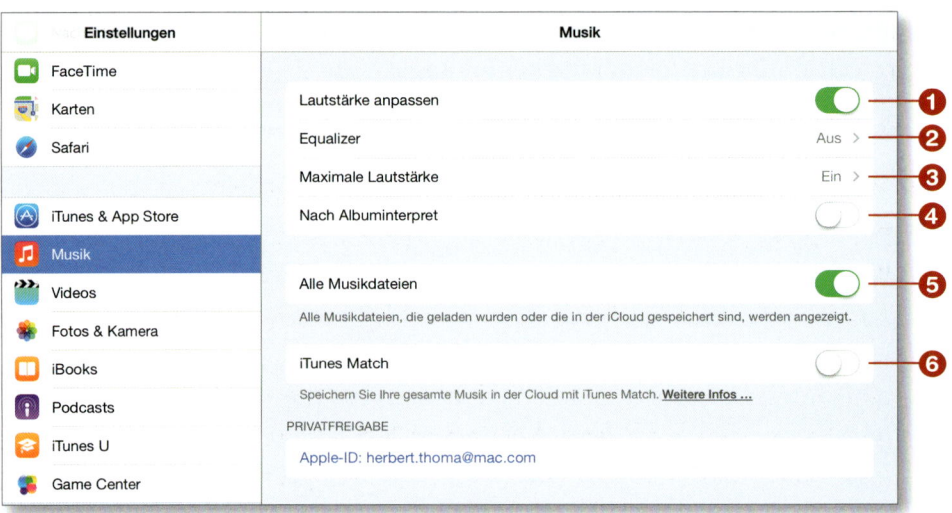

> *Einstellungen zur Musik-App*

Lieder sind häufig in sehr unterschiedlicher Lautstärke (und Dynamik) aufgenommen. Daher kann es vorkommen, dass Sie ein relativ leises Lied hören und zum Ausgleich die Lautstärke höherdrehen. Das nächste Lied ist dagegen sehr laut aufgenommen, und daher fliegen Ihnen fast die Ohren weg. Insbesondere wenn man Musik mit dem Kopfhörer hört, kann dies sehr unangenehm sein. Um diesen Effekt zu mildern, können Sie die Funktion **Lautstärke anpassen** ❶ aktivieren. Damit dies funktioniert, müssen die Lieder aber erst analysiert werden. Dieser Vorgang ist relativ rechenintensiv und kann nicht vom iPad geleistet werden, sondern wird von iTunes auf dem Computer durchgeführt.

Dort muss diese Funktion allerdings zuvor eingeschaltet werden. Rufen Sie hierzu auf Ihrem Computer iTunes auf, und wechseln Sie in die **Einstellungen**. Wählen Sie dort den Reiter **Wiedergabe** aus, und setzen Sie ein Häkchen bei **Lautstärke anpassen** (siehe folgende Abbildung). Nun werden bei der nächsten Synchronisierung die nötigen Informationen übertragen. Ihnen ist die Musik zu flau? Ihnen fehlt der Bass? Dann schalten Sie doch den **Equalizer** ein ❷. Wählen Sie das Klangprofil aus, das Ihnen am meisten zusagt.

∧ *Die Klangprofile des Equalizers*

< *Die Wiedergabe-einstellungen in iTunes auf dem Computer*

Des Weiteren können Sie noch die **Maximale Lautstärke** ❸ einstellen. Dies ist in der Tat eine mitunter ganz praktische Funktion, da man dadurch nicht aus Versehen die Lautstärke über ein gewisses Maß hinaus verstellen kann. Falls gewünscht, können Sie diese Begrenzung sogar mit einem Code versehen, damit auch kein anderer diese Begrenzung umgehen kann. Sie wollen eine Sortierung **Nach Albuminterpret** ❹ vornehmen? Dann aktivieren Sie mit dem Schieberegler diese Funktion. Aktivieren Sie mit dem Schieberegler **Alle Musikdateien** ❺, und alle geladenen oder in der iCloud gespeicherten Musikdateien werden angezeigt. Haben Sie sich für die Verwendung von iTunes Match entschieden (siehe hierzu Kapitel 12, »So funktioniert die iCloud«, ab Seite 212), dann aktivieren Sie unter ❻ diese Funktion.

Die Privatfreigabe aktivieren

Möchten Sie die iTunes-Mediathek Ihres Macs oder PCs nutzen, empfehlen wir Ihnen, die Privatfreigabe zu aktivieren. Sie erhalten damit Zugriff auf die Musik, Filme und Fernsehsendungen, die sich auf dem Rechner befinden, obwohl die Daten nicht auf Ihrem iPad gespeichert sind. Um auf Ihren Mac/PC zugreifen zu können, müssen folgende Voraussetzungen erfüllt sein:

1. iPad und Mac/PC müssen im gleichen WLAN-Netz sein.

2. Auf Ihrem Mac/PC muss iTunes installiert und die Privatfreigabe aktiviert sein.

3. iTunes muss auf dem Mac/PC aktiv sein.

4. Auch auf Ihrem iPad muss die Privatfreigabe aktiviert sein.

5. Zur Anmeldung bei den Privatfreigaben verwenden Sie bitte jeweils die gleiche Apple-ID und das gleiche Passwort.

Um die Privatfreigabe auf Ihrem Computer zu aktivieren, müssen Sie ein paar einfache Schritte durchführen. Hierbei ist es kein großer Unterschied, ob Sie auf einem Mac oder unter Windows arbeiten.

1. Wählen Sie in iTunes aus dem **Mediathek**-Bereich **Privatfreigabe** aus.

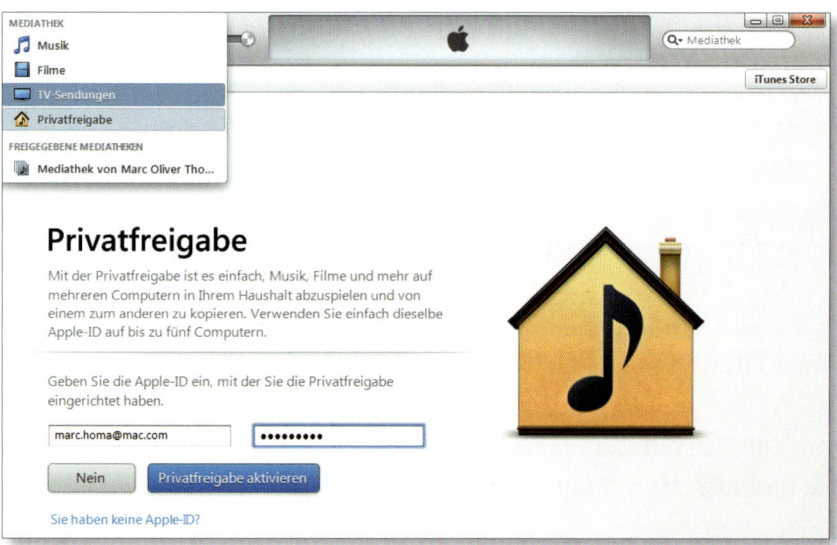

2. Ihnen wird nun das Dialogfeld zur Privatfreigabe angezeigt.

3. Geben Sie Ihre Apple-ID und das zugehörige Kennwort ein. Klicken Sie auf **Privatfreigabe aktivieren**.

Ihre Privatfreigabe ist nun angelegt. Aktivieren Sie noch die Privatfreigabe auf Ihrem iPad (siehe hierzu den Abschnitt »Einstellungen der Videos-App«, ab Seite 191).

Videos auf dem iPad

Sie haben eine längere Zugfahrt vor sich? Oder einfach etwas Zeit übrig? Dann schauen Sie sich doch unterwegs ein Video an. Sie können sich mit dem iPad Filme, Sendungen, Musikvideos und eigene Videos anschauen, wann und wo immer Sie wollen.

∧ *Das Icon der App Videos*

Die Bedienung der Videos-App ist genau wie die der Musik-App sehr intuitiv gestaltet. Wir beschränken uns deshalb bei unserer Beschreibung auf die wichtigsten Punkte.

Der Einfachheit halber erklären wir Ihnen daher auch nur, wie Musikvideos bedient werden. Sendungen, Filme und eigene Videos werden ähnlich bedient. Wie Sie Medien kaufen, lesen Sie in Kapitel 16, »Einkaufen bei Apple«, ab Seite 263. Sollten Sie ein Apple TV besitzen, lesen Sie in Kapitel 20, »Hardware für das iPad«, ab Seite 314, wie Sie dieses nutzen.

Wiedergeben von Videos

Wenn es eine App gibt, bei der es sich eigentlich immer empfiehlt, das iPad quer zu halten, dann ist es die Videos-App.

1. Um die Videos-App zu starten, wechseln Sie auf den Home-Bildschirm und tippen auf **Videos**. Die App startet.

2. Genau wie die meisten anderen Apps speichert auch die Videos-App den Zustand, in dem sie verlassen wurde. Bei Ihnen wird die Videos-App daher auf jeden Fall etwas anders ausschauen als hier dargestellt.

3. Oben sehen Sie die unterschiedlichen Genres ❶, in unserem Fall **Filme**, **Sendungen**, **Musikvideos** und **Eigene Videos**. Beachten Sie dabei bitte, dass Sie diese Genres nur sehen, wenn im entsprechenden Genre-Ordner wenigstens ein Video vorhanden ist.

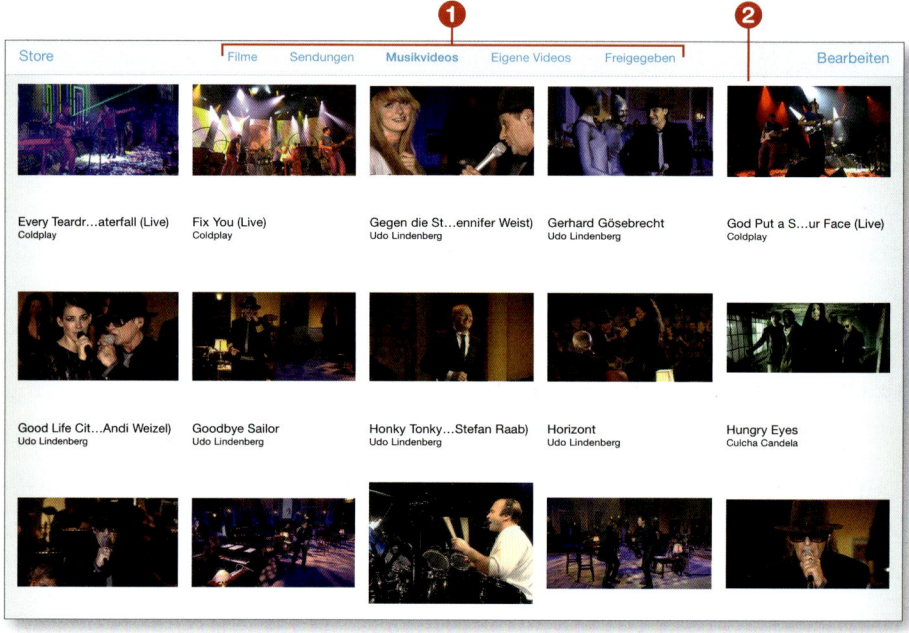

4. Tippen Sie auf eines der Videos ❷, und schon geht es los. Das Video startet im Vollbildmodus, und Sie können das Video genießen.

5. Nach ca. 4 Sekunden werden die Steuerungselemente ausgeblendet. Ein kurzer Tipp auf das Video und die Leisten werden wieder eingeblendet.

6. Da Videos in den seltensten Fällen genau auf den Bildschirm passen, entstehen in der Regel oben und unten schwarze Ränder. Wenn Sie diese nicht möchten, tippen Sie auf ⤢ ❸. Daraufhin wird das Bild vergrößert – dadurch geht allerdings am linken und rechten Bildrand etwas vom Bild verloren.

7. Sind Sie Besitzer eines Apple TV, dann können Sie das Video auch auf Ihren Fernseher übertragen. Tippen Sie hierzu auf ◻ **4**.

8. Um wieder zurückzukommen, tippen Sie auf **Fertig** **5**. Es werden Ihnen jetzt noch Zusatzinformationen zu dem Video angezeigt.

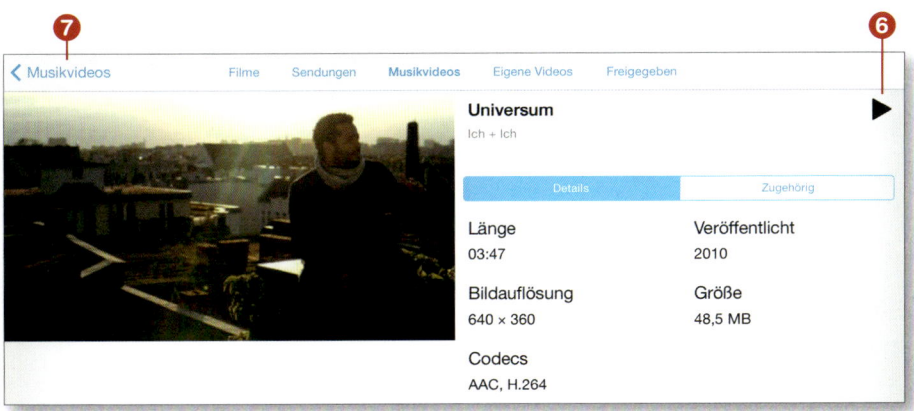

9. Möchten Sie das Video erneut starten, tippen Sie auf **6**.

10. Wollen Sie gerne ein anderes Video ansehen, tippen Sie auf **Musikvideos** **7**, und Sie kommen in die oberste Auswahlebene zurück.

Synchronisieren von Videos

Zum Synchronisieren von Videos verwenden Sie iTunes. Sobald das iPad mit Ihrem Computer verbunden ist, wird die Synchronisierung gestartet. Legen Sie in iTunes auf Ihrem PC fest, welche Videos aus den Bereichen Filme, Sendungen, Podcasts, Musikvideos und iTunes U synchronisiert werden sollen.

> **➕ Auf dem iPad unterstützte Videoformate**
>
> Das iPad ist bezüglich der unterstützten Videoformate sehr wählerisch. Das von Apple favorisierte Format H.264 (oder auch MPEG4 genannt) wird selbstverständlich unterstützt. Dieses Format hat in der Tat den großen Vorteil, dass bei sehr hoher Bildqualität die Dateigröße recht klein ist. Wesentliche andere Videoformate, z.B. das DivX- oder Xvid-Format (beide werden im Internet sehr häufig verwendet), werden überhaupt nicht unterstützt.

Löschen von Videos auf dem iPad

Videos belegen relativ viel Speicherplatz auf dem iPad. Um Speicherplatz freizugeben, können Sie Videos auf dem iPad löschen.

1. Tippen Sie oben in der Steuerungsleiste auf **Bearbeiten**, und die Videos erhalten ein ⊗-Symbol.

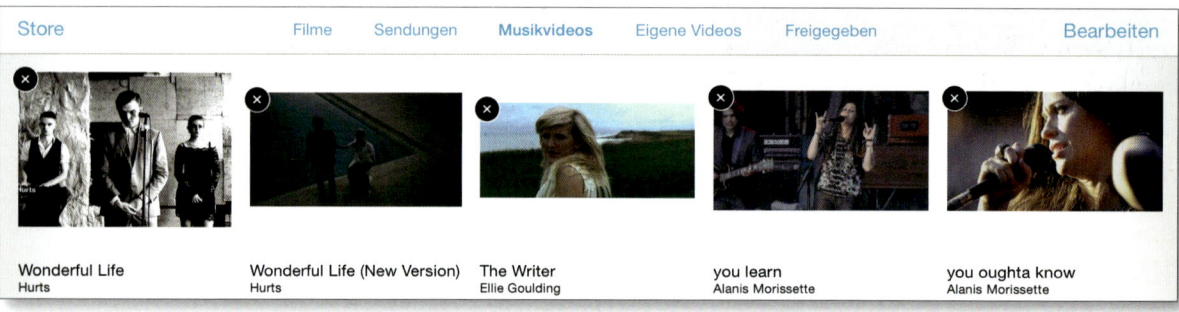

2. Tippen Sie auf das ⊗-Symbol des Videos, das Sie löschen möchten.

3. Zur Sicherheit erhalten Sie nun eine Abfrage. Wenn Sie das Video wirklich löschen möchten, tippen Sie auf **Löschen**.

< *Sicherheitsfrage vor dem Löschen eines Videos*

➕ **Löschen von Videos**

Wenn Sie ein Video auf Ihrem iPad löschen, wird dieses Video nicht gleichzeitig auch auf Ihrem Computer gelöscht. Sie können das Video also jederzeit erneut auf das iPad übertragen.

Einstellungen der Videos-App

Sie können bei der Videos-App nur wenige Einstellungen vornehmen. Tippen Sie auf dem Home-Bildschirm auf **Einstellungen** und dann auf **Videos**.

Unter **Wiedergabe** ❶ haben Sie die Auswahl zwischen **Ab Anfang** und **Ab letztem Stopp**. Wollen Sie, dass **Alle Videos einblenden** ❷ aktiviert wird, tippen Sie auf den entsprechenden Schieberegler. Dadurch werden Ihnen bei Aktivierung auch alle in der iCloud gespeicherten Videos auf Ihrem iPad angezeigt.

Um die **Privatfreigabe** ❸ zu aktivieren, geben Sie Ihre Apple-ID und Ihr Kennwort ein. Hierdurch können Sie von Ihrem iPad auf die Musik und Videos auf Ihren anderen Apple-Geräten zugreifen. Voraussetzung hierfür ist, dass dort ebenfalls die Privatfreigabe aktiviert ist. Wie Sie die Privatfreigabe auf einem Windows- oder Mac-Computer einrichten, lesen Sie im Abschnitt »Die Privatfreigabe aktivieren«, ab Seite 186.

Podcasts auf dem iPad

∧ *Das Icon der App Podcasts*

Sie haben sicher den Begriff »Podcast« schon öfter gehört. Aber was verbirgt sich eigentlich dahinter? Wenn Sie in Google die Frage »Was sind Podcasts« eingeben, erhalten Sie sehr viele Antworten. Wikipedia schreibt dazu in der Kurzfassung: »Podcasting bezeichnet das Anbieten abonnierbarer Mediendateien (Audio oder Video) über das Internet.«

Podcasts sind eine tolle und kostenfreie Möglichkeit, sich Video- und Audiodateien auf das iPad zu laden und anzusehen bzw. zu hören. Eine der Besonderheiten von Podcasts ist, dass Sie diese nicht nur wiedergeben, sondern auch abonnieren können. Durch ein Abo erhalten Sie neue Folgen Ihres Podcasts automatisch.

Alle Radio- und Fernsehanstalten haben dieses Medium inzwischen in ihr Programm aufgenommen und bieten Ihnen auf diesem Weg weitere Informationen über das übliche Angebot hinaus. Aber nicht nur von Rundfunk- und Fernsehanstalten werden Ihnen Podcasts angeboten. Da es relativ kostengünstig ist, einen Podcast zu erstellen, werden Ihnen zunehmend auch von kleinen Firmen, Vereinen oder Privatpersonen kostenfrei Podcasts angeboten. Schauen Sie sich doch einfach einmal in der App Podcasts die Angebote unter **Highlights** oder **Topcharts** an. Sie werden ganz sicher auch etwas für sich finden. Viel Spaß.

Die Podcasts-App gehört nicht zu den bei der Auslieferung auf Ihrem iPad vorinstallierten Apps. Sie müssen sie daher über den App Store zunächst laden und installieren. Öffnen Sie den App Store und suchen Sie nach »Podcast«. Dort werden Sie diese App schnell finden.

Die Bedienung der Podcasts-App ist genau wie die der Musik- oder Videos-App sehr intuitiv gestaltet. Wir beschränken uns auch hier auf die wichtigsten Punkte.

Podcasts finden, aussuchen und laden

Sie wollen wissen, welche Podcasts angeboten werden? In der unteren Anzeigenleiste werden Ihnen dazu mehrere Suchmöglichkeiten (**Highlights**, **Topcharts**, **Suchen**) angeboten. Probieren Sie die einzelnen Möglichkeiten einfach einmal aus. Nun erläutern wir Ihnen, wie Sie einen Podcast finden und auf Ihr iPad laden können. Wir haben als Beispiel den Podcast »ZDF – Frag den Lesch« ausgewählt. Sie können natürlich auch jeden anderen Podcast auswählen, die Verfahrensweise bleibt die gleiche.

1. Aktivieren Sie in der unteren Anzeigenleiste **Topcharts**.

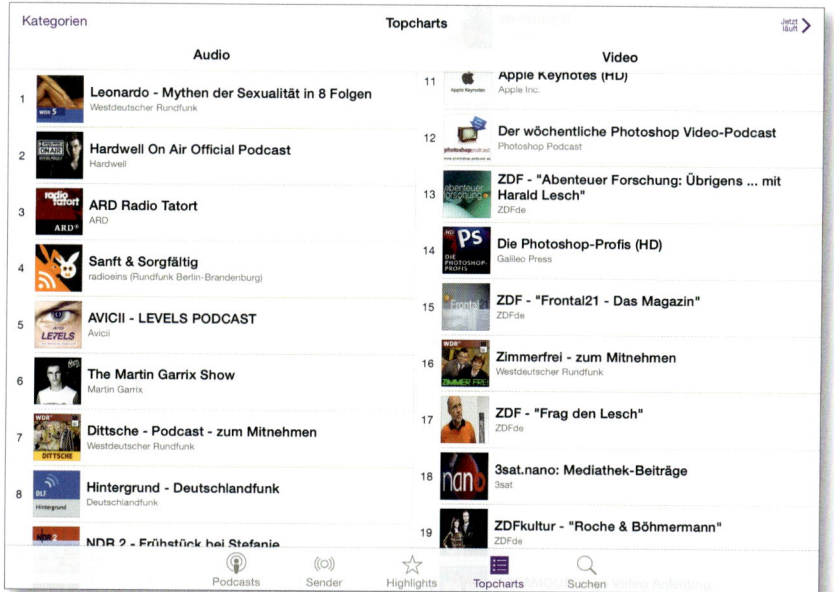

2. Scrollen Sie auf der rechten Seite unter der Überschrift **Video** die Liste der Podcasts nach unten, bis Sie einen interessanten Podcast gefunden haben. Für unser Beispiel wählen wir den Podcast »ZDF – Frag den Lesch«. Wählen Sie diesen durch Tippen aus. Beachten Sie, dass, wenn Sie dieses Buch lesen, der Podcast mit großer Wahrscheinlichkeit nicht auf Platz 17 zu finden ist.

3. Es werden Ihnen alle vorhandenen und ladbaren Folgen des Podcasts angezeigt. Scrollen Sie durch die Folgen, und wählen Sie eine aus.

4. Tippen Sie auf die Wolke ☁ **❶** neben dem Beitrag, und der Ladevorgang beginnt. Über das i-Symbol **❷** können Sie weitere Informationen zu der entsprechenden Folge aufrufen. Möchten Sie in Zukunft alle (neuen) Beiträge automatisch auf Ihr iPad herunterladen, tippen Sie auf **Abonnieren ❸**.

5. Ist der Ladevorgang beendet, können Sie den Podcast durch Antippen starten. Viel Spaß beim Anschauen.

Wiedergeben von Podcasts

1. Starten Sie zur Wiedergabe eines Podcasts zunächst die App Podcasts von Ihrem Home-Bildschirm.

2. Genau wie die meisten anderen Apps speichert auch die Podcasts-App den Zustand, in dem sie verlassen wurde. Bei Ihnen wird die Podcasts-App daher vermutlich etwas anders ausschauen als hier dargestellt.

3. Tippen Sie unten in der Auswahlleiste auf **Podcasts ❹**. Ihnen werden daraufhin die Podcasts, die sich bereits auf Ihrem iPad befinden, angezeigt. Sollte diese Liste leer sein, müssen Sie erst Podcasts abonnieren oder einzelne Folgen laden.

4. Mit einem Tipp auf eines der beiden Auswahlfelder **❺** können Sie die Bildschirmdarstellung verändern. Schalten Sie zwischen tabellarischer Ansicht und Listenansicht um.

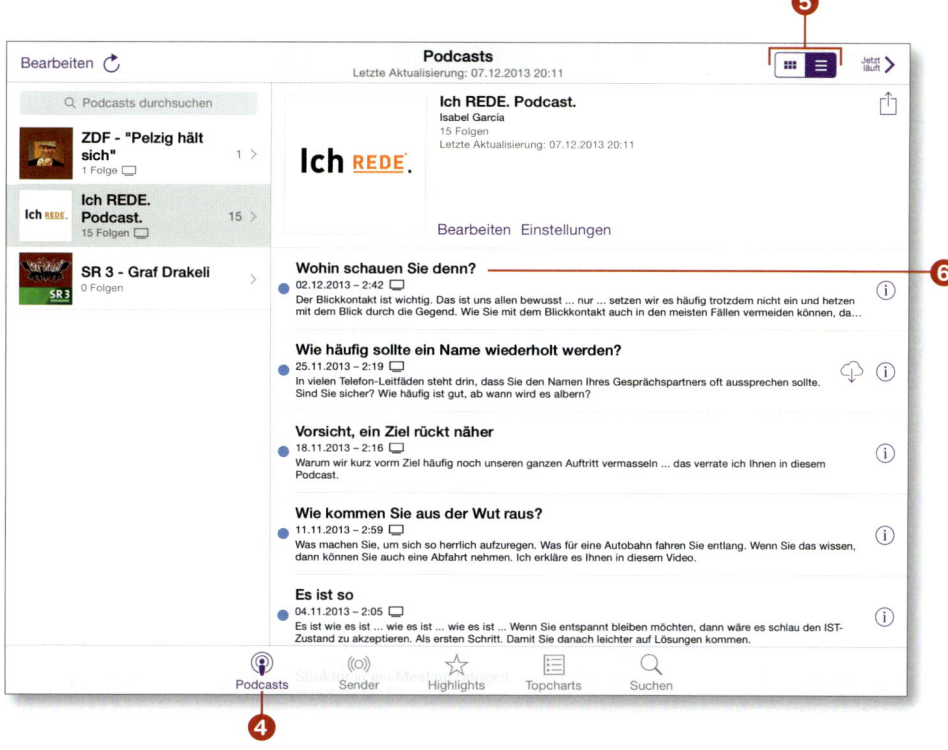

5. Tippen Sie auf den gewünschten Beitrag ➏, und der Podcast startet.

6. Die Bedienung während der Wiedergabe ist analog zur Videos-App.

7. Möchten Sie eine Wiedergabe einer Podcast-Folge beenden und zurück in die Auswahl der verschiedenen Podcasts wechseln, tippen Sie oben links auf **Fertig**.

Löschen von Podcasts

Podcasts benötigen ebenso wie Videos, relativ viel Speicherkapazität auf dem iPad. Haben Sie den Podcast gesehen und wollen ihn löschen, tippen Sie oben links auf **Bearbeiten**. Die Apple-typische Löschmaske wird eingeblendet, und Sie können den zu löschenden Podcast auswählen und ihn von Ihrem iPad entfernen.

Einstellungen der Podcasts-App

Sie können bei der Podcasts-App nur wenige Einstellungen vornehmen. Tippen Sie auf dem Home-Bildschirm auf **Einstellungen** und dann auf **Podcasts**.

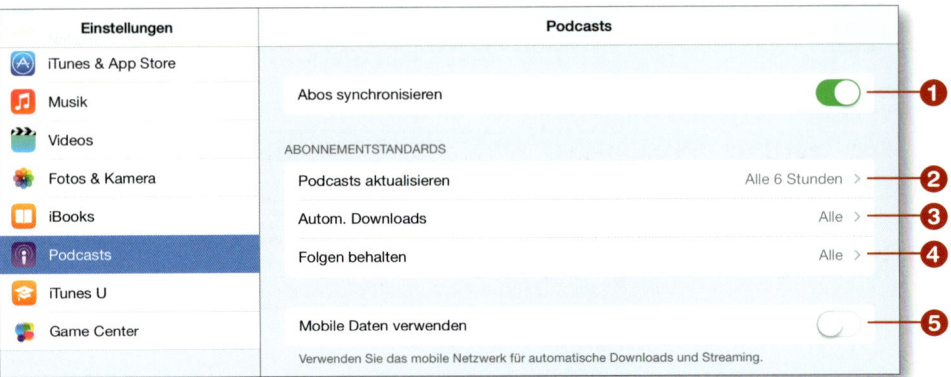

Sollten Sie neben Ihrem iPad auch noch ein iPhone oder einen iPod besitzen und dort ebenfalls die Podcasts-App verwenden, können Sie **Abos synchronisieren** ❶ aktivieren, sodass Ihnen alle abonnierten Podcasts jederzeit auf sämtlichen Geräten zur Verfügung stehen. Unter **Podcasts aktualisieren** ❷ legen Sie fest, in welchem Rhythmus die Aktualisierungen erfolgen sollen. Hier haben Sie die Wahl zwischen **Stündlich**, **Alle 6 Stunden**, **Täglich** oder **Wöchentlich**. Wenn Sie wollen, können Sie hier auch festlegen, dass die Aktualisierungen nur manuell ausgeführt werden soll.

Unter **Autom. Downloads** ❸ legen Sie fest, welche Podcasts automatisch geladen werden sollen. Podcast belegen relativ viel Speicherkapazität auf dem iPad. Unter **Folgen behalten** ❹ legen Sie fest, welche Folgen auf Ihrem iPad gespeichert bleiben. Sie können so beispielsweise nur die ungespielten Folgen behalten und so den Speicherbedarf der App eingrenzen. Wenn Sie die Funktion **Mobile Daten verwenden** ❺ aktivieren, werden Podcasts auch im mobilen Netz geladen. Überlegen Sie sich hier sehr gut, ob Sie diese Funktion aktivieren. Beachten Sie, dass Podcasts, die reine Audiodateien sind, relativ moderate Dateigrößen haben können. Video-Podcasts sind mitunter aber riesig.

Kapitel 12
So funktioniert die iCloud

Der Begriff Cloud ist in aller Munde. Oft ist es jedoch so, dass ein Begriff umso unpräziser wird, je mehr Personen (oder Firmen) ihn verwenden – so auch bei der Cloud. Was versteht man im Allgemeinen unter diesem Begriff, und was meint Apple damit im Speziellen?

< *So funktioniert die iCloud: Daten werden im Internet gespeichert und sind so auf mehreren Geräten zugänglich. (Grafik: Apple)*

Ganz allgemein kann man sagen, dass bei einem Cloud-Dienst Informationen – also Daten – nicht auf dem eigenen Computer, sondern im Internet gespeichert werden. Wenn man so will, ist die einfachste Form eines Cloud-Dienstes ein E-Mail-Service. Das Speichern von Informationen im Internet verfolgt im Wesentlichen zwei Ziele. Zum einen werden Daten im Netzwerk gespeichert, um gewappnet zu sein für den Fall, dass die eigene Festplatte kaputtgeht. Zum anderen sind Informationen durch die zentrale Speicherung im Internet für viele Geräte zugänglich, sodass diese ihre Informationen via Internet synchron halten können.

+ **Synchronisieren von Daten – technisch ganz einfach?**

Daten auf mehreren Geräten synchron zu halten ist technisch gar nicht so einfach, wie man vielleicht denken mag.

Stellen Sie sich vor, ein Adressbuch wäre wie eine große Word-Datei aufgebaut. Nun ändern Sie bei einem Ihrer Freunde die Telefonnummer. Jetzt wäre es überhaupt nicht sinnvoll, jedes Mal die komplette Datei zu kopieren, obwohl Sie nur eine (wichtige) Winzigkeit verändert haben. Gehen wir noch einen Schritt weiter. Sie ändern einen Adressdatensatz am Computer und einen anderen an Ihrem iPad. Bei der Synchronisierung muss dafür gesorgt werden, dass wirklich nur die Dateien übertragen werden, die sich geändert haben. Und in diesem Fall in beide Richtungen. Möglicherweise haben Sie sogar am gleichen Datensatz Änderungen vorgenommen – am iPad die Telefonnummer und am Computer die Hausnummer. Im schlimmsten Fall haben Sie einmal die Telefonnummer am iPad und einmal am Computer geändert. In all diesen Fällen muss die Synchronisierung funktionieren, mögliche Konflikte müssen erkannt und zur Not von Ihnen korrigiert werden.

Dass dies technisch alles andere als trivial ist, sieht man an den vielen schlechten und nicht funktionierenden Synchronisierungsdiensten.

Ein einfaches Beispiel für diese beiden Ziele: Wenn Sie Adressen am iPad eingeben und Ihr iPad geht kaputt, sind alle mühevoll eingegebenen Daten verloren. Haben Sie jedoch die iCloud auf Ihrem iPad aktiviert, werden die Adressen automatisch in die iCloud synchronisiert. Die wertvollen Adressdaten können jederzeit wiederhergestellt werden. Des Weiteren hat man Adressdaten in der Regel nicht nur auf einem Gerät. Vielleicht haben Sie ja auch noch ein iPhone oder verwenden auf Ihrem Mac das Adressbuch und auf Ihrem PC Outlook. Dann werden Sie dort ebenfalls mit Adressen arbeiten. Durch die iCloud sorgen Sie nun dafür, dass die Adressen auf allen Geräten synchron sind. Ändern Sie eine Telefonnummer, wird diese Änderung (bei bestehender Internetverbindung) innerhalb weniger Sekunden auf die anderen Geräte synchronisiert und das ganz ohne Ihr Zutun. Sehr praktisch. Da es für viele Funktionen unerheblich ist, ob Sie ein iPhone, iPod touch oder iPad in der Cloud verwenden, werden wir im Rest dieses Kapitels häufig vereinfacht nur von iOS-Gerät sprechen.

Was kann die iCloud?

Die Funktionen der iCloud sind sehr vielfältig. Im Bereich der iCloud muss man Apple an einigen Stellen jedoch den Vorwurf machen, dass es nicht immer ganz klar ist, wie die Dienste funktionieren und was exklusiv durch die iCloud zur Verfügung gestellt wird. Für einige Funktionen, die offiziell als iCloud-Funktion beworben werden, benötigt man nämlich gar keinen iCloud-Account, sondern die normale Apple-ID reicht aus.

> **✚ Gar nicht mal so einfach!**
>
> Das Thema iCloud ist irgendwie komplexer, als man am Anfang so denkt. Entschuldigen Sie daher, dass es in diesem Kapitel an einigen Stellen etwas theoretisch zugeht. Ohne dieses (theoretische) Wissen versteht man aber nicht, wie die iCloud funktioniert. Mit diesem Wissen ist es aber auf einmal ganz einfach – versprochen. Nehmen Sie sich daher für die folgenden Seiten etwas Zeit und Ruhe.
>
> Sobald die iCloud eingerichtet ist und Sie verstanden haben, wie alles funktioniert, werden Sie sehen, dass die iCloud eine wunderbare Sache ist und Ihnen an vielen Stellen viel Arbeit abnimmt.

Die vielleicht am leichtesten zu erklärenden Funktionen (und vermutlich auch die wichtigsten) sind folgende: Als iCloud-Benutzer erhalten Sie eine eigene E-Mail-Adresse, das Adressbuch und der Kalender werden automatisch synchronisiert. Darüber hinaus werden mithilfe der iCloud Ihre Fotos, Dokumente, Apps, Bücher und sogar Ihre Musikstücke synchronisiert. Sie können mithilfe der iCloud den Ort Ihrer iOS-Geräte oder Ihrer Freunde auf einer Karte orten. Last, but not least können Sie die iCloud auch verwenden, um ein Backup von Ihren iOS-Geräten zu erstellen.

Die iCloud ist nur für Apple-Kunden

Sie haben in diesem Buch bereits gelesen, dass Sie die Apple iCloud auch unter Windows zusammen mit iTunes oder beispielsweise Microsoft Outlook verwenden können. Wieso ist die iCloud dann nur etwas für

Apple-Kunden? Um einen iCloud-Account einzurichten, benötigen Sie zwingend ein Apple-Gerät. Das Anlegen eines neuen iCloud-Accounts ist nur vom iPhone, iPod touch, Mac oder einem iPad möglich. Sobald der iCloud-Account eingerichtet ist, können Sie die iCloud auch von einem Windows-Rechner aus verwenden.

Sollten Sie noch keinen iCloud-Account besitzen, können Sie diesen ganz einfach von Ihrem iPad aus einrichten. Wechseln Sie hierzu in die **Einstellungen**. Dort finden Sie auf der linken Seite den Eintrag **iCloud**. Auf der rechten Seite haben Sie nun einen großen Button, auf dem **Kostenlose Apple-ID holen** steht. Tippen Sie auf diesen Button, und folgen Sie den Anweisungen. In Kapitel 2, »Das iPad in Betrieb nehmen«, ab Seite 39 haben wir erklärt, welche Fragen zu beantworten sind und was diese bedeuten.

Die Systemvoraussetzungen für die iCloud

∧ *Seit iOS 5 gibt es die iCloud.*

Es gibt ein paar Voraussetzungen, die Ihre Geräte erfüllen müssen, damit sie sich mit der iCloud synchronisieren können. Beim iPad ist dies am schnellsten beschrieben. Alle iPads sind grundsätzlich iCloud-fähig. Sollten Sie noch ein iPad der ersten oder zweiten Generation besitzen, muss auf diesem iOS 5 oder höher installiert sein. Beim iPhone ist es schon etwas komplizierter. Hier müssen Sie ein iPhone 3GS oder jünger haben. Auch hier gilt: iOS 5 oder höher muss zwingend installiert sein. Für einen iPod touch gilt Ähnliches, dieser muss der 3. Generation entstammen oder jünger sein, und iOS 5 muss installiert sein.

Wie schaut es aber nun mit Ihrem Computer aus? Wenn Sie einen Windows-Rechner Ihr Eigen nennen, muss auf diesem Windows 7 oder Windows 8 installiert sein. Benutzer von Windows XP und Windows Vista werden hier ausgeschlossen. Wenn Sie einen Mac besitzen, muss auf diesem Mac OS X 10.7.5 alias Lion oder neuer installiert sein. Sollten Sie noch Mac OS X 10.5 alias Leopard oder 10.6 alias Snow Leopard verwenden, können Sie nicht direkt vom Computer aus auf die iCloud zugreifen, sondern Sie müssen den Umweg über die Internetseite *www.icloud.com* nehmen.

iCloud auf dem Mac einrichten

Wenn Mac OS X 10.7.5 oder neuer auf Ihrem Mac installiert ist, müssen Sie keine zusätzliche Software installieren. Es befindet sich bereits alles Nötige auf Ihrem Rechner. Sie müssen die iCloud nur noch aktivieren. Hierzu bedarf es weniger Schritte:

1. Wechseln Sie in die Systemeinstellungen. Dies können Sie am einfachsten über ▶ **Systemeinstellungen**.

2. Wählen Sie hier den Bereich **iCloud** aus.

3. Nun müssen Sie Ihre Apple-ID und das dazugehörige Kennwort eingeben. Klicken Sie danach auf **Anmelden**. Wenn Sie sich nicht vertippt haben, erfolgt die Anmeldung.

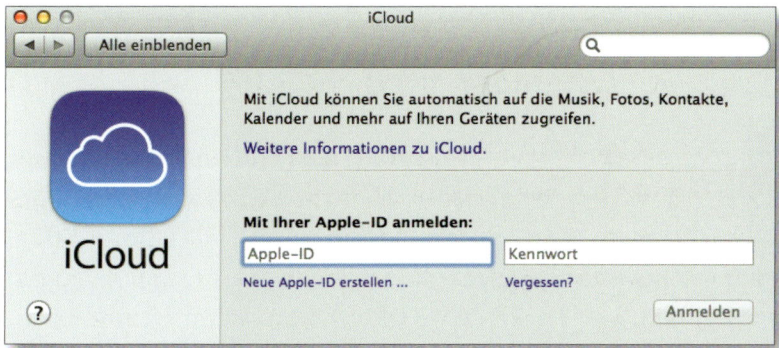

4. Im nächsten Schritt werden Sie gefragt, ob Sie die iCloud auch für Ihre E-Mails, Kontakte, Kalender, Erinnerungen, Notizen und Safari verwenden wollen. Vermutlich wird dies so sein. Da das Häkchen bereits gesetzt ist, belassen Sie es dabei. Darunter können Sie noch festlegen, ob Sie die Funktion **Meinen Mac suchen** verwenden möchten. Hierbei können Sie über die Internetseite der iCloud bzw. über die App **Mein iPhone suchen** herausfinden, wo Ihr Mac gerade ist. Diese Funktion ist vielleicht etwas verwirrend, schließlich ist im Mac ja kein GPS-Chip eingebaut. Durch die sich in Ihrer Umgebung befindlichen WLAN-Hotspots kann Ihr Standort jedoch recht präzise ermittelt werden. Diese Position kann aber nur zur iCloud gefunkt werden, wenn sich das Notebook nun noch mit dem Internet verbindet.

5. Nachdem Sie auf **Weiter** geklickt haben, kommen Sie zu der Liste der verfügbaren Dienste. Hier können Sie Dienst für Dienst aktivieren bzw. deaktivieren. In der Regel ist es eher sinnvoll, möglichst viele Dienste zu aktivieren.

6. Wenn Sie einen dieser Dienste aktivieren oder deaktivieren, erhalten Sie möglicherweise eine Abfrage, ob Sie dies wirklich wollen. Im Falle einer Deaktivierung werden Sie gefragt, ob die übertragenen Daten vom Computer gelöscht werden sollen oder ob Sie diese behalten wollen. Wenn Sie einen dieser Dienste aktivieren, werden Sie gewarnt, dass die Daten hierbei zusammengeführt werden.

> **+** **»Meinen Mac suchen« als Diebstahlschutz?**
>
> Es mag verlockend klingen, aber die Funktion **Meinen Mac suchen** ist kein echter Diebstahlschutz. Zum einen ist die Präzision der Ortung viel zu schlecht. Und selbst wenn Sie durch diese Funktion ein gestohlenes Notebook orten konnten, dürfte es möglicherweise schwer werden, die Polizei zu einer Hausdurchsuchung zu überreden.

iCloud unter Windows einrichten

Apple unterstützt mit der iCloud auch Windows. Wie beschrieben, müssen Sie aber die Einrichtung des iCloud-Accounts auf einem Gerät von Apple (iPod touch, iPad, iPhone oder Mac) vornehmen. Sobald der iCloud-Account erstellt ist, können Sie auch von Windows aus auf die iCloud zugreifen. Sie benötigen hierzu natürlich eine Software. Die benötigte Software besteht aus zwei Komponenten: iTunes und iCloud-Systemsteuerung.

1. iTunes ist vermutlich ohnehin schon auf Ihrem Computer installiert. Sollten Sie sich nicht sicher sein, überprüfen Sie es, und installieren Sie iTunes gegebenenfalls nach. Weitere Infos zur iTunes-Installation erhalten Sie in Kapitel 2, »Das iPad in Betrieb nehmen«, ab Seite 49.

2. Die iCloud-Systemsteuerung können Sie unter *www.apple.com/de/icloud/setup/pc.html* herunterladen und Windows-typisch durch einen Doppelklick installieren. Bestätigen Sie dabei etwaige Lizenzfragen. Wenn die Installation abgeschlossen ist, müssen Sie Ihren Computer neu starten. Nach dem Neustart wird die iCloud-Systemsteuerung automatisch aufgerufen. Alternativ finden Sie diese auch immer unter **Systemsteuerung ▸ Netzwerk und Internet ▸ iCloud**.

3. Geben Sie in die entsprechenden Felder Ihre Apple-ID und das dazugehörige Kennwort ein und klicken Sie danach auf den Button **Anmelden**.

4. Haben Sie beides korrekt eingegeben, müssen Sie im nächsten Schritt festlegen, welche Daten Ihres Computers mit der iCloud synchronisiert werden sollen.

iCloud für Backups

Jedes Gerät – so auch das iPad – kann kaputtgehen oder gestohlen werden. In einem solchen Fall ist es natürlich schade um das schöne Gerät, das wieder teuer ersetzt werden muss. Nicht selten übersteigt der Wert (sowohl ideell als auch praktisch) der auf dem Gerät gespeicherten Daten den des Gerätes um ein Vielfaches. Bilder vom fünf Tage alten Enkel, die nur ein einziges Mal – auf dem iPad – existieren, können eben nicht erneut gekauft werden.

➕ Datenschutz in der iCloud

Wenn es um Datenschutz geht, gibt es immer zwei Aspekte: Erstens, was schreibt eine Firma in ihre Verträge, und zweitens, glaube ich der Firma, dass sie sich auch an diese Verträge hält?

Auch wenn wir keine besondere juristische Ausbildung haben, kann man erst einmal sagen, dass in den AGB der iCloud nichts steht, was nicht auch in den AGB der anderen amerikanischen Firmen steht. Hiernach ist es laut dem Patriot Act – dem Gesetz zur Terrorabwehr in den USA – Behörden erlaubt, Daten einzusehen. An diese Vorgaben muss sich Apple halten, ob sie wollen oder nicht.

Die Weitergabe von personenbezogenen Daten für kommerzielle Zwecke wird hingegen explizit ausgeschlossen. Der anonymisierten Auswertung von Nutzerdaten muss zugestimmt werden.

Ob Sie der Firma Apple nun glauben, dass sie sich an diese Vorgaben hält, bleibt Ihre Entscheidung. Wir verwenden die iCloud und stellen keine Daten ins Netz, die ein gewisses Maß an Sensibilität übersteigen.

Aus diesem Grund ist es wichtig, dass ein Backup von Ihren Daten erstellt wird. Sie können ein Backup via iTunes direkt auf Ihrem Computer erstellen. Noch bequemer ist allerdings die Variante, dass Backup in der iCloud zu speichern. Ein Backup richten Sie so ein:

1. Um das Backup in die iCloud zu aktivieren, wechseln Sie auf Ihrem iPad in die **Einstellungen**.

2. Wählen Sie in den Einstellungen auf der linken Seite **iCloud** aus und auf der rechten Seite den Punkt **Speicher & Backup**.

3. Dort finden Sie den Schiebeschalter **iCloud-Backup**. Um das Backup zu aktivieren, legen Sie diesen Schalter um.

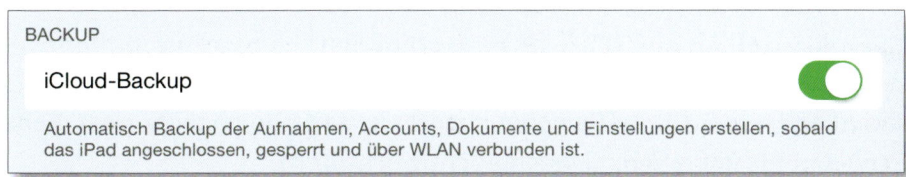

BACKUP

iCloud-Backup

Automatisch Backup der Aufnahmen, Accounts, Dokumente und Einstellungen erstellen, sobald das iPad angeschlossen, gesperrt und über WLAN verbunden ist.

4. Sie erhalten eine Warnmeldung, dass durch Einschalten des Backups via iCloud automatisch das Backup via iTunes deaktiviert wird – beide Backup-Varianten parallel sind nicht möglich.

Durch diese wenigen Schritte ist das Backup eingerichtet. Wann wird nun ein Backup erstellt? Das Backup wird automatisch erstellt, sobald Sie Ihr iPad an das Stromnetz hängen und es mit einem WLAN verbunden ist.

Sie können ein Backup auch manuell starten. Wechseln Sie hierzu in die **Einstellungen**, und wählen Sie unter **iCloud** den Punkt **Speicher & Backup**. Dort finden Sie den Button **Backup jetzt erstellen**. Beachten Sie bitte, dass das Erstellen eines Backups mit einer langsamen Internetverbindung längere Zeit dauern kann. Da während eines Backups das WLAN-Modul unter »Dauerstrom« steht, kann der Akku sich schnell entleeren.

> **➕ Wie viel Platz belegt mein Backup in der iCloud?**
>
> Gar nicht so viel, wie man auf den ersten Blick glauben mag. Das kleinste iPad hat 16 GByte Speicher, und ein kostenloser iCloud-Account bietet nur 5 GByte an Speicher. In vielen Fällen werden 5 GByte Speicher ausreichen. Aber welche Daten landen denn im Backup in der iCloud?
>
> Im Backup landen nur Ihre persönlichen Daten. Apps, Musik oder E-Mails landen nicht im Backup der iCloud. Am Beispiel der Apps lässt sich dies leicht nachvollziehen. Apps haben Sie ein Mal bezahlt und können sie jederzeit erneut und ohne weitere Kosten herunterladen. Im Backup muss daher nur hinterlegt werden, welche Apps auf Ihrem iPad installiert sind. Die zum Teil recht großen Apps müssen nicht zusätzlich im Backup gespeichert werden.
>
> Ihre Fotos oder Dokumente landen aber selbstverständlich im Backup. Sollte der Speicher einmal knapp werden, werden Sie gewarnt und können zusätzlichen Speicher kaufen.

Den Speicher der iCloud erweitern

Ihnen reichen 5 GByte Speicher innerhalb der iCloud nicht aus? Kein Problem! Sie können ihn kostenpflichtig erweitern.

1. Um den Speicher der iCloud zu erweitern, wechseln Sie in die **Einstellungen** und wählen **iCloud** aus.

2. Wechseln Sie zu **Speicher & Backup**, und wählen Sie dort **Mehr Speicher kaufen**.

3. Wählen Sie das für Ihre Bedürfnisse passende Abo aus. Beachten Sie hierbei, dass sich diese Abos automatisch um ein Jahr verlängern, wenn sie nicht gekündigt werden.

An gleicher Stelle können Sie auch Ihr Abo verwalten und es kündigen, zu einem größeren Abo upgraden oder zu einem kleineren downgraden.

So funktioniert der Fotostream

Zuerst einmal gilt es zu verstehen, was der Fotostream ist und was nicht. Sehr häufig kommt es hierbei nämlich zu Missverständnissen. Zuerst einmal: Was ist der Fotostream nicht? Der Fotostream ist nicht der Ort, an dem Sie Ihre Fotos dauerhaft speichern für den Fall, dass Ihr Computer einmal kaputtgeht und Sie somit Ihre Fotos noch außerhalb der eigenen vier Wände haben.

Was ist der Fotostream aber dann? Der Fotostream ist eine einfache und elegante Art, um Fotos von einem Gerät auf alle anderen Geräte zu übertragen. Er ist lediglich ein »Transportkanal«. Ein Beispiel, das dies illustrieren soll: Sie schießen ein Foto mit Ihrem iPad, und die Fotostream-Synchronisierung ist eingeschaltet, dann wird das Foto von Ihrem iPad automatisch, wenn Sie sich das nächste Mal in einem WLAN angemeldet haben, in die iCloud geladen. Das Foto steht dort für maximal 30 Tage zur Verfügung. Wenn Sie nun Ihren Computer (Mac oder Windows) einschalten und wenn auf diesem der Fotostream ebenfalls aktiviert ist, werden die Fotos automatisch auf diesen heruntergeladen. Die Fotos bleiben nach wie vor in der iCloud.

> *Die Fotos des Fotostreams auf mehreren Geräten (Foto: Apple)*

Haben Sie zusätzlich noch ein iPhone, auf dem der Fotostream ebenfalls aktiviert ist, landet das Foto auch auf diesem Gerät, sobald Sie sich in einem WLAN befinden. Soll es auf dem iPhone dauerhaft bleiben, müssen Sie es händisch in ein Album kopieren. Machen Sie dies nicht, solange das Foto sich im Fotostream befindet, wird es automatisch nach Ablauf der 30 Tage wieder von Ihrem iPhone gelöscht.

Hört sich kompliziert an? Halten Sie sich immer vor Augen, dass der Fotostream dafür da ist, die Bilder von einem Gerät auf ein anderes zu übertragen.

Wann werden die Fotos aus dem Fotostream gelöscht?

Fotos werden aus dem Fotostream unter drei Bedingungen gelöscht:

1. Wenn sie sich länger als 30 Tage darin befinden.

2. Wenn mehr als 1.000 Fotos im Fotostream sind. Dann gilt das in der Informatik als FIFO (First In – First Out) bezeichnete Prinzip. Zu Deutsch: Das Foto, das als Erstes im Fotostream gelandet ist, wird als Erstes wieder rausgeworfen.

3. Sie können Fotos auch von Hand aus dem Fotostream entfernen. Dies können Sie vom iPhone, iPod touch, Computer oder iPad aus machen.

Wie kommen die Fotos in den Fotostream?

In der Regel werden Fotos im Fotostream landen, wenn Sie neue Fotos mit Ihrem iPhone, iPod touch oder iPad machen. Sie müssen lediglich die Funktion Mein Fotostream auf dem jeweiligen Gerät aktiviert haben. Alternativ können Sie Fotos auch vom Computer aus in den Fotostream »schieben«.

Den Fotostream auf dem iPad zu aktivieren ist sehr einfach. Wechseln Sie einfach in die **Einstellungen** unter **iCloud** und aktivieren Sie dort die gleichnamige Funktion.

Beachten Sie, dass die Bilder des Fotostreams nur synchronisiert werden, wenn Sie sich in einem WLAN befinden.

Fotos aus dem Fotostream dauerhaft speichern

Um Fotos auf dem iPad dauerhaft zu speichern, müssen diese aus dem Fotostream in ein **Album** oder unter **Fotos** gesichert werden.

1. Starten Sie die Fotos-App, aktivieren Sie **Alben**, und gehen Sie dann in die Ansicht **Mein Fotostream**.

2. Tippen Sie oben rechts auf **Auswählen**. Hierdurch können Sie die Fotos markieren, die dauerhaft auf dem iPad gespeichert werden sollen. Ausgewählte Bilder werden mit einem blauen Haken markiert.

3. Tippen Sie nun oben links auf das ⬆️ Symbol.

4. Tippen Sie auf **In „Aufnahmen" sichern** ❶, und die Bilder werden dauerhaft auf dem iPad gespeichert.

Beachten Sie, wie bereits gesagt, dass ohne dieses Abspeichern die Fotos automatisch aus dem Fotostream und somit von Ihrem iPad verschwinden.

Via Internetbrowser auf die iCloud zugreifen

Nicht alle, aber doch die zentralen iCloud-Dienste können auch über das Internet mit fast jedem Browser abgerufen werden. Sie können über einen Browser auf die klassischen Dienste wie E-Mails, Kontakte oder Kalender zugreifen. Darüber hinaus können Sie noch auf die Funktion »Mein iPhone suchen« und die Dokumente von iWork zugreifen.

1. Um auf die iCloud zuzugreifen, rufen Sie aus einem Internetbrowser die Adresse *www.icloud.com* auf. Beachten Sie die Endung »com«. Geben Sie bitte nicht »de« ein, da Sie sonst auf eine komplett andere Internetseite gelangen.

2. Sie werden nun aufgefordert, Ihre Apple-ID und das zugehörige Kennwort einzugeben.

3. Nachdem Sie Ihre Benutzerdaten eingegeben haben, können Sie aus den verschiedenen Diensten auswählen.

4. Wird z. B. der Kalender geöffnet, können Sie sehen, dass die Webansicht der Ansicht auf dem iPad sehr ähnlich ist. Sie werden sich in dieser Ansicht schnell zurechtfinden.

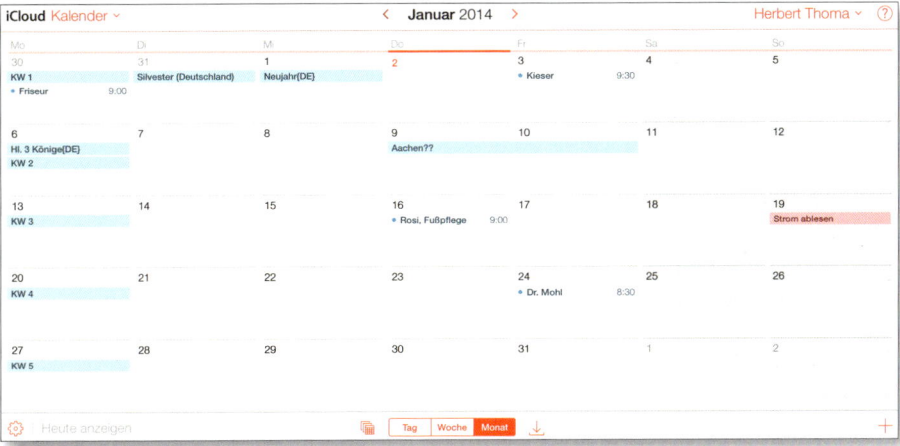

5. Um wieder zur Übersicht zu gelangen – um z. B. nun in die Mail-Ansicht zu wechseln –, tippen Sie oben links auf **iCloud Kalender** und wählen **Mail** aus.

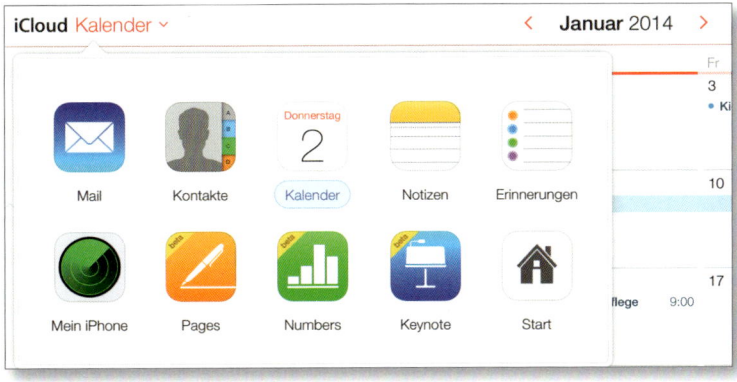

iTunes in der iCloud

Apple selbst verwendet den Begriff »iTunes« leider an vielen Stellen sehr unscharf. Mal ist die Software auf dem Computer gemeint und mal ganz allgemein alles, was mit Einkaufen zu tun hat. Mit der Kombination iTunes und iCloud ist es möglich, dass einmal gekaufte Musik auf alle Geräte, die mit der iCloud verbunden sind, synchronisiert werden. Bei einem Computerdefekt ist die gekaufte Musik nicht verloren, sondern kann erneut heruntergeladen werden. Eine lokale Sicherheitskopie ist daher nicht nötig. Dies gilt erst einmal nur für gekaufte Musik.

Was ist iTunes Match?

iTunes Match ist ein kostenpflichtiger Dienst, der mit ca. 25 € im Jahr zu Buche schlägt und zurzeit unter anderem in Deutschland und Österreich verfügbar ist. Was macht dieser Dienst? Stellen Sie sich vor, Sie haben eine ganze Sammlung von Audio-CDs zu Hause und haben diese digitalisiert – sie liegen nun als MP3 auf Ihrem Computer. Zur Sicherheit möchten Sie nun, dass diese Musikdateien ebenfalls in der Cloud gespeichert werden. Hierfür gibt es im Wesentlichen zwei Gründe. Zum einen ist es ein idealer Speicher für den Fall, dass Ihr Computer einmal kaputtgeht und Sie kein Backup erstellt haben. Sie können die Musik dann einfach wieder herunterladen. Zum anderen liegt die Musik in der Cloud, damit sie von Ihrem iPhone, iPod touch oder iPad verwendet werden kann. So weit, so gut. Apple-Mitbewerber bieten hierzu auch eine Lösung an. Hierfür ist es aber notwendig, die eigene Musik in die Cloud hochzuladen. Das Problem mit Internetverbindungen ist jedoch meistens, dass wir zwar sehr schnell Daten empfangen können, das Verschicken jedoch im Vergleich ausgesprochen lange dauert. Typischerweise dauert das Hochladen ca. 8- bis 12-mal länger als das Herunterladen. Bei einer gar nicht mal allzu großen Musiksammlung kommt man hierbei schnell auf Datenübertragungszeiten von mehreren Tagen, bis das Hochladen abgeschlossen ist.

Hier hat Apple gesagt: »Nein, das geht gar nicht!« Da Apple ja bereits eine wahnsinnig große Anzahl von Musikstücken im iTunes Store hat, reicht es ja, wenn man diese Musikstücke abgleicht und dann lediglich die Musikstücke hochlädt, die noch nicht im iTunes Store sind. Und genau so funktioniert auch iTunes Match. Ihre Lieder werden untersucht, und für jedes Lied wird auf Grund von mathematischen Besonderheiten in einer Musikdatei eine Art Fingerabdruck erstellt. Anhand dieses Fingerabdrucks weiß Apple, welches Lied auf Ihrem Computer ist. Dieses Lied muss nun nicht mehr hochgeladen werden. Es wird Ihnen automatisch via iTunes Match zur Verfügung gestellt, und das Tolle daran ist, dass Ihnen dieses Lied in makelloser Qualität im AAC-Format mit 256 kbit/s zum Download bereitsteht. Vermutlich ist diese Qualität besser als die von alten und vor vielen Jahren einmal selbst gerippten MP3-Songs. Apple überprüft bei diesem Verfahren übrigens nicht, ob Sie rechtmäßiger Besitzer des Liedes sind oder es sich über das Internet »besorgt« haben.

iTunes Match einrichten

iTunes Match richten Sie von einem Computer aus ein. Sollten Sie mehr als einen Rechner besitzen, verwenden Sie am besten den Computer, auf dem Ihre Musiksammlung möglichst komplett ist.

1. Innerhalb von iTunes tippen Sie auf den Tab **Match** ❶, um iTunes Match zu aktivieren.

< *Hier aktivieren Sie iTunes Match.*

2. Klicken Sie auf **Abonnieren zu 24,99 € pro Jahr** ❷ (siehe Abbildung Seite 213). Wie bei Einkäufen im iTunes Store üblich, müssen Sie Benutzername und Kennwort eingeben.

3. Nachdem iTunes Match aktiviert worden ist, fängt iTunes an, Ihre Musikdaten zu sammeln und mit dem iTunes-Server abzugleichen. Abhängig von Ihrer Musikbibliothek und Ihrer Internetgeschwindigkeit kann dieser Vorgang nur ein paar Sekunden oder viele Stunden dauern. Unterbrechen sollten Sie diesen Vorgang wenn möglich nicht.

4. Nachdem die Synchronisierung abgeschlossen ist, können Sie von all Ihren iOS-Geräten und Computern, auf denen iTunes bzw. die Musik-App installiert ist, auf Ihre Musiksammlung zugreifen.

iTunes Match auf dem iPad aktivieren

iTunes Match ist schnell auf dem iPad aktiviert. Hierbei gibt es jedoch ein paar Kleinigkeiten zu beachten.

1. Um iTunes Match zu aktivieren, wechseln Sie in die **Einstellungen** und wählen dort den Punkt **Musik** aus.

2. Aktivieren Sie die Funktion **iTunes Match**. Sie müssen nun Ihre Apple-ID und das Kennwort eingeben.

3. Im nächsten Schritt werden Sie darauf hingewiesen, dass durch das Aktivieren von iTunes Match Ihre Mediathek auf dem iPad durch die von iTunes Match ersetzt wird. Sollten (warum auch immer) auf Ihrem iPad Musikstücke sein, die auf keinem anderen Gerät sind, gehen diese nach dem Aktivieren von iTunes Match unwiederbringlich verloren. Vermutlich wird dies nicht so sein. Beachten Sie weiterhin, dass nach dem Aktivieren von iTunes Match erst einmal keine Musik auf Ihrem iPad ist. Diese muss aus der iCloud heruntergeladen werden.

4. Nachdem iTunes Match aktiviert wurde, steht Ihnen eine weitere Funktion zur Verfügung. Wenn die Funktion **Alle Musikdateien** eingeschaltet ist, werden Ihnen immer alle Musikstücke in Ihrer Mediathek angezeigt. Auch die Lieder, die sich nicht auf Ihrem iPad befinden. Hierdurch können Sie sehr leicht Musik auf Ihr iPad herunterladen. Ist diese Funktion deaktiviert, wird nur die Musik angezeigt, die sich auf Ihrem iPad befindet. Diese Ansicht ist deutlich übersichtlicher – insbesondere wenn Sie unterwegs sind und ohnehin keine Musik herunterladen wollen.

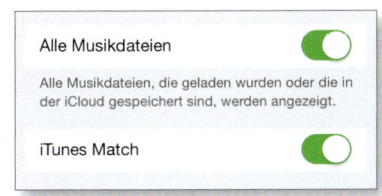

Hier fällt eine klare Empfehlung schwer. Aus Erfahrung ist es am Anfang meistens praktisch, sich alle Musikdateien anzeigen zu lassen. Ist die gewünschte Musik erst mal auf dem iPad, tut es der Übersichtlichkeit gut, diese Funktion wieder zu deaktivieren.

5. Es gibt noch eine weitere Einstellung zu iTunes Match, die sehr wichtig ist. Diese ist jedoch an einer anderen Stelle der **Einstellungen** zu finden. Sie finden diese Einstellung nur, wenn Sie ein Gerät mit UMTS besitzen. Sie können hier festlegen, ob Sie auch von unterwegs Ihre Musik herunterladen möchten. Diese Funktion sollten Sie jedoch mit Vorsicht genießen da so Ihr zur Verfügung stehendes Datenvolumen schnell verbraucht ist. Unverständlicherweise für uns ist diese Funktion standardmäßig aktiviert. Wir empfehlen Ihnen, diese Funktion zu deaktivieren.

Musik via iTunes Match auf das iPad herunterladen

Nachdem Sie iTunes Match auf Ihrem iPad aktiviert haben, befindet sich erst einmal keine Musik auf Ihrem iPad. Das soll natürlich geändert werden. Wir gehen im Folgenden davon aus, dass die Funktion **Alle Musikdateien anzeigen** aus dem vorherigen Abschnitt aktiviert ist.

1. Wechseln Sie in die App **Musik**.

2. In diesem Beispiel befinden wir uns in der **Alben**-Ansicht. Wir haben bereits ein Album ausgewählt, welches wir herunterladen wollen. Sie sehen neben dem Albumnamen eine kleine Wolke ❶. Diese symbolisiert,

215

dass sich das Album in der iCloud befindet. Sobald ein Album heruntergeladen wurde und sich nun offline nutzen lässt, verschwindet die Wolke.

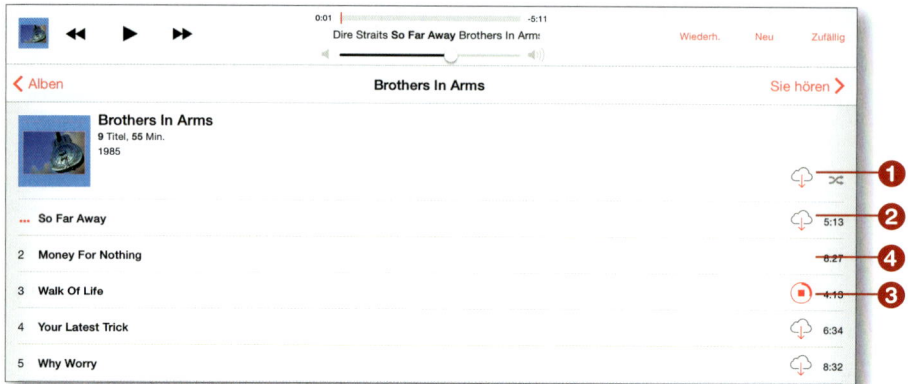

3. Soll nur ein Titel des Albums heruntergeladen werden, tippen Sie auf den Wolken-Button ☁ **②** neben dem entsprechenden Titel. Das Herunterladen startet unverzüglich. Während das Lied geladen wird, sehen Sie eine runde Fortschrittsanzeige **③**. Ist das Lied heruntergeladen, bleibt eine Lücke an der Stelle, wo vorher noch die Wolke war **④**.

4. Möchten Sie ein komplettes Album herunterladen, tippen Sie auf den Button, der sich oberhalb der Titelliste befindet **①**. Das komplette Album wird heruntergeladen. Abhängig von Ihrer Internetgeschwindigkeit dauert das Herunterladen nur wenige Sekunden oder ein paar Minuten.

> **✚ Herunterladen von Musik ist nervig!**
>
> So schön iTunes Match auch ist, gibt es derzeit, wie wir finden, einen Schönheitsfehler. Nach dem Aktivieren von iTunes Match sind Sie gezwungen, die Musik über das WLAN aus dem Internet herunterzuladen – selbst dann, wenn die Musik schon auf dem iPad ist oder via Kabel in ein paar Sekunden vom Rechner kopiert wäre.
>
> Eine weitere unangenehme Sache ist, dass man möglicherweise ganz schön oft auf das Display tippen muss, um die Musik auf das iPad zu bekommen. Sie können einzelne Lieder, ganze Alben oder komplette Wiedergabelisten herunterladen. In der Praxis ist es oft praktisch, eine Wiedergabeliste auf dem Computer zu erstellen und diese mit einem Tipp komplett herunterzuladen. Dieser Vorgang läuft dann ohne Ihr Zutun ab.

Kapitel 13

Karten und Routenplanung

Wollen Sie Ihren Wochenendtrip nach London vorbereiten? Sie möchten wissen, wo Ihre Freundin in New York wohnt, oder Sie wollen eine Route nach Berlin ausarbeiten? Vielleicht sind Sie aber auch gerade in Wien, wollen sich orientieren und suchen den Stephansdom? Alles kein Problem. Sie haben doch Ihr iPad!

∧ *Das Icon der Karten-App*

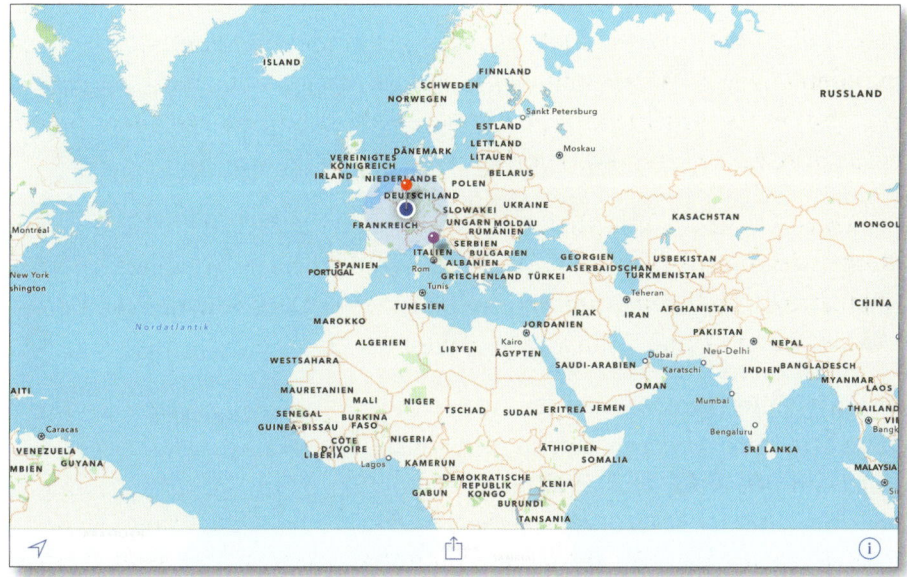

< *So sehen Europa, Nordafrika und Teile Asiens in der App Karten aus.*

Mit der App Karten können Sie sich diese Informationen relativ einfach anzeigen lassen. Sie können dabei zwischen der Standard-, der Hybrid- und der Satellitenansicht wählen. Sie können Orte suchen oder eine Route planen. Wählen Sie einen Ort, und lassen Sie sich anschließend eine ausführliche Wegbeschreibung zu Ihrem Ziel anzeigen. Dabei können Sie sogar definieren, ob Sie mit dem Auto, mit öffentlichen Verkehrsmitteln oder zu Fuß unterwegs sein wollen.

Sie können Karten in zwei unterschiedlichen Modi verwenden. Entweder Sie suchen etwas, oder Sie möchten sich eine Route von A nach B anzeigen lassen. Um zwischen diesen beiden Modi zu wechseln, tippen Sie auf **Route ❶** oder in das Feld **Suche oder Adresse ❷**.

Um auf eine Adresse aus der App Kontakte zuzugreifen, tippen Sie auf **Lesezeichen ❸**, und ein Zusatzfenster wird eingeblendet. In diesem können Sie unten zwischen **Lesezeichen, Letzte Suche,** und **Kontakte** wählen. Um in der Karte den aktuellen Standort angezeigt zu bekommen, tippen Sie auf ⊿ **❹**.

Im Feld **Suche oder Adresse** können Sie nach allem Möglichen suchen. Beachten Sie dabei bitte, dass Ihnen die Karten-App immer einen Treffer präsentieren wird – egal, wie ungenau Ihre Eingabe auch sein mag. Überprüfen Sie daher immer, ob die Anzeige mit dem, was Sie suchen, übereinstimmt. Es könnte sonst sein, dass Sie sich vertippt haben und daher ein ganz anderes Ergebnis angezeigt bekommen.

Unten rechts unter ⓘ ❺ können Sie die Kartendarstellung verändern. Tippen Sie auf ⓘ, und eine Auswahlmaske wird eingeblendet. Wählen Sie zwischen **Standard, Hybrid** oder **Satellit** Ihre gewünschte Kartendarstellung aus. Möchten Sie die gewonnenen Informationen weiterleiten, tippen Sie ⬆ ❻, und wählen Sie aus den angebotenen Möglichkeiten die gewünschte Funktion aus.

Karten nur bei Internetverbindung

Um die App Karten nutzen zu können, muss eine aktive Internetverbindung bestehen. Es ist auch nicht möglich, Karten bereits zu Hause zu laden, um auf diese dann offline zugreifen zu können.

Leider sind die Roaminggebühren, um im Ausland via UMTS ins Internet zu gehen, sehr hoch. Dies wird wohl in den meisten Fällen dazu führen, dass Sie diese App im Ausland nicht verwenden oder dafür tief in die Tasche greifen müssen. Wenn Sie Glück haben, gibt es vor Ort ein kostenloses WLAN-Netz. Je nachdem, wo Sie sich gerade aufhalten, finden sich solche Möglichkeiten häufiger, als man denkt.

Heutzutage verfügen die meisten Hotels über WLAN-Netze. Auch an Flughäfen oder Bahnhöfen hat man oft das Glück, einen kabellosen Zugang ins Internet zu finden, der oft auch kostenlos angeboten wird.

➕ **Woher stammen die Daten für Karten?**

Woher weiß die Karten-App das alles eigentlich? Die Karten-App selbst ist natürlich »dumm«. Diese App greift unter anderem auf die Daten vom Kartendienst TomTom zu. Darüber hinaus hat Apple eine eigene Abteilung, die sich um die Erstellung von Karteninformationen kümmert.

Suchen eines Standorts

Als Erstes werden wir Ihnen erläutern, wie Sie einen Standort suchen. Sie können z. B. nach einer Adresse, einer Postleitzahl, einer Stadt, einer Straße, einer Firma, einem Restaurant oder einer Sehenswürdigkeit suchen. Je genauer Ihr Suchbegriff ist, desto besser und schneller sehen Sie das Ergebnis. Die Ergebnisse sind auch davon abhängig, welche Daten zur Verfügung stehen.

1. Tippen Sie oben in der Mitte auf **Suche oder Adresse** ❶, die Tastatur wird eingeblendet, und gleichzeitig werden die letzten Suchbegriffe ❷ in einem eigenen Fenster angezeigt.

2. Suchen Sie aus der Liste einen Ort aus, den Sie früher schon einmal gesucht haben, oder geben Sie über die Tastatur einen neuen ein, und tippen Sie auf der Tastatur auf **Suchen**. In unserem Beispiel ist dies Wien.

3. Tippen Sie auf **Wien**. Die App lädt nun alle wichtigen Informationen aus dem Internet herunter. Eine Stecknadel zeigt in der Karte Wien an. Sie wollen weiterführende Informationen zu Wien? Zoomen Sie sich in die Karte hinein. Benutzen Sie hierzu die bereits bekannten Gesten. Die Pinch-Geste, mit der Sie in die Karte hinein- bzw. wieder herauszoomen können, ist hierbei besonders wichtig.

4. Sie wollen die Kartendarstellung verändern? Tippen Sie unten rechts auf ⓘ, und eine Auswahlliste wird eingeblendet.

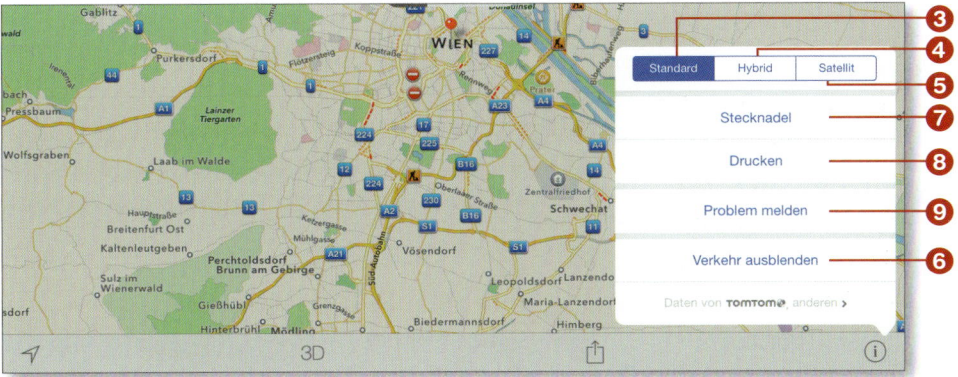

5. Bestimmen Sie jetzt durch Tippen die Darstellungsform der Karten. Wählen Sie zwischen **Standard** ❸, **Hybrid** ❹ und **Satellit** ❺. Probieren Sie einmal alle Darstellungsformen aus. Mit den unterschiedlichen Gesten können Sie in die »Tiefe« der Karten eintauchen.

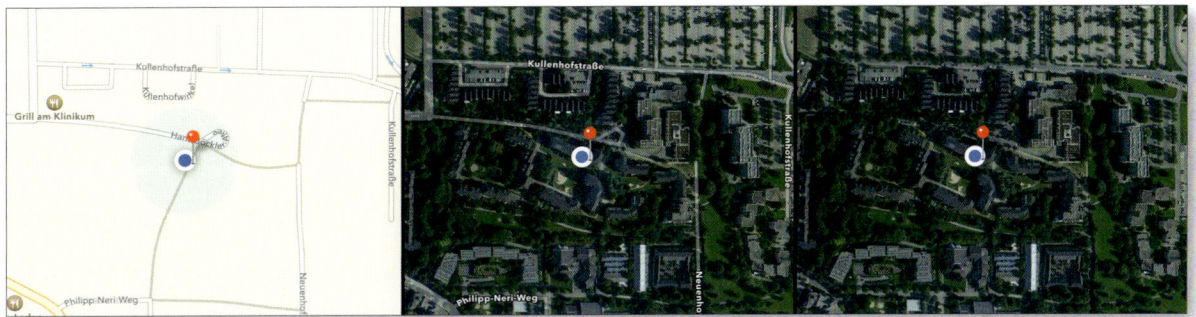

∧ *Links: Standard-Ansicht, Mitte: Hybrid-Ansicht, rechts Satellit-Ansicht*

6. Unter **Verkehr** bzw. **Verkehr ausblenden** ❻ können Sie ein- bzw. ausschalten, dass Verkehrsmeldungen in der Karte dargestellt werden. Straßen mit hohem Verkehrsaufkommen, die man besser meiden sollte, werden hierbei rot dargestellt.

7. Durch Tippen auf **Stecknadel** ❺ können Sie eine weitere Stecknadel in der Karte setzen. Diese Stecknadel können Sie zu einem Zielort bewegen und eine Routenführung starten.

8. Sie möchten die Karte ausdrucken? Tippen Sie auf **Drucken** ❽, und der Druckdialog wird geöffnet. Wählen Sie noch den Drucker und die Anzahl der Kopien aus.

9. Tippen Sie erneut auf ⓘ, und Sie sehen wieder die komplette Karte.

10. Eine weitere Möglichkeit, einen Standort zu suchen, ist folgende: Tippen Sie oben in der Anzeigeleiste auf **Lesezeichen**, dann auf **Kontakte**, und wählen Sie dann einen Kontakt aus. Der Kontakt muss auf jeden Fall Adressdaten enthalten. Am Zielpunkt wird eine Stecknadel gesetzt, und Sie können sich dann den Zielort genau ansehen.

Für den hoffentlich nicht eintreffenden Fall, dass mit dem angezeigten Ergebnis etwas nicht stimmt, können Sie dies Apple mitteilen. Apple hat dann die Möglichkeit, das Kartenmaterial zu verbessern. Tippen Sie hierzu auf **Problem melden** ❾ (siehe Abbildung Seite 221).

Eine Route planen

Jetzt werden wir Ihnen erläutern, wie Sie eine Route planen können. In unserem Beispiel wollen wir nach Wien.

1. Tippen Sie oben links auf **Route**.

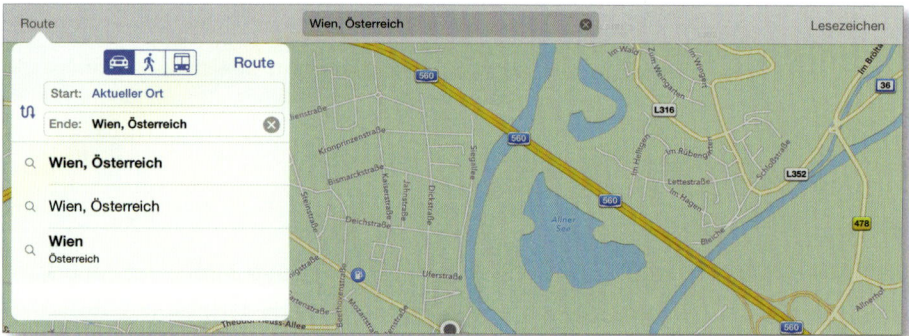

2. Wählen Sie aus, ob Sie mit dem Auto, dem Bus (stellvertretend für den öffentlichen Nahverkehr – dieser Dienst funktioniert leider aber nicht wie gewünscht) oder zu Fuß unterwegs sind.

3. **Unter Aktueller Ort** wird Ihr momentaner Standort angezeigt. Diese Anzeige erfolgt aber nur, wenn Sie den Ortungsdienst (siehe hierzu Kapitel 19, »Einstellungen vornehmen«, ab Seite 306) aktiviert haben.

4. Geben Sie die Zielinformationen ein, in unserem Beispiel »Wien«, und tippen Sie in der Tastatur auf **Route**. Eine Stecknadel wird eingeblendet, und Sie sehen die folgende Anzeige. Benutzen Sie die bekannten Gesten, um die jeweilige Karte zu vergrößern, zu verkleinern oder durch die Karten zu gleiten. In Abhängigkeit von Start und Ziel werden Ihnen bis zu drei Routenvorschläge angeboten. Tippen Sie auf das Etikett an den unterschiedlichen Routen: Die Anzeige in der Statusleiste verändert sich, und die jeweilige Routenlänge und -dauer werden angezeigt.

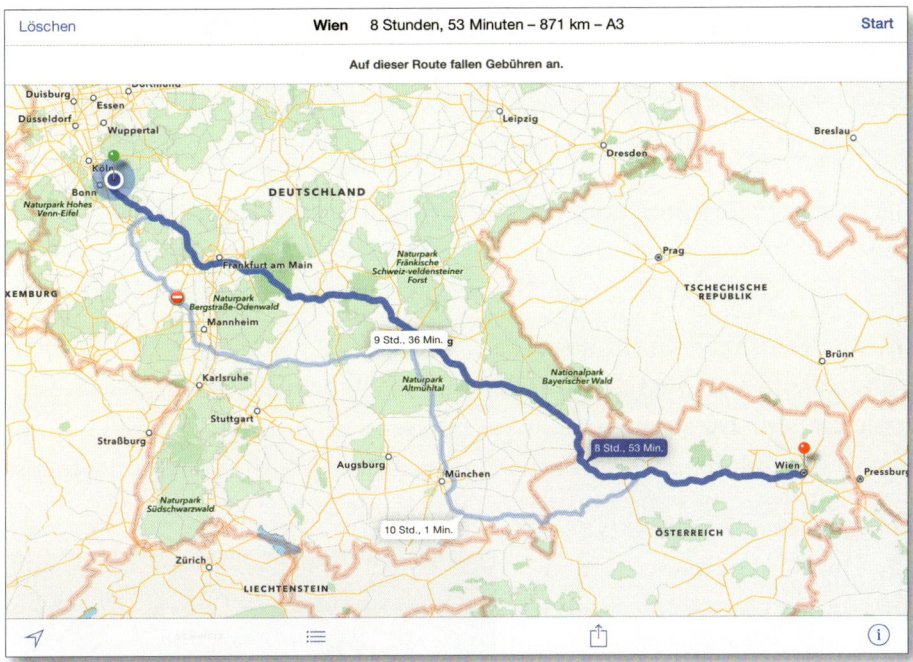

5. Tippen Sie auf **Start**, und Sie werden zum Ziel geleitet.

> ### ➕ Öffentliche Verkersmittel
>
> Die Funktion »Öffentliche Verkehrsmittel« funktioniert leider nicht so, wie man es sich wünschen würde. Statt zu verwendende Bus- und Bahnlinien zu präsentieren, wird man leider nur an den App Store verwiesen, wo Apps angeboten werden, die vielleicht weiterhelfen können. Angesichts der Komplexität unterschiedlicher Verkehrsverbunde, Tarifsysteme und der schier unendlich erscheinenden Ausnahmeregeln, wann eine Verbindung fährt und wann nicht, wundert dies leider nicht.

Wo bin ich?

Vielleicht sind Sie in einer fremden Stadt und wissen weder, wo Sie gerade exakt sind, noch, wie Sie zu dieser tollen Kirche kommen, von der alle so geschwärmt haben. Dafür bietet Ihnen die Karten-App eine ganz praktische Funktion, die wir Ihnen nun vorstellen werden. Voraussetzung ist allerdings, dass Sie den Ortungsdienst aktiviert haben.

1. Tippen Sie auf ⊿ in der Anzeigeleiste unten im Bildschirm. Die aktuelle Position wird durch einen blauen pulsierenden Punkt mit grüner Stecknadel angezeigt. Kann die Karten-App den Standort nicht genau bestimmen, wird ein größerer blauer Kreis angezeigt. Je kleiner der angezeigte Kreis ist, desto genauer ist die Standortbestimmung.

 Jetzt wissen Sie schon mal, wo Sie sind, und Sie wissen auch, wo Sie hinmüssen. Dummerweise ist die Straßenkreuzung aber derart unübersichtlich, dass Sie nicht wissen, ob Sie rechts oder links abbiegen müssen.

2. Die Karte auf Ihrem iPad ist jedoch immer genordet. Wäre es nicht super, wenn sich die Karte auf dem iPad genau so ausrichtet, wie Sie gerade stehen? Dies ist möglich, Sie müssen lediglich den digitalen Kompass einschalten. Tippen Sie dazu ein zweites Mal auf ◂, und rechts oben wird ein digitaler Kompass eingeblendet.

3. Der Kompass muss oft zuerst kalibriert werden. Hierzu wird Ihnen ein Kreis mit einer roten Kugel auf dem iPad angezeigt. Sie müssen das iPad nun so im oder entgegen des Uhrzeigersinns neigen, dass die Kugel einmal komplett durch den Kreis gelaufen ist. Wichtig hierbei ist, dass Sie das iPad nicht zu schnell drehen. Wenn am Kreis alle Striche zu sehen sind, haben Sie alles richtig gemacht.

4. Nun wird die Karte nicht mehr genordet, sondern sie hat sich so ausgerichtet, wie Sie gerade stehen. Sobald Sie das iPad drehen, dreht sich auch die Karte auf dem iPad. Die blaue Stecknadel erhält zusätzlich eine Art Blickrichtung. Dort schauen Sie gerade mit Ihrem iPad hin.

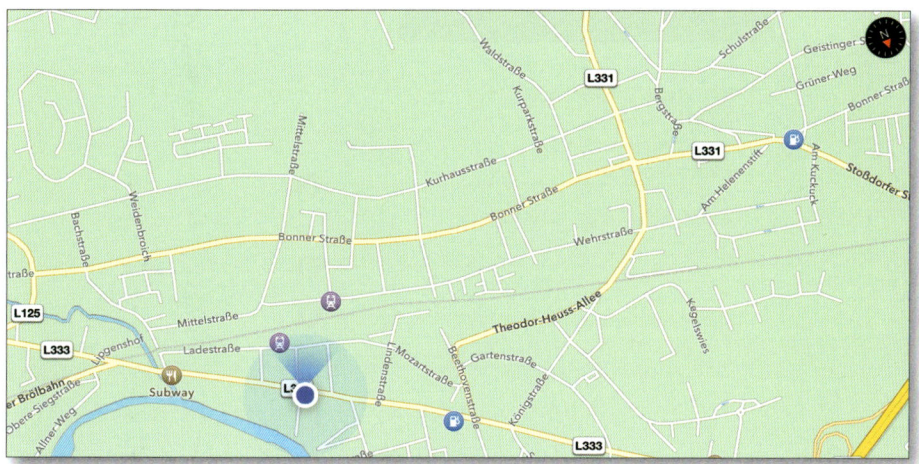

Wie funktionieren Stecknadeln?

Die Karten-App benutzt Stecknadeln zum Markieren von Anfangs- bzw. Endpositionen. Eine grüne Stecknadel zeigt den Startort einer Route bzw. die aktuelle Position an. Mit einer roten Stecknadel wird der Zielort gekennzeichnet. Ein zusätzlicher Zielort erhält eine lila Stecknadel. Sie können aber immer nur einen zusätzlichen Zielort markieren.

Tippen Sie auf eine Stecknadel, und der Standort wird genauer benannt. Durch Tippen auf das Info-Symbol ⓘ öffnet sich eine Eingabemaske. Darin ist der Standort noch detaillierter beschrieben. Wählen Sie jetzt aus den unterschiedlichen Eingabemöglichkeiten. Tippen Sie auf **Senden** ❶ (siehe Abbildung Seite Seite 226), und Sie haben die Möglichkeit, Ihren aktuellen Standort anderen mitzuteilen, beispielsweise als Mail oder Nachricht. Eine Stecknadel kann als Ausgangspunkt oder als Zielpunkt für eine Route dienen. Tippen Sie einfach auf **Route hierhin** oder **Route von hier** ❷, um sie entsprechend zu nutzen. Auch an dieser Stelle funktioniert die Ermittlung öffentlicher Verkehrsmittel ❸ leider nicht optimal.

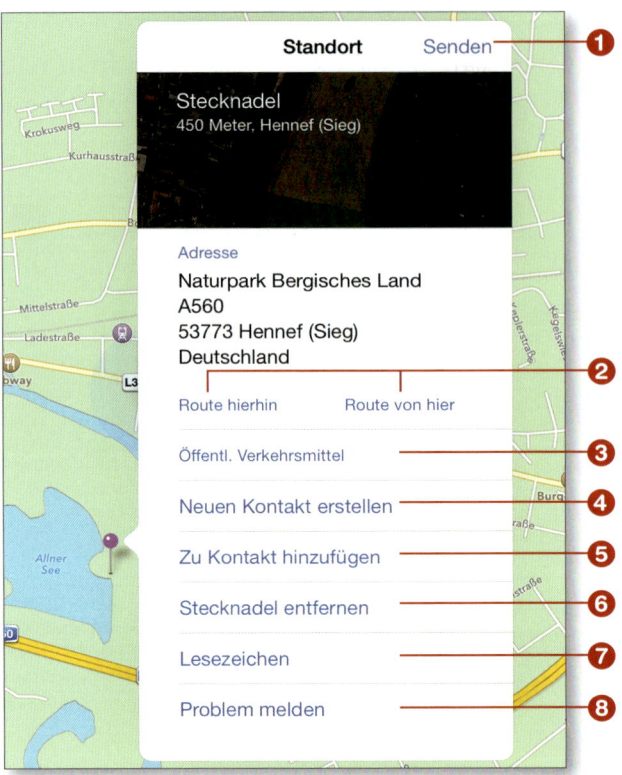

> *Stecknadel mit Standortinformationen*

Wenn Sie aber auf **Neuen Kontakt erstellen** ❹ tippen, können Sie einen neuen Kontakt erstellen. Die Adresse wird hierbei aus der Karte übernommen. Existiert der Kontakt bereits und möchten Sie diesem eine Adresse aus der Karten-App zuweisen, tippen Sie einfach auf **Zu Kontakt hinzufügen** ❺, und Sie können einen neuen Kontakt anlegen.

Um eine (versehentlich) gesetzte Stecknadel wieder zu entfernen, tippen Sie einfach auf **Stecknadel entfernen** ❻. Ein Warnhinweis erfolgt hierbei übrigens nicht, die Nadel wird unmittelbar entfernt.

Tippen Sie auf **Lesezeichen** ❼, und Sie legen nach Eingabe eines Namens ein Lesezeichen an. Damit können Sie später den Standort immer schnell suchen bzw. finden. Soll eine Stecknadel gelöscht werden, klicken Sie auf den entsprechenden Eintrag. Sollte ein Fehler in der Karte sein, so verschwindet dieser natürlich nicht von alleine. Helfen Sie bei der Beseitigung, und lassen Sie Apple über **Problem melden** ❽ eine Nachricht zukommen. Wollen Sie die Eingabemaske verlassen, tippen Sie einfach in die Karte dahinter, und die Maske wird geschlossen.

Eine Stecknadel setzen

Ihr aktueller Standort wird, wenn die Funktion eingeschaltet ist, automatisch mit einer blauen Stecknadel gekennzeichnet. Geben Sie über die Tastatur den Zielort ein, und eine rote Stecknadel zeigt das Ziel an.

Wollen Sie eine zusätzliche Stecknadel setzen, tippen Sie auf die Karte, und halten Sie den Finger eine Zeit lang gedrückt. Dies erzeugt eine lila Stecknadel. Wenn Sie den Zielort nicht richtig getroffen haben, tippen und halten Sie erneut die Stecknadel, und ziehen Sie dann die Nadel in die gewünschte Richtung. Der Zielort verändert sich dementsprechend.

Eine weitere Möglichkeit, eine lila Stecknadel zu setzen, ist folgende: Tippen Sie unten rechts auf das Info-Symbol ⓘ und dann auf **Stecknadel**. Hierdurch wird eine Nadel in die Mitte des Bildschirms gesetzt, diese müssen Sie nun an die richtige Stelle bewegen, indem Sie darauftippen und ziehen.

Kapitel 14

Notizen und Erinnerungen

Sie wollen einen wichtigen Gedanken festhalten, sich schnell ein paar Notizen machen oder mal kurz eine Telefonnummer notieren? Kein Problem! Dafür ist die App Notizen ideal geeignet. Auch hier haben sich die Entwickler wieder sehr viel Mühe mit dem Design gegeben.

∧ Das Icon der App Notizen

< Die Notizen-App im Überblick

Auch diese App wollen wir uns im Querformat anschauen. Starten Sie die App, und Sie sehen Ihre Notizen. Oben links unter **Accounts** ❶ können Sie festlegen, von welcher E-Mail-Adresse die Notizen angezeigt werden sollen. Sollten Sie sehr viele Notizen haben, können Sie unter **Suchen** ❷

nach einem der Begriffe suchen. Links sehen Sie eine Liste aller **Notizen** ❸ – diese Ansicht fehlt, wenn Sie das iPad im Hochformat halten. Wenn diese Liste sehr lang ist, können Sie durch eine Wischgeste nach unten blättern. Tippen Sie auf eine Notiz, und Ihnen wird deren Inhalt auf der rechten Seite ❹ angezeigt.

Im oberen rechten Bereich der Notizen-App sehen Sie drei Symbole. Soll eine Notiz gelöscht werden, tippen Sie auf Papierkorb-Symbol ❺. Um eine neue Notiz zu schreiben, tippen Sie auf ✏️ ❻. Durch Antippen des **Bereitstellen**-Buttons ⬆️ ❼ öffnet sich ein Auswahlmenü, und Sie können aus mehreren Funktionen auswählen, wie Sie Ihre Notiz weitergeben möchten.

➕ Notiz einer E-Mail-Adresse zuordnen

Der große Bildschirm des iPads mit der eingeblendeten Tastatur erlaubt es Ihnen, die Notizen besonders schnell zu schreiben. Wichtig zu wissen ist, dass Notizen einer E-Mail-Adresse zugeordnet werden. Wenn Sie also mehrere E-Mail-Adressen besitzen, können Sie entscheiden, welcher Adresse Ihre Notiz zugeordnet wird. Abhängig davon, welchen E-Mail-Dienstleister Sie verwenden, werden die Notizen über diese E-Mail-Adresse auch synchronisiert.

Eine Notiz schreiben

Das Schreiben einer Notiz ist sehr einfach.

1. Tippen Sie auf ✏️ ❻, um eine neue Notiz zu erstellen.

2. Die Tastatur wird eingeblendet. Geben Sie darüber Ihre Notiz ein.

3. Wenn Sie Ihre Notiz eingegeben haben, müssen Sie sich nicht um das Speichern der Nachricht kümmern. Das geschieht automatisch. Erstellen Sie eine weitere Notiz, oder verlassen Sie die Anwendung, indem Sie auf den Home-Button drücken.

> **➕ Name der Notiz**
>
> Auf der linken Seite sehen Sie den Namen der Notiz, dies ist nichts anderes als die erste Zeile Ihrer Notiz. Ist die erste Zeile länger als ca. 20 Zeichen, wird diese durch »...« gekürzt. Gewöhnen Sie es sich deshalb am besten direkt an, in die erste Zeile eine sinnvolle und knappe Überschrift zu schreiben. Mit der eigentlichen Notiz beginnen Sie dann erst in der zweiten Zeile.

Eine Notiz löschen

Sie wollen eine Notiz löschen? Wählen Sie die zu löschende Notiz auf der linken Seite aus. Tippen Sie auf das Papierkorb-Symbol 🗑. Damit durch ein versehentliches Berühren des Papierkorbs keine Notiz gelöscht wird, muss das Löschen bestätigt werden. Tippen Sie dazu auf **Notiz löschen**.

Eine Notiz per Mail versenden

Notizen für sich selbst zu machen ist gut und schön, aber was, wenn man jemand anders an seinen Ideen teilhaben lassen will? Natürlich, man verschickt sie per E-Mail! Nichts leichter als das.

1. Wählen Sie die zu verschickende Notiz aus.

2. Tippen Sie auf den **Bereitstellen**-Button ⬆ und dann auf das Mail-Symbol. Ein Mail-Fenster öffnet sich.

3. Geben Sie den oder die Empfänger ein.

4. Der Betreff ist bereits mit der ersten Zeile Ihrer Notiz vorausgefüllt. Selbstverständlich können Sie diesen aber jetzt auch noch ändern.

5. Die Notiz selbst steht unten in der eigentlichen E-Mail. Auch diese können Sie natürlich noch bearbeiten und mit einer Begrüßung und einer Grußformel ergänzen.

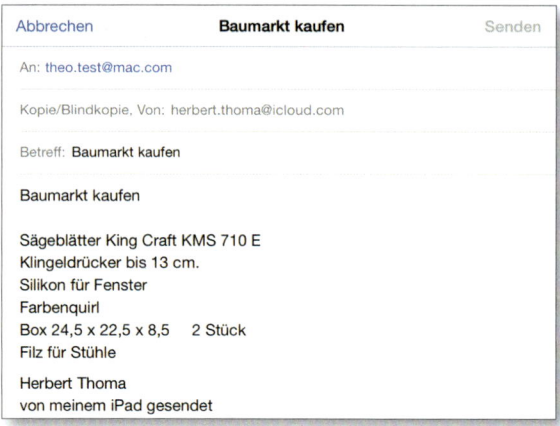

6. Um die Nachricht abzuschicken, tippen Sie auf **Senden**.

Durchsuchen von Notizen

Wenn Sie sehr viele Notizen haben, werden Sie die Suchfunktion sehr zu schätzen wissen. Beachten Sie dabei bitte, dass Ihre Suche nur innerhalb des Accounts durchgeführt wird, in dem Sie sich gerade befinden.

Tippen Sie in die Suchmaske, und die Tastatur wird eingeblendet. Geben Sie die Suchinformation ein. Die Suchergebnisse werden parallel zur Eingabe im unteren Bereich angezeigt. Je mehr Sie eingeben, desto kleiner wird die Trefferliste.

Versteckte Funktionen in Notizen

Wir haben noch ein paar tolle Möglichkeiten gefunden, wie Sie sich mit Notizen das Arbeiten einfacher machen können. Wir haben dafür eine Testseite für Notizen erstellt.

Wenn Sie Telefonnummern, E-Mail-Adressen oder Internetadressen in Notizen eingeben und die Informationen in der Notiz unterstrichen und farbig angezeigt werden, haben Sie die Möglichkeit, direkt aus Notizen heraus andere Apps zu starten.

Durch Antippen und Halten der Information wird ein Etikett geöffnet, aus dem Sie die gewünschte Aktion auswählen können. Aus der App Notizen wird dann die jeweilige Aktion ausgelöst und an die entsprechende App weitergereicht.

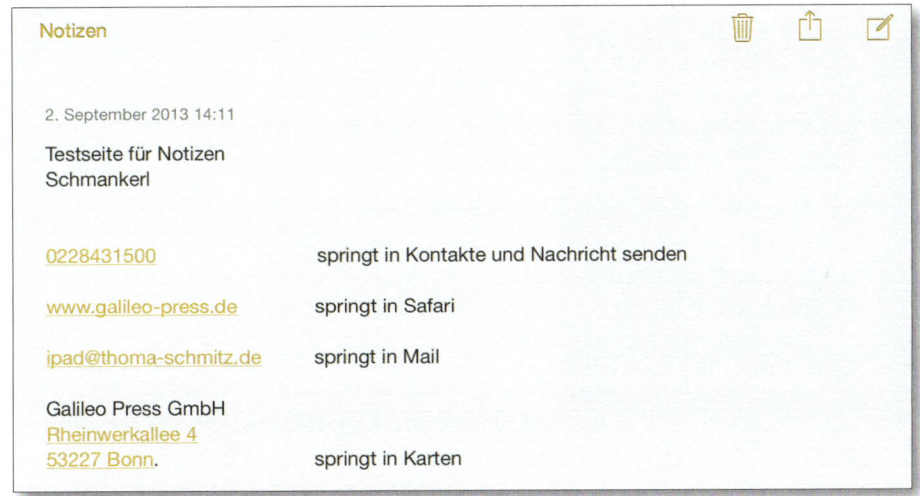

‹ *Unsere Testseite für Notizen: Werden die unterstrichenen Texte angetippt, wird die entsprechende App automatisch geöffnet.*

Einstellungen

Sie können nur eine Einstellung für diese App vornehmen. Gehen Sie über den Home-Bildschirm in die **Einstellungen**. Wählen Sie auf der linken Seite **Notizen**. Unter **Standardaccount** legen Sie fest, welcher Ihr Standardaccount für Notizen sein soll.

Sollten Sie die iCloud verwenden, können Sie die Synchronisierung in den Einstellungen unter **iCloud** aktivieren. Hierdurch werden Ihre Notizen in iCloud gespeichert und sind somit auch von anderen Geräten aus nutzbar.

Erinnerungen

∧ *Das Icon der App Erinnerungen*

Mit der App Erinnerungen steht Ihnen ein kleines, aber »schnuckeliges« Programm zur Verfügung, das Sie an Aufgaben erinnert. Tippen Sie auf dem Home-Bildschirm auf das Symbol der App, und Ihre Erinnerungen werden Ihnen übersichtlich angezeigt. In unserem Beispiel sehen Sie alle Möglichkeiten, die Ihnen die App bietet.

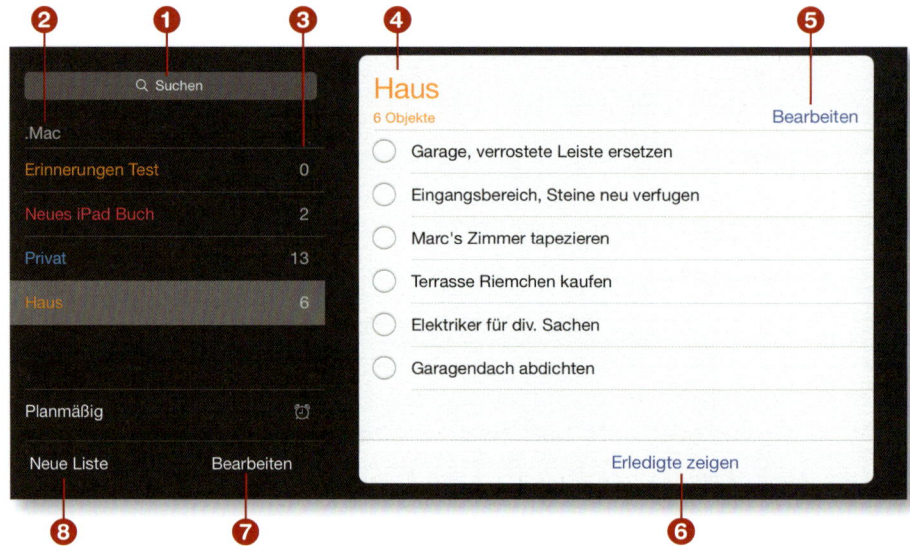

Die Suchfunktion für diese App finden Sie unter **Suchen** ❶. Der Account, in dem die Erinnerungen gespeichert sind, wird Ihnen unter ❷ angezeigt. Falls Sie Listen angelegt haben, werden diese im linken Bereich unter ❸ dargestellt. Wie Sie diese anlegen können, erklären wir Ihnen noch. Detailinformationen zur ausgewählten Liste werden im rechten Bereich ❹ angezeigt.

Zum Bearbeiten der ausgewählten Liste tippen Sie auf **Bearbeiten** ❺. Wollen Sie sich bereits erledigte Erinnerungen ansehen, tippen Sie auf **Erledigte zeigen** ❻. Um eine vorhandene Liste zu bearbeiten, tippen Sie auf **Bearbeiten** ❼, und unter **Neue Liste** ❽ können Sie eine neue Liste anlegen.

Neue Listen erstellen und bearbeiten

Haben Sie viele Erinnerungen, wird es leicht unübersichtlich. Daher sollten Sie Ihre Erinnerungen zu Themengebieten in Listen zusammenfassen. Als Erstes sollten Sie eine neue Liste anlegen. Für unser Beispiel haben wir den Namen **Privat** gewählt.

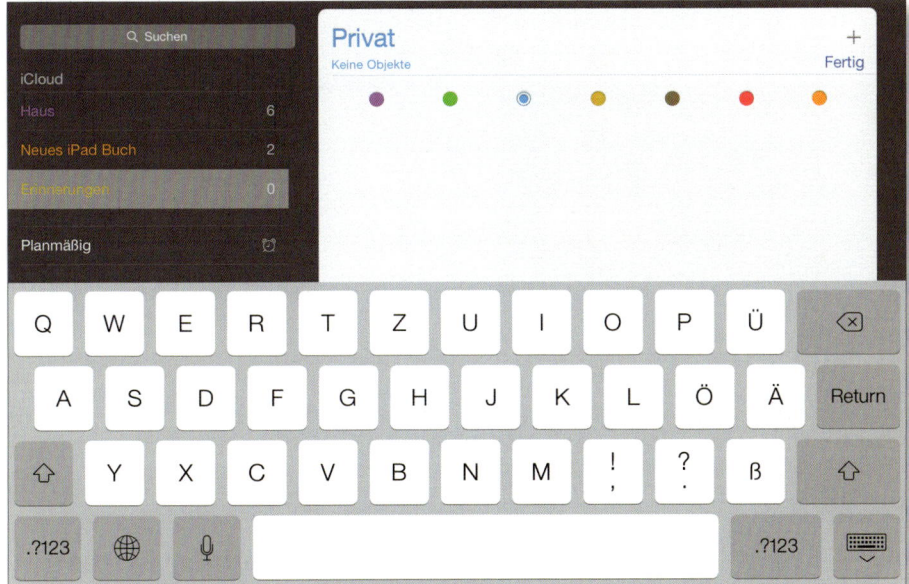

< So arbeiten Sie mit Listen.

1. Tippen Sie auf **Neue Liste** ❽, die Tastatur wird automatisch eingeblendet.

2. Geben Sie den Listennamen ein, in unserem Beispiel »Privat«.

3. Wählen Sie durch Tippen eine Farbe aus.

4. Schließen Sie den Vorgang durch Tippen auf **Fertig** ab.

Sie haben jetzt eine Liste für Ihre Erinnerungen erstellt.

Listen bearbeiten

Die Schaltfläche **Bearbeiten** findet man in der App Erinnerungen zweimal auf dem Bildschirm. Wollen Sie den Namen einer Liste oder die Farbe nachträglich verändern, tippen Sie oben rechts auf **Bearbeiten ❶**. Möchten Sie jedoch die Listen an und für sich bearbeiten, tippen Sie bitte unten links auf **Bearbeiten** (siehe Abbildung Seite 234), und Sie erhalten folgende Anzeige.

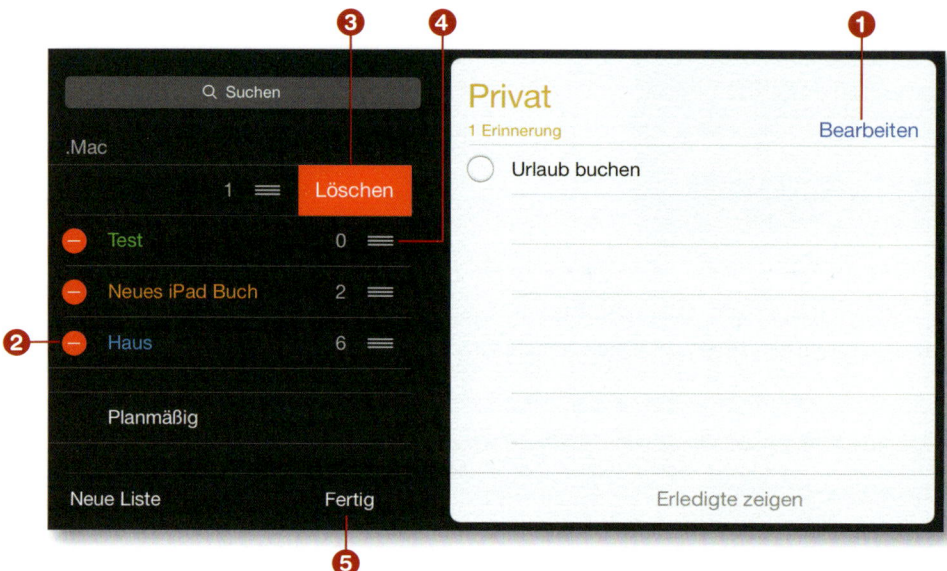

> *Listen löschen*

Wenn Sie eine Liste löschen möchten, tippen Sie jetzt auf ➖ ❷, und die von Ihnen ausgewählte Liste ist zum Löschen bereit. Durch einen Tipp auf **Löschen ❸** wird die Liste endgültig gelöscht. Haben Sie es sich anders überlegt und die Liste soll doch nicht gelöscht werden, tippen Sie irgendwo auf den Bildschirm, und die Taste **Löschen** verschwindet. Die Reihenfolge der Listen kann in dieser Ansicht ebenfalls verändert werden. Drücken Sie hierzu auf ☰ ❹, und halten Sie den Finger gedrückt. Nun können Sie die Reihenfolge der Liste durch Verschieben des Fingers umorganisieren. Abschließen können Sie die Bearbeitung durch einen Tipp auf **Fertig ❺**.

Neue Erinnerung erfassen

Wie Sie eine neue Erinnerung erfassen, erläutern wir Ihnen im Folgenden.

1. Tippen Sie in der Liste **Privat** rechts in das leere Anzeigefeld. Die Tastatur wird eingeblendet, und der Cursor zeigt an, wo Sie nun eine Eingabe vornehmen können.

2. Geben Sie die Beschreibung Ihrer Erinnerung ein, z. B. »Urlaub buchen«.

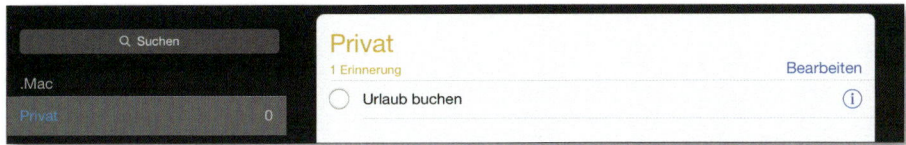

3. Wenn Sie weitere Details zu einer Erinnerung eingeben wollen, tippen Sie rechts auf ⓘ, und eine Detailliste wird eingeblendet. Hier können Sie weitere Einstellungen vornehmen.

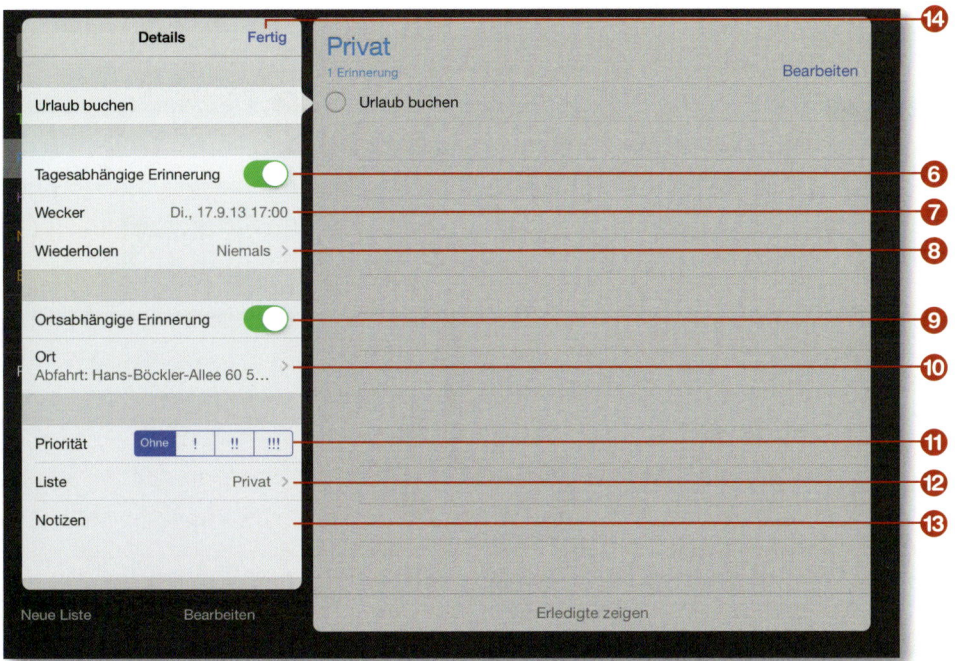

4. Wollen Sie einen Termin für die Erinnerung festlegen, dann aktivieren Sie den Schieberegler **Tagesabhängige Erinnerung** ❻ (siehe Abbildung Seite 237), und legen Sie unter **Wecker** ❼ den gewünschten Termin fest. Unter **Wiederholen** ❽ legen Sie den Wiederholungsrhythmus fest. Eine Erinnerung kann nicht nur datumsabhängig, sondern auch ortsabhängig sein. Schalten Sie diese Funktion unter **Ortsabhängige Erinnerung** ❾ ein. Hiermit ist es möglich, an eine Tätigkeit erinnert zu werden, wenn man einen Ort verlässt oder betritt. Diesen Ort legen Sie unter **Ort** ❿ fest. Möchten Sie die Erinnerung noch mit einer **Priorität** versehen, dann legen Sie diese unter ⓫ fest. Falls Sie die Erinnerung doch einer anderen Liste zuordnen möchten, ändern Sie das unter **Liste** ⓬. Längere Texte oder Informationen sollten Sie unter **Notizen** ⓭ erfassen.

5. Haben Sie alle gewünschten Einstellungen vorgenommen, tippen Sie auf **Fertig** ⓮.

Erinnerung bearbeiten

Eine Erinnerung kann selbstverändlich als erledigt markiert oder im Nachgang bearbeitet werden. Um sie als erledigt zu markieren, tippen Sie auf den leeren Punkt neben der Erinnerung ❶. Der Punkt wird ausgefüllt ❷. Bei erneutem aufrufen der Erinnerung ist die erledigte Erinnerung verschwunden. Sollen erledigte Erinnerungen angezeigt werden, tippen Sie im unteren Bereich des Bildschirms auf **Erledigte zeigen**.

> *Eine Erinnerung als erledigt markieren*

Soll eine Erinnerung bearbeitet werden, tippen Sie auf sie. Die Tastatur wird eingeblendet, und Sie können den Namen der Erinnerung sofort ändern. Sollen Details zur Erinnerung geändert werden, tippen Sie auf ⓘ. Hierdurch werden die Details angezeigt (siehe vorherige Seite).

Erinnerungen löschen

Neben der Option, eine Erinnerung als erledigt zu markieren, können Sie sie natürlich auch endgültig löschen. Wischen Sie hierzu mit dem Finger von rechts nach links über die Erinnerung. Hierdurch werden die Schaltflächen **Mehr** und **Löschen** eingeblendet. Wenn Sie **Mehr** auswählen, können die Eigenschaften der Erinnerung verändert werden. Soll die Erinnerung gelöscht werden, tippen Sie einfach auf **Löschen**. Die Erinnerung wird umgehend gelöscht. Eine weitere Sicherheitsabfrage wird nicht gestellt. Soll die Erinnerung nicht gelöscht werden, tippen Sie einfach irgendwo auf den Bildschirm.

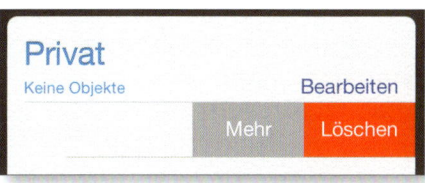

⌃ *Löschen einer Erinnerung*

Einstellungen

Sie können nur wenige Einstellungen für diese App vornehmen. Gehen Sie über den Home-Bildschirm in die **Einstellungen**. Wählen Sie auf der linken Seite **Erinnerungen**.

Legen Sie unter **Synchronisieren** ❸ fest, wie weit zurück Ihre Erinnerungen sychronisiert werden sollen. Und unter **Standardliste** ❹ legen Sie fest, welche Liste Ihre Standardliste sein soll.

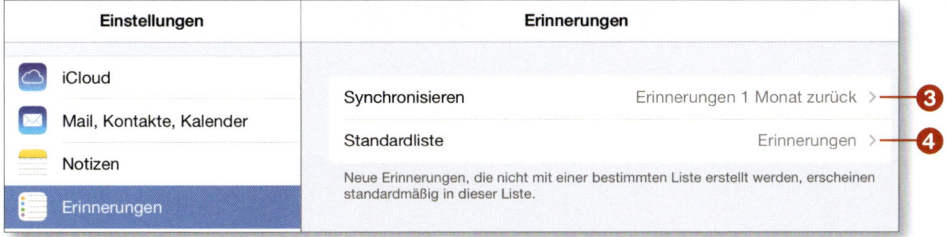

Sollten Sie die iCloud verwenden, können Sie die Synchronisierung in den Einstellungen unter **iCloud** aktivieren. Hierdurch werden Ihre Erinnerungen in die iCloud gespeichert und sind somit auch von anderen Geräten aus nutzbar. Eine letzte Einstellmöglichkeit finden Sie in den **Einstellungen** unter **Töne**. Dort können Sie unter **Erinnerungshinweise** Ihren Wunschsound festlegen.

Kapitel 15
iTunes

Die Software iTunes hat im Laufe der Jahre eine komplexe Wandlung erfahren. Der Ursprung dieser Software geht zurück auf 2001, und sie war zunächst lediglich dafür gedacht, Musik abzuspielen und umfangreiche Musikbibliotheken komfortabel zu verwalten. Bis heute ist die Note im Programmsymbol von iTunes bestehen geblieben und verdeutlicht so noch mal die ursprüngliche Kernfunktion der Software, die Musikwiedergabe. Nach Erscheinen des ersten iPods wurde es nötig, eine bequeme Möglichkeit zur Übertragung der Musik vom Computer auf den iPod zu schaffen. Später folgte die Erweiterung um den iTunes Store, sodass man fortan mit iTunes auch Musik bei Apple kaufen konnte. All das ist lange her. Die Software wurde seitdem immer weiter »aufgebohrt« und um Funktionen erweitert. Hier noch etwas und da noch etwas! In den meisten Fällen mit dem Ziel, Daten, die sich auf dem Computer befinden, auf die mobilen Geräte (iPhone, iPod oder iPad) zu übertragen.

∧ *Über dieses Icon starten Sie iTunes.*

Das macht iTunes nicht gerade übersichtlicher. Aber trotz dieses ersten Eindrucks erledigt es seine Aufgaben ausgesprochen zuverlässig! Nehmen Sie sich ein wenig Zeit, um sich mit dieser Software zu beschäftigen. Es lohnt sich!

Mit dem Aufkommen der iCloud wurden aber auch wieder Funktionen aus iTunes entfernt. Früher wurde iTunes beispielsweise verwendet, um Kontakte oder Kalendereinträge zwischen dem heimischen Computer und dem iPad zu synchronisieren, dies ist jetzt nur noch über die iCloud möglich (iTunes muss aber dennoch installiert sein).

Da iTunes eine sehr mächtige und komplexe Software ist, können wir in diesem Buch nicht alle Funktionen erläutern. Wir beschränken uns daher auf die Zusammenarbeit von iTunes und dem iPad.

Bis auf ganz wenige Ausnahmen spielt es bei der Verwendung von iTunes übrigens keine Rolle, ob Sie es unter Windows oder unter Mac OS X einsetzen. Die Bildschirmfotos in diesem Kapitel sind sowohl unter Windows als auch unter Mac OS X entstanden.

Wie Sie iTunes installieren, haben Sie bereits in Kapitel 2, »Das iPad in Betrieb nehmen«, ab Seite 49 gelesen. Bitte achten Sie immer darauf, dass Sie iTunes in der aktuellen Version verwenden.

iTunes im Überblick

Bitte schließen Sie zuerst Ihr iPad an den Computer an. Einstellungen, die das Zusammenspiel von iTunes und iPad betreffen, können Sie nur vornehmen, wenn das iPad angeschlossen ist. Wenn Sie danach iTunes starten, wird automatisch zuerst ein Backup erstellt bzw. die Synchronisierung gestartet. Sobald dieser Vorgang abgeschlossen ist, können Sie alle nötigen Einstellungen vornehmen.

Wenn Sie iTunes starten, müssen Sie möglicherweise erst die Ansicht umschalten. Tippen Sie hierzu in iTunes oben auf **iPad ❶**. Hierdurch verändert sich die Ansicht von iTunes, und Sie können festlegen, wie Daten von Ihrem Computer mithilfe von iTunes auf das iPad übertragen werden. Beachten Sie, dass Sie diese Schaltfläche nur sehen, wenn Ihr iPad am Computer angeschlossen ist.

Wenn Sie in der iPad-Ansicht sind, finden Sie im oberen Bereich verschiedene Kategorien ❷. Diese legen fest, was im Hauptbereich ❸ angezeigt wird. Sollten Sie also einmal eine Einstellung nicht finden, überprüfen Sie zuerst, ob Ihr iPad angeschlossen ist, ob Sie sich in der iPad-Ansicht befinden und ob die richtige Kategorie ausgewählt ist. Ganz unten ❹ sehen Sie, wie viel Speicher auf Ihrem iPad bereits belegt ist und wofür dieser verwendet wird.

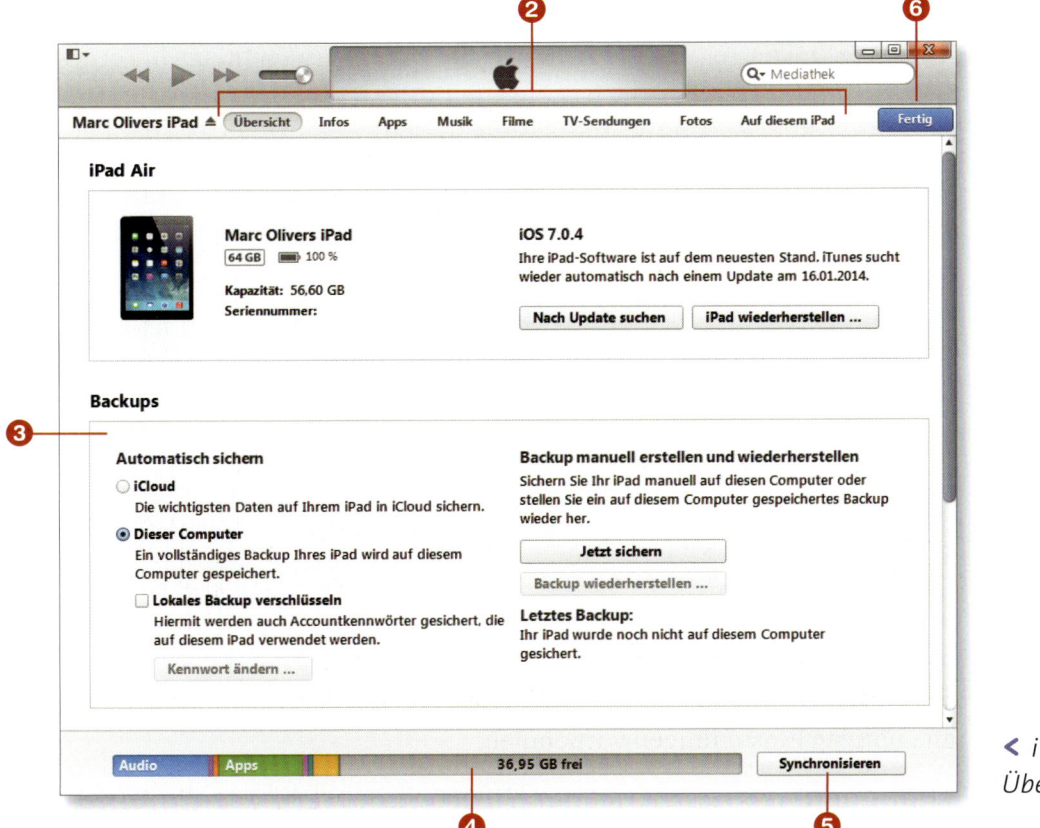

< *iTunes im Überblick*

Wenn Sie Änderungen an den Synchronisierungseinstellungen vornehmen, berechnet iTunes immer, welchen Einfluss das auf die Speicherbelegung haben wird, und das noch vor dem Start der Synchronisierung der Daten. So können Sie bequem abschätzen, ob auch alles auf Ihr iPad passt. Um das iPad mit iTunes zu synchronisieren, klicken Sie auf den Button **Synchronisieren** ❺. Wenn Sie die iPad-Ansicht von iTunes verlassen möchten, tippen Sie oben auf **Fertig** ❻.

Die Übersicht in iTunes

Unter **Übersicht** finden Sie eine Reihe von allgemeinen Einstellungen (die aber auch ganz schön speziell sein können), die zu keiner der anderen Kategorien passen. Man könnte auch sagen, hier finden Sie die Punkte, bei denen Apple nicht wusste, wo sie sonst platziert werden sollten.

Im oberen linken Teil des Bereichs **iPad ❶** finden Sie allgemeine Informationen. Unter anderem, welchen Namen Ihr iPad trägt, wie groß der verbaute Speicher ist sowie die Seriennummer Ihres Geräts. Ändern können Sie in diesem Bereich nichts.

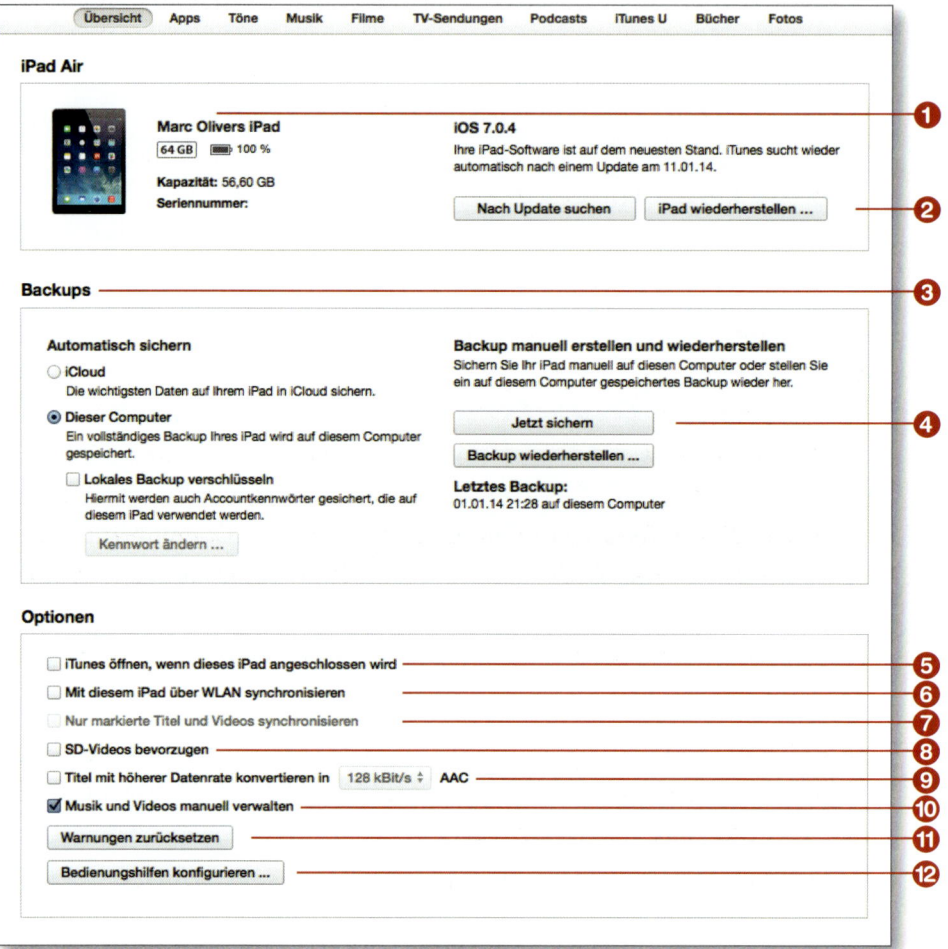

> *Die Übersicht über ein an den Computer angeschlossenes iPad*

Im oberen rechten Teil des Bereichs **❷** sehen Sie das aktuell installierte Betriebssystem. Sobald Sie das iPad mit einem USB-Kabel mit Ihrem Computer verbunden haben, verändert sich die Anzeige, und Sie haben die Auswahl zwischen **Nach Update suchen** oder **iPad wiederherstellen**. Mehr zu diesen beiden Themen lesen Sie in den nächsten beiden Abschnitten.

Im Bereich **Backups** ❸ legen Sie fest, wie Sicherheitskopien für Ihr iPad angelegt werden sollen. Sie können wählen, ob Ihre Backups in der iCloud (diese Funktion steht nur zur Verfügung, wenn Sie einen iCloud-Account besitzen) oder auf Ihrem Rechner erstellt werden sollen. Wird das Backup lokal gespeichert, kann dies noch mit einem Kennwort versehen und so verschlüsselt werden. Beachten Sie, dass das Backup via iCloud direkt vom iPad aus durchgeführt wird. Die Wahlmöglichkeit an dieser Stelle schaltet die Funktion lediglich auf dem iPad ein. Mehr zum Thema Backup in der iCloud lesen Sie in Kapitel 12, »So funktioniert die iCloud«, ab Seite 204. Um ein Backup zu starten, klicken Sie auf **Jetzt sichern** ❹.

Im unteren Bereich **Optionen** können Sie eine ganze Reihe kleinerer und größerer Einstellungen vornehmen. **iTunes öffnen, wenn dieses iPad angeschlossen wird** ❺ ist sicherlich selbsterklärend. Der nächste Punkt benötigt da schon etwas mehr Erklärung. Wenn die Funktion **Mit diesem iPad über WLAN synchronisieren** ❻ aktiviert ist, müssen Sie in Zukunft das iPad nicht mehr via Kabel mit dem Computer verbinden. Ihr Computer und das iPad müssen lediglich im selben lokalen Computernetzwerk sein (dies schließt das WLAN mit ein). Um diese Funktion zu aktivieren, muss das iPad via Kabel angeschlossen sein. Damit sich das iPad mit Ihrem Computer synchronisieren kann, muss iTunes auf Ihrem Computer gestartet sein. Dies ist ganz wichtig!

Wenn Sie bei **Nur markierte Titel und Videos synchronisieren** ❼ ein Häkchen setzen, werden wirklich nur die Lieder und Videos übertragen, die in der iTunes-Mediathek markiert sind.

< *Nur die markierten Musiktitel werden übertragen.*

Dies ist ein wenig verwirrend, da Sie auch noch an anderer Stelle einstellen können, welche Lieder synchronisiert werden sollen – dort ist es tendenziell auch sinnvoller (siehe Abschnitt »Musik synchronisieren«, ab Seite 248).

Die beiden folgenden Optionen dienen dazu, Speicherplatz auf dem iPad zu sparen. Wenn Sie ein Häkchen bei **SD-Videos bevorzugen** ❽ setzen, werden die Videos (falls verfügbar) in niedriger Auflösung auf das iPad übertragen. Wenn Sie Videos ausschließlich in HD-Qualität haben, werden diese Videos jedoch nicht umgewandelt. Ganz anders bei **Titel mit höherer Datenrate konvertieren in 128 kbit/s AAC** ❾. Wenn Sie hier ein Häkchen setzen, werden Ihre Musiktitel in der Tat in die niedrigere und platzsparendere Version umgewandelt. Sie können hier auch noch einstellen, in welche Qualität die Musik konvertiert werden soll. Dies hat den Vorteil, dass deutlich mehr Musik auf das iPad passt. Die Unterschiede in der Musikqualität sind über die eingebauten Lautsprecher sicherlich nicht hörbar – und wenn überhaupt, nur mit qualitativ guten Kopfhörern. Nachteil ist jedoch, dass das Konvertieren Zeit benötigt und somit die Synchronisierung deutlich länger dauert.

Wenn Sie die Funktion **Musik und Videos manuell verwalten** ❿ aktivieren, müssen Sie jedes einzelne Lied oder Video von Hand auf das iPad ziehen und übertragen. Das ist nur selten sinnvoll und verursacht eher viel Arbeit. Sie sollten lieber mit Wiedergabelisten arbeiten.

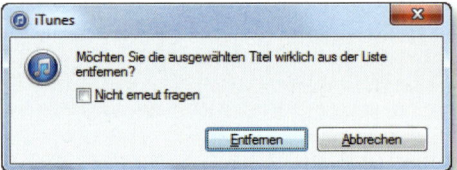

Es gibt Aktionen unter iTunes, bei denen Ihnen eine Sicherheitsabfrage angezeigt wird. Diese Sicherheitsabfragen können Sie über eine Checkbox, häufig **Nicht erneut fragen**, deaktivieren. Wenn Sie hier ein Häkchen voreilig gesetzt haben, können Sie auf **Warnungen zurücksetzen** ⓫ klicken. Hierdurch erhalten Sie in Zukunft wieder diese Abfragen.

➕ **Wie viel Platz benötigt ein Lied?**

Der Platzbedarf eines Liedes hängt von vielen Faktoren ab, zwei Faktoren sind dabei aber die wichtigsten: das verwendete Kompressionsformat und die Datenrate. Lieder im iTunes Store werden im Format AAC und mit 256 kbit/s verkauft. Bei dieser Qualität sollte es auch guten und sehr geschulten Ohren schwerfallen, einen Unterschied zur Audio-CD herauszuhören. Pro Minute Musik kann man hier mit 2 MByte rechnen. Wenn Sie also die Datenrate auf 128 kbit/s reduzieren, benötigen Sie für eine Minute Musik etwa 1 MByte.

Unter **Bedienungshilfen konfigurieren** 12 können Sie Einstellungen vornehmen, die vornehmlich für Personen mit Behinderung gedacht sind. So können Sie, falls Sie stark fehlsichtig sind, z. B. **Zoomen** einschalten. Schauen Sie einfach einmal rein, und probieren Sie die im Wesentlichen selbsterklärenden Einstellungen aus.

Ein Update installieren

Das iPad auf die neueste Betriebssystemversion zu aktualisieren ist eigentlich einfach. Ein paar kleine (aber wichtige) Regeln sollten Sie jedoch beachten.

1. Installieren Sie das Update nur, wenn der Akku des iPads wenigstens noch ein paar Stunden durchhält. Das Gleiche gilt natürlich auch für den Computer, mit dem Sie das Update durchführen. Sollte es sich um ein Notebook handeln, sollte natürlich auch hier der Akku wenigstens noch für eine Stunde halten. Des Weiteren sollte sich das Notebook nicht ausgerechnet während des Updates schlafen legen. Und last, but not least benötigen Sie natürlich auch noch eine Internetverbindung. Da so ein Update zum Teil mehrere 100 MByte groß ist, sollten Sie die Datei nicht gerade via UMTS herunterladen.

2. Wählen Sie auf der linken Seite in der Seitenleiste von iTunes Ihr iPad aus.

3. Klicken Sie in der **Übersicht** Ihres iPads im oberen Bereich auf den Button **Nach Update suchen**.

4. iTunes sucht daraufhin im Internet, ob Updates für Ihr Gerät verfügbar sind. Sollten keine verfügbar sein, teilt iTunes Ihnen das in einem Dialogfenster mit. Sind Updates verfügbar, werden Sie gefragt, ob Sie diese jetzt installieren möchten.

5. Beachten Sie dabei bitte, dass der komplette Vorgang des Updates wenigstens 15 Minuten dauern kann, aber durchaus auch schon mal eine gute Stunde und mehr.

Wiederherstellen eines iPads

In iTunes haben Sie die Möglichkeit des Wiederherstellens. Aber was bedeutet das? Möglicherweise haben Sie an Ihrem iPad unbeabsichtigt eine schwerwiegende Veränderung vorgenommen, oder Sie haben sich ein neues iPad gekauft, weil das alte defekt war. In beiden Fällen wird Ihnen die **iPad wiederherstellen**-Funktion treue Dienste leisten, da Sie damit das iPad wieder in einen definierten früheren Zustand setzen können.

> **+ Kein Wiederherstellen nach Updates**
>
> Nach einem Update ist es aus technischen Gründen nicht mehr möglich, das iPad auf einen Stand, der dem vor dem Update entspricht, zurückzusetzen. Führen Sie diesen Schritt also nur aus, wenn Sie sich ganz sicher sind, dabei keine wichtigen Inhalte zu verlieren.

Die Synchronisierung

Bei der Synchronisierung geht es prinzipiell immer um dasselbe: Inhalte vom Computer sollen auf das iPad übertragen werden, und Inhalte vom iPad sollen wieder auf den Computer zurückübertragen werden. Dieses Grundprinzip finden Sie innerhalb von iTunes an ganz vielen Stellen. Aus Sicht von iTunes ist es dabei im Wesentlichen dasselbe, ob Sie Musik, Videos oder TV-Sendungen synchronisieren. Auch bezüglich der Bedienung gibt es keine großen Unterschiede. Daher werden wir die Synchronisierung nur für einen Bereich exemplarisch erläutern.

Musik synchronisieren

Exemplarisch auch für die anderen Medien zeigen wir Ihnen im Folgenden, wie Sie Musik synchronisieren können. Bevor wir mit der eigentlichen Synchronisierung anfangen, folgt ein kurzer Ausflug in die allgemeine iTunes-Bedienung. Beachten Sie dabei bitte, dass es bei folgender Beschreibung um iTunes auf Ihrem PC oder Mac geht.

Um Musik einfach und komfortabel zu synchronisieren, sollten Sie Wiedergabelisten anlegen. Wiedergabelisten sind praktisch, um Ordnung in Ihre Musik zu bringen. Eine Wiedergabeliste kann dabei ein einzelnes Album sein, sodass alle Lieder eines Albums in diese Liste kommen. Eine Wiedergabeliste kann aber genauso gut eine Sammlung von Liedern sein, die Sie gerne beim Sport oder am Frühstückstisch hören. Wie Sie eine Wiedergabeliste anlegen, erfahren Sie nun.

1. Wechseln Sie in die **Musik**-Ansicht ❶ von iTunes.

2. Wählen Sie im oberen Bereich **Wiedergabelisten** ❷ aus.

3. Tippen Sie auf der linken Seite unten auf das **+**-Zeichen ❸. Wählen Sie aus dem Menü den Punkt **Neue Wiedergabeliste**.

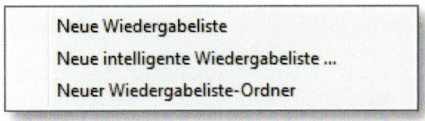

4. Eine frisch erstellte Wiedergabeliste erhält zunächst einmal den wenig aussagefähigen Namen **Neue Wiedergabeliste**. Am einfachsten ist es, wenn Sie ihr sofort einen neuen Namen geben. Sollten Sie das einmal vergessen haben, können Sie den Namen durch einen Doppelklick jederzeit ändern.

5. Lieder in einer Wiedergabeliste abzulegen ist eigentlich recht einfach. Wählen Sie auf der linken Seite die Lieder aus, die in die Wiedergabeliste sollen, ziehen Sie diese mit gedrückter Maustaste vom linken Bereich ❶ in den rechten Bereich ❷, und lassen Sie sie dort fallen.

6. Sollen keine weiteren Titel mehr der Wiedergabeliste hinzugefügt werden, tippen Sie auf **Fertig** ❸.

Nachdem Sie nun Ihre Musik in Wiedergabelisten geordnet haben, können Sie diese besonders einfach mit dem iPad synchronisieren.

1. Schließen Sie Ihr iPad an. Wechseln Sie in die iPad-Ansicht. Tippen Sie dazu oben rechts auf die Schaltfäche **iPad** (siehe Abbildung Seite 242). Warten Sie ab, bis das iPad mit der Synchronisierung fertig ist.

2. Wählen Sie in der oberen Liste **Musik** ❹ aus.

3. Um die Synchronisierung einzuschalten, setzen Sie ein Häkchen bei **Musik synchronisieren** ❺. Hierdurch ist die Synchronisierung der Musik grundsätzlich eingeschaltet. Nun gilt es noch, auszuwählen, was alles synchronisiert werden soll.

4. Wenn Sie entweder nicht so viel Musik haben oder wenn Ihr iPad genügend Speicherplatz hat, können Sie einfach **Die ganze Musikmediathek** auswählen. In der Regel werden Sie aber wohl eher **Ausgewählte Wiedergabelisten, Interpreten, Alben und Genres** ❻ synchronisieren.

5. Wählen Sie im unteren Bereich ❼ aus, welche **Wiedergabelisten, Interpreten, Genres** oder **Alben** synchronisiert werden sollen, indem Sie bei den gewünschten Optionen ein Häkchen setzen.

6. Klicken Sie auf den Button **Anwenden** ❽, und daraufhin wird Ihre Musik auf das iPad übertragen.

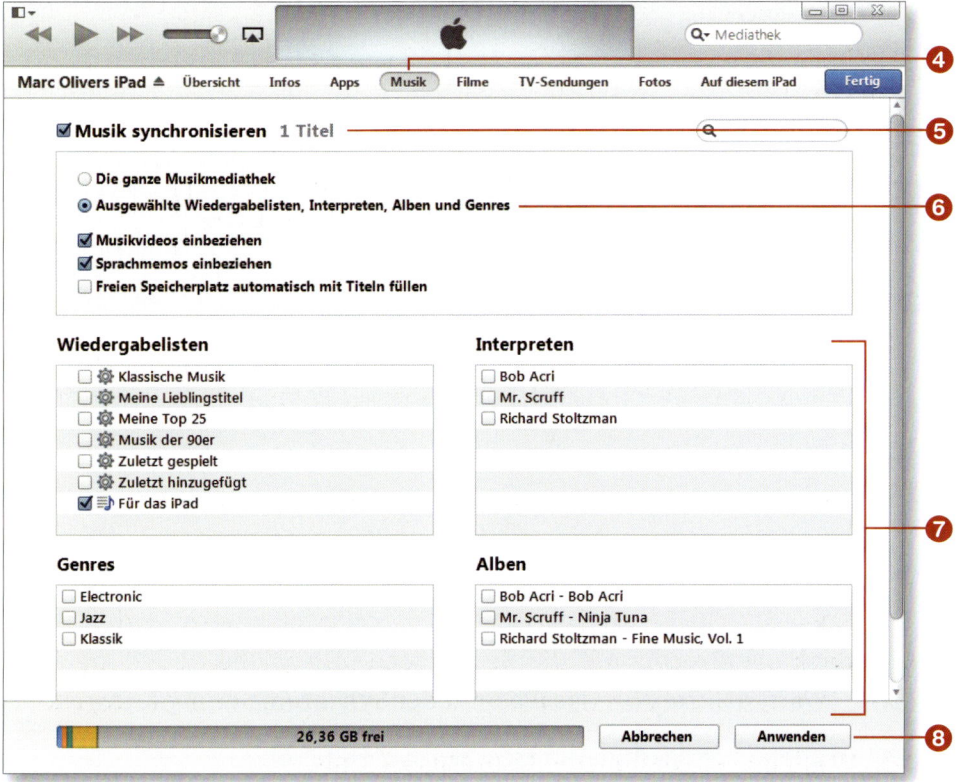

Auf dem iPad können Sie selbstverständlich auch auf diese Wiedergabe-listen zugreifen. Somit haben Sie durch den Einsatz von Wiedergabelis-ten auch in Ihrer Musikbibliothek auf Ihrem iPad eine bessere Übersicht.

✚ Wiedergabelisten – wo ist meine Musik?

Wichtig für den Umgang mit Wiedergabelisten ist, dass Ihnen klar ist, dass die Musikdateien nicht »in« der Wiedergabeliste landen. Die Wie-dergabeliste ist nichts anderes als eine Liste, in der die von Ihnen ausge-wählten Lieder stehen, die zusammenhängend abgespielt werden sollen.

Wenn Sie ein Lied aus der Wiedergabeliste löschen, wird es nicht von der Festplatte gelöscht, sondern lediglich aus der Liste entfernt. Löschen Sie hingegen ein Lied aus der Mediathek, landet es wirklich im Papierkorb und ist über iTunes nicht mehr erreichbar.

Kapitel 16

Einkaufen bei Apple

»Kauft, Leute, kauft!« – so oder so ähnlich könnte das Motto von Apple lauten. Apple hat seit Jahren seinen riesigen iTunes Store aufgebaut. Begonnen hat alles mit der Möglichkeit, Musik legal im Internet zu erwerben. Mittlerweile erhalten Sie hier aber nicht nur Musik, sondern auch Filme, TV-Sendungen, Podcasts, Hörbücher, Apps und Bücher. Im iTunes Store gibt es auch eine ganze Reihe von kostenlosen Produkten. Apple macht vom Prinzip her keinen Unterschied darin, ob Sie ein kostenloses Produkt »kaufen« oder ein kostenpflichtiges. Der Unterschied liegt nur darin, dass Sie bei einem kostenpflichtigen Produkt am Ende zur Kasse gebeten werden. Aber der Weg bis zum Erwerb ist nahezu identisch.

⌃ *Das Icon der App iTunes Store*

‹ *Apps im Store zu kaufen ist ganz einfach – Apple-ID vorausgesetzt.*

Sie benötigen daher auf jeden Fall eine Apple-ID. Ohne diese Apple-ID geht (leider) gar nichts.

➕ **Sicherheit im Store**

Apple gibt sich große Mühe, dass der Einkauf im Store sehr sicher ist. Um einen Einkauf tätigen zu können, müssen Sie beispielsweise immer das Kennwort zur Ihrer Apple-ID eingeben. Sie müssen also keine Angst haben, dass, wenn Sie Ihr iPad auf dem Wohnzimmertisch liegen lassen, andere Familienmitglieder auf Ihre Kosten einkaufen gehen.

Apple-ID zum Einkaufen einrichten

Um in den unterschiedlichen Stores einkaufen zu können, brauchen Sie auf jeden Fall eine Apple-ID. Vermutlich haben Sie eine solche Apple-ID bereits bei der Einrichtung des iPads erstellt. Wie eine solche Apple-ID erstellt wird, haben wir in Kapitel 2, »Das iPad in Betrieb nehmen«, ab Seite 36 erläutert. Sollten Sie dort das Erstellen einer Apple-ID übersprungen haben, können Sie dies nun nachholen.

Wenn Sie, wie in Kapitel 2 beschrieben, einen Account eingerichtet haben, ist dieser leider noch nicht vollständig zum Einkaufen geeignet. Sie müssen Ihre Apple-ID noch mit Ihrer Rechnungsadresse und, falls gewünscht, mit Ihren Zahlungsinformationen vervollständigen.

Sobald Sie Ihren ersten Einkauf tätigen möchten, werden Sie aufgefordert, Ihre Daten zu vervollständigen – bitte beachten Sie immer, dass auch der Download kostenloser Produkte wie ein Einkauf gehandhabt wird.

1. Wenn Sie das erste Mal etwas einkaufen und Ihre Daten nicht vollständig ausgefüllt haben, erhalten Sie folgenden Dialog. Tippen Sie auf **Weiter**.

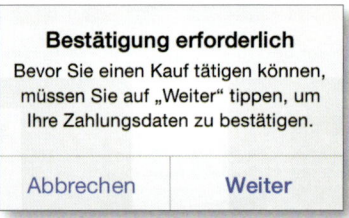

2. Sie werden in den Store umgeleitet. Hierzu müssen Sie aber zuerst Ihr Kennwort eingeben. Nachdem Sie Ihr Kennwort eingegeben haben, sehen Sie folgendes Formular. Sie sehen, welche Felder noch nicht ausgefüllt sind.

3. Im oberen Bereich mit den Zahlungsmethoden wählen Sie die Kreditkarte aus, mit der Sie gerne zahlen möchten. Geben Sie dann Ihre Kartennummer, den Sicherheitscode und das Ablaufdatum Ihrer Kreditkarte ein. Sollten Sie keine Kreditkarte besitzen oder auf gar keinen Fall etwas Kostenpflichtiges einkaufen wollen, wählen Sie **Keine** aus.

4. Im unteren Bereich müssen Sie Ihre Rechnungsadresse eingeben, also Adresse, Postleitzahl und Telefonnummer.

5. Wenn alle Daten eingegeben sind, tippen Sie oben auf **Fertig**. Sollten notwendige Daten fehlen, werden Sie darauf hingewiesen. Sie kommen erst weiter, wenn die fehlenden Daten eingegeben sind.

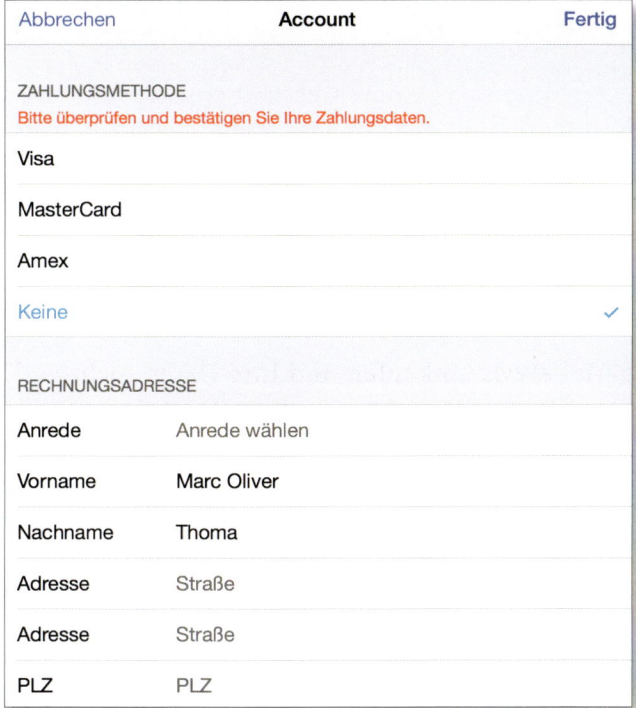

6. Sie müssen im nächsten Schritt noch die Geschäftsbedingungen bestätigen. Blättern Sie hierzu nach unten, und tippen Sie anschließend auf **Ich stimme zu**.

7. Sobald dieser Vorgang einmal erledigt ist, können Sie kostenlose und – falls Sie eine Kreditkarte angegeben haben – auch kostenpflichtige Produkte einkaufen.

> **➕ Keine Kreditkarte?**
>
> Wenn Sie keine Kreditkarte besitzen oder diese im Apple Store nicht einsetzen möchten, stehen Ihnen zwei weitere Zahlungsmöglichkieten zur Verfügung. In beiden Fällen ist es am einfachsten, dies via iTunes vom Computer aus zu machen.
>
> Innerhalb von iTunes können Sie via ClickandBuy bezahlen. ClickandBuy ist ein Online-Bezahlsystem, das für Sie die Abwicklung übernimmt (siehe *www.clickandbuy.com*). Einen solchen Account können Sie innerhalb von iTunes angeben. Über den Umweg ClickandBuy können Sie auch per Lastschrift bezahlen.
>
> Die zweite Möglichkeit ist, dass Sie in einem Geschäft eine iTunes-Gutscheinkarte kaufen. Diese sind für 15, 25, 50 oder 100 € erhältlich. Auf dieser Karte befindet sich ein Code. Geben Sie diesen Code innerhalb von iTunes ein, und das Guthaben wird Ihnen gutgeschrieben. Kaufen Sie nun im Wert dieses Guthabens innerhalb des Store ein.

Apps kaufen und installieren

▲ *Über dieses Icon gelangen Sie in den App Store.*

Zunächst wollen wir uns dem vielleicht wichtigsten Thema überhaupt widmen: den Apps. Derzeit gibt es mehr als 400.000 Apps für das iPad. Da ist wirklich für jeden etwas dabei. Bei der Installation dieser Apps spielt es keine Rolle, ob diese kostenlos oder kostenpflichtig sind. Der Vorgang ist immer der gleiche. Der Unterschied macht sich nur auf Ihrem Konto bemerkbar.

Um eine App über den App Store zu installieren, starten Sie diesen, indem Sie auf dem Home-Bildschirm auf **App Store** tippen. Apps werden immer über den App Store installiert, eine andere legale Möglichkeit besteht nicht. Sie werden vielleicht irgendwann einmal im Internet lesen: »Klicken Sie hier, um die App XY zu installieren.« Sie können ruhig auf diesen Link tippen, denn damit werden Sie automatisch in den App Store geleitet. Sollten Sie allerdings außerhalb des App Store (beispielsweise auf einer Internetseite) aufgefordert werden, sich zu registrieren oder Ihr Kennwort einzugeben, dann sollten Sie skeptisch werden!

< *Der App Store*

Im unteren Teil Ihres Bildschirms sehen Sie die Bereiche **Highlights**, **Top-charts**, **In der Nähe**, **Einkäufe** und **Updates**. Hierbei spielt **Updates** eine besondere Rolle, denn es geht hier, wie der Name schon sagt, nicht darum, Ihnen neue Programme anzubieten, sondern bereits bestehende Programme zu aktualisieren. Diese Aktualisierungen sind derzeit nach Apple-Vorgaben immer kostenlos. Möglicherweise wird sich diese Praxis allerdings noch ändern.

Blättern Sie die Verkaufsbereiche des App Store einfach einmal nach Herzenslust durch. Sie werden sicherlich Programme finden, die Ihnen zusagen und nützlich für Sie sind.

Eine App herunterladen und installieren

Eine App herunterzuladen und zu installieren ist denkbar einfach. Wir erklären dies einmal exemplarisch an einer kostenlosen Wetter-App. Starten Sie also zunächst den **App Store**.

1. Wechseln Sie in irgendeine Ansicht, aber nicht in **Updates** – nur so haben Sie oben rechts das Suchfeld zur Verfügung.

2. Tippen Sie zunächst in das Suchen-Feld »wet« ein. Ihnen werden nun im unteren Bereich Vorschläge gemacht. Wie Sie sehen, mussten wir den Namen nicht vollständig eingeben, um in der Liste den passenden angezeigt zu bekommen. Sollte in der Vorschlagsliste nichts Passendes stehen, tippen Sie auf **Suchen**.

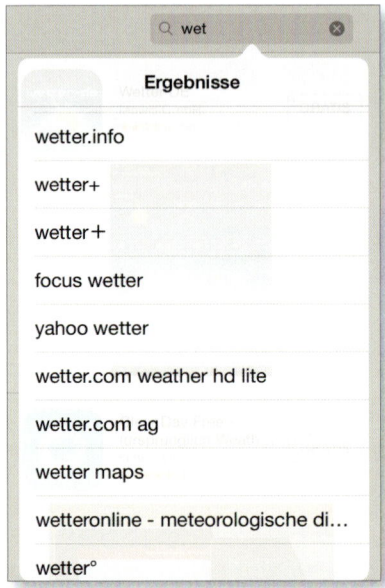

3. In unserem Beispiel tippen Sie auf **wetter+**. Als Nächstes wird Ihnen die App angezeigt.

4. Hier können Sie jede Menge Informationen zum Programm nachlesen. Unter anderem können Sie Screenshots vom Programm sehen und wie andere Benutzer dieses Programm bewerten.

5. Wenn Sie das Programm installieren möchten, tippen Sie auf den Button **Gratis**. Wenn ein Programm kostenpflichtig ist, steht an dieser Stelle der Preis.

6. Damit Sie die Installation (oder den Kauf) bestätigen können, ändert der Button sein Aussehen: entweder zu **Installieren** oder zu **Kaufen**. Um die App zu installieren, tippen Sie erneut auf den nun grünen Button.

7. Um den Vorgang wirklich zu starten, müssen Sie zu guter Letzt noch Ihr Kennwort eingeben. Wenn Sie auf **OK** tippen, wird die App heruntergeladen bzw. gekauft. Sollten Sie allerdings aus Versehen die falsche App gekauft haben, ist dies jetzt nicht mehr ohne Weiteres rückgängig zu machen.

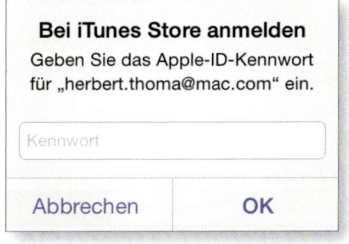

8. Die App wird heruntergeladen und automatisch installiert. Dieser Vorgang kann ein paar Sekunden dauern – bitte unterbrechen Sie ihn nicht.

Aus einer App heraus einkaufen – In-App-Kauf

Das Konzept, dass man Apps kaufen kann, ist in Apples Strategie stets ein ganz wichtiger Gedanke gewesen. Schnell kam aber der Wunsch bei den Programmierern auf, dass man aus einer App heraus auch weitere Einkäufe tätigen kann. Warum sollte man dies wollen? Stellen Sie sich vor, Sie sind für ein Magazin oder eine Zeitung verantwortlich. Jeden Tag (oder jede Woche, jeden Monat) möchten Sie Ihren Kunden kostenpflichtig Neuheiten präsentieren. Dazu müssten Sie jeden Tag eine neue App veröffentlichen. Dies ist aber aus vielen Gründen nicht möglich, daher gibt es eine bessere Möglichkeit: Durch sogenannte In-App-Käufe können Sie einmal eine App in den App Store stellen, und immer wenn der Benutzer es möchte, kann er Inhalte für diese App kaufen. Er kauft also aus der Anwendung heraus. Von dieser Möglichkeit machen nicht nur Verlage regen Gebrauch, sondern auch Spieleprogrammierer. Hier können aus dem Spiel heraus direkt weitere neue Abenteuer gekauft werden. Diese Funktion ist identisch mit dem Kauf einer App. Sie müssen immer zweimal auf den **Kaufen**-Button tippen und im Anschluss daran Ihr Passwort eingeben. Sie müssen also keine Angst haben, dass Sie, wenn Sie Ihr iPad mal eben jemandem zeigen, Gefahr laufen, dass dieser aus Versehen etwas kauft.

^ *Durch Tippen auf das* ⊗ *löschen Sie die App.*

Eine App löschen

Eine App auf dem iPad zu löschen ist wirklich sehr einfach – einfacher als auf jedem »normalen« Computer.

1. Wechseln Sie auf den Home-Bildschirm. Tippen Sie länger auf ein Symbol (ca. zwei Sekunden), bis die Symbole anfangen zu wackeln.

2. Oben links sehen Sie nun am Symbol ein ⊗ . Tippen Sie darauf, um die App zu löschen.

3. Bevor die App wirklich gelöscht wird, erhalten Sie noch eine Sicherheitsabfrage. Wenn Sie die App wirklich löschen möchten, tippen Sie auf **Löschen**. Sie sehen, das geht wirklich einfach. Eine »Deinstallation« oder Ähnliches ist nicht nötig.

Zeitungskiosk

Der Zeitungskiosk ist eine Besonderheit auf dem iPad. Zum einen bezeichnet er sowohl die App mit dem Namen »Zeitungskiosk« als auch einen besonderen Bereich innerhalb des App Store.

∧ Das Icon der App iTunes Store

Zunächst stellen wir Ihnen die App Zeitungskiosk vor. Genau genommen ist es gar keine echte App, sondern vielmehr eine Art Ordner. In diesem Ordner werden Apps abgespeichert, die etwas mit Zeitungen oder Magazinen zu tun haben. Dies hat den Vorteil, dass Sie alle derartigen Apps an einem Ort vorfinden und sie nicht wild verstreut auf Ihrem iPad landen.

Der eigentliche Kiosk – also der Bereich, in dem Sie eine Zeitung kaufen können – ist im Wesentlichen nichts anderes als ein besonderer Bereich des App-Store. Diesen erreichen Sie sowohl über die App App Store als auch über die App Zeitungskiosk. Letzteres ist etwas einfacher. Starten Sie zunächst die App und tippen Sie auf **Store** ❶. Hierdurch wechseln Sie in den App Store und befinden sich bereits im richtigen Bereich. Wenn Sie sich für eine Zeitung oder ein Magazin entscheiden, so laden Sie diese einfach herunter. Da Sie sich im App Store befinden, funktioniert dies ganz normal wie bei jeder anderen App auch.

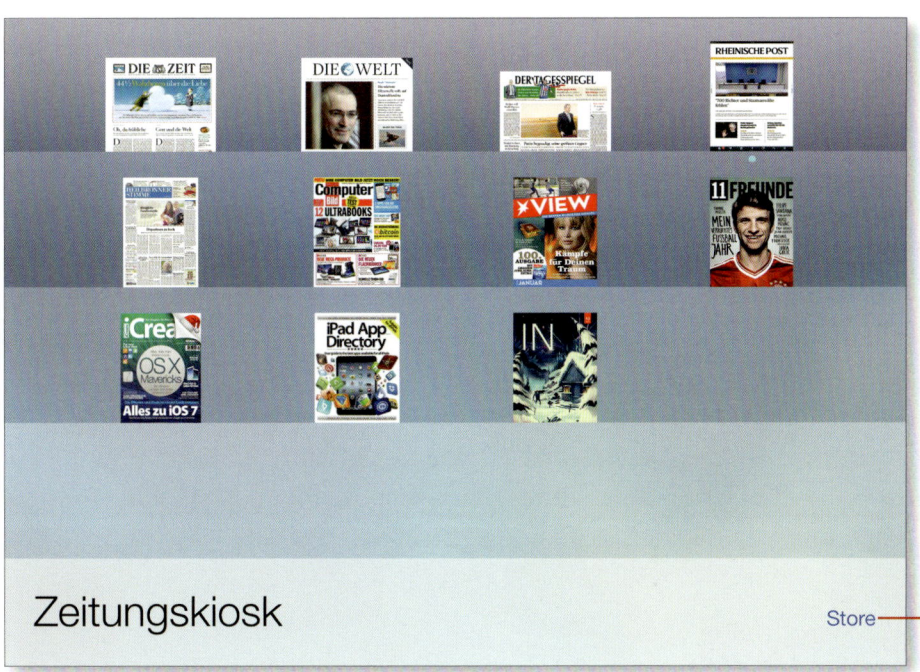

Nachdem Apps im Zeitungskiosk gelandet sind, können Sie diese behandeln wie jede normale App. Drücken Sie lange auf eine App, fängt sie an zu wackeln, dann können Sie sie verschieben oder durch Drücken auf das kleine ✕ auch löschen.

> ➕ **Wieso ist meine Zeitung nicht im Zeitungskiosk**
>
> Verlage können selbst festlegen, ob die von ihnen herausgegebene App im Zeitungskiosk oder als eine »normale« App auf dem iPad erscheint. Sie als Nutzer haben hierauf keinen Einfluss.
>
> Für Verlage ergeben sich sowohl Vor- als auch Nachteile, wenn sie mit ihrem Produkt im Zeitungskiosk erscheinen. Hier geht es vor allem um juristische und finanzielle Entscheidungen, die ein Verlag treffen muss.

Sehr praktisch ist vor allem auch, dass Ihnen einige dieser Apps mitteilen, wenn es Aktualisierung gibt. Zum Beispiel können Sie so morgens nach dem Aufstehen sofort sehen, dass die aktuelle Version Ihrer Tageszeitung zur Verfügung steht. Die App Zeitungskiosk erhält daraufhin ebenfalls oben rechts die typische Hinweiszahl, die Sie sicherlich auch bereits von ungelesenen E-Mails kennen.

Ein Anbieter kann in gewissem Rahmen selbst festlegen, wie er innerhalb seiner App Inhalte verkauft. Häufig besteht die Möglichkeit, die Ausgaben einer Zeitung oder Zeitschrift zu abonnieren, sodass Sie zukünftig keine Ausgabe verpassen. Hierbei wird ein bestimmter Betrag regelmäßig, beispielsweise einmal im Monat oder einmal im Quartal, über Ihre Apple-ID abgebucht. Dieses Abomodell ist vergleichbar mit dem Abo, wie Sie es auch von gedruckten Zeitungen oder Magazinen kennen. Auch das elektronische Abonnement verlängert sich automatisch, bis Sie es kündigen. Im Gegensatz zu einem normalen Abo erhalten Sie jedoch von Apple kurz vor einer Verlängerung des Abonnements eine E-Mail, die Sie darauf hinweist, dass in ein paar Tagen Ihr Abo verlängert und Geld über Ihre Apple-ID eingezogen wird. Sie können bis auf den »letzten Drücker« das Abo kündigen. Lange Kündigungsfristen, wie man sie zum Teil von Papierausgaben kennt, sind hierbei nicht einzuhalten.

➕ **Gratis, aber nicht kostenlos**

Es mag etwas verwirren, wenn Sie in den Zeitungskiosk gehen. So sehen Sie, dass alle Zeitungen bzw. Magazine gratis zu erhalten sind. Hierbei handelt es sich aber »nur« um die App. Die Inhalte dieser App müssen bezahlt werden. Sobald Sie die App gratis heruntergeladen haben und diese öffnen, sehen Sie, dass eine aktuelle Ausgabe kostenpflichtig ist.

Musik, Filme und Hörbücher kaufen

Im Folgenden wollen wir Ihnen zeigen, wie einfach es ist, ein Lied oder ein ganzes Album via iTunes zu kaufen. Da das Kaufen eines Films oder einer TV-Sendung nahezu identisch funktioniert, wollen wir darauf nicht näher eingehen.

∧ *Das Icon der App iTunes Store*

1. Starten Sie die App iTunes Store.

2. Im unteren Bereich wählen Sie, ob Sie **Musik**, **Hörbücher**, **Filme** oder **TV** kaufen möchten. Wählen Sie **Musik** durch Tippen aus.

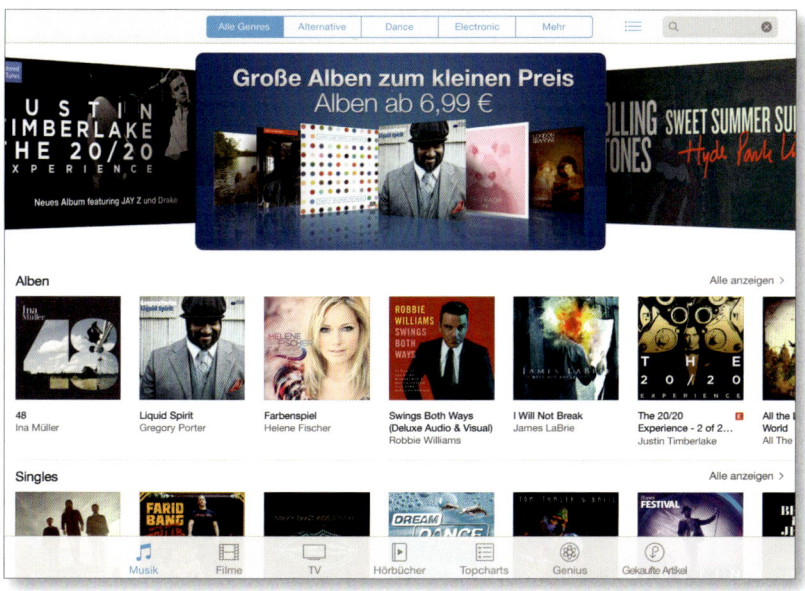

3. Suchen Sie sich etwas aus, was Sie gerne kaufen möchten. Wir haben uns hier, um es einfach zu machen, für das beworbene Album von Robbie Williams entschieden. Schauen Sie sich doch einfach einmal etwas um. Mit Sicherheit wird auch für Sie etwas Passendes dabei sein. Oben rechts finden Sie im Übrigen auch ein Suchen-Feld.

4. Wenn Sie sich für ein Album entschieden haben, wird es Ihnen mit all seinen Titeln angezeigt.

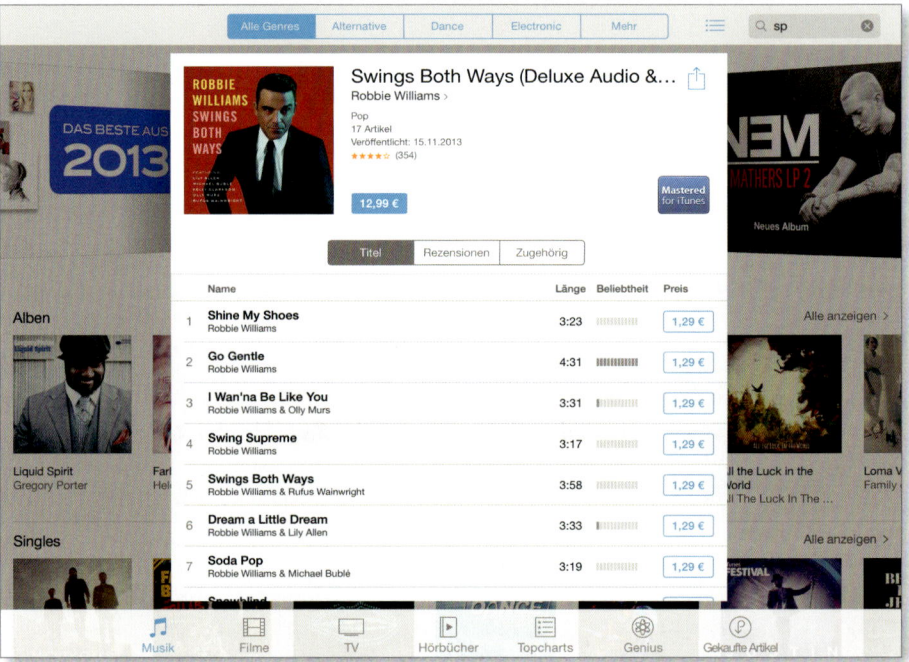

5. Niemand kauft gerne die Katze im Sack, und Sie möchten vielleicht vor dem Kauf erst einmal in das eine oder andere Lied hineinhören? Kein Problem! Tippen Sie einfach auf den Namen des Liedes. Es wird Ihnen nun ein bis zu 90 Sekunden langer Ausschnitt vorgespielt.

6. Jetzt müssen Sie noch entscheiden, ob Sie das ganze Album oder nur ein einzelnes Lied kaufen möchten. Tippen Sie dazu auf den Preis des Liedes (oder des Albums). Der Preis-Button verwandelt sich in einen **Titel kaufen**- bzw. **Album kaufen**-Button. Tippen Sie diesen an, um den Kauf auszuführen.

TITEL KAUFEN | ALBUM KAUFEN

7. Sie werden nach Ihrem Passwort gefragt, geben Sie dieses jetzt ein. Der Download startet.

8. Unten rechts sehen Sie den Bereich **Download**. Der Tab **Download** wird nur so lange eingeblendet, wie ein Download durchgeführt wird. Sind alle Dateien heruntergeladen, wird der Tab wieder ausgeblendet. Wenn Sie diesen durch Tippen aufrufen, können Sie sehen, wie der Download ausgeführt wird. Abhängig von Ihrer Internetgeschwindigkeit dauert dieser Vorgang entsprechend länger oder kürzer.

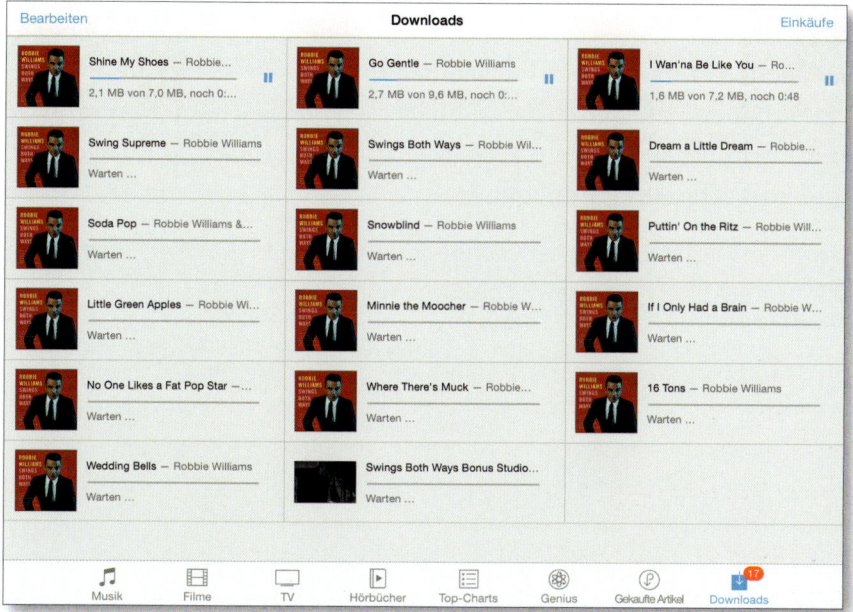

9. Unter **Gekaufte Artikel** können Sie feststellen, was Sie im iTunes Store gekauft haben.

10. Um Ihre erworbene Musik zu hören, wechseln Sie in die Musik-App.

> **+ Apps, Filme, Musik oder Bücher sind weg – was nun?**
>
> Wenn Sie Filme, Musik oder Apps über das iPad gekauft haben und Ihr iPad verlieren (oder es geht kaputt), sind Ihre gekauften Daten nicht verloren. Sie können diese jederzeit erneut herunterladen. Voraussetzung ist, dass Sie Ihre Apple-ID samt Kennwort nicht verloren haben, denn all Ihre Einkäufe werden mit dieser Apple-ID verbunden.
>
> Wenn Sie Ihre Apple-ID konsequent auf all Ihren Apple-Geräten oder unter iTunes (Windows oder Mac) verwenden, können Sie Ihre gekauften Produkte auch auf allen Geräten ohne erneute Ausgaben nutzen.

Leihen statt kaufen

Sie können Filme (oder Folgen einer Serie) kaufen, aber auch leihen. Beim Leihen wird der Film auf das iPad heruntergeladen. Sie haben nun 30 Tage Zeit, mit dem Start des Films zu beginnen. Sobald Sie begonnen haben, den Film zu sehen, verbleiben Ihnen noch 48 Stunden, ihn zu Ende zu schauen. Danach kann er nicht mehr angeschaut werden. Das Leihen ist also die moderne Alternative zur Videothek – vorausgesetzt, Ihre Internetverbindung ist zügig.

Das Vorgehen beim Leihen ist das gleiche wie beim Kaufen, weswegen wir hier nur erklären, wie etwas gekauft wird.

Kapitel 17

iBooks

Bücher bzw. E-Books (elektronische Bücher) auf einem iPad Air mit Retina Display zu lesen, ist eine wahre Freude. Egal wo Sie sich unterwegs aufhalten, können Sie mit dem iPad jederzeit Ihre Bibliothek bei sich haben, ohne jedoch das Gewicht der gleichen Menge an Büchern schleppen zu müssen. Sollte Ihnen einmal der Lesestoff ausgehen, ist schnell für Nachschub gesorgt. Sie benötigen lediglich eine Internetverbindung, um unterwegs neue E-Books zu kaufen. Da E-Books in der Regel sehr kleine Dateigrößen haben, können sie oft problemlos mit sehr kurzen Wartezeiten – und ohne die Volumengrenze des Mobilfunkvertrags zu sprengen – auch unterwegs heruntergeladen werden.

∧ Das Icon der iBooks-App

Bücher können auf allen aktuellen Apple-Geräten gelesen werden, also dem iPad, einem iPod touch und einem iPhone. Auf einem Macintosh-Rechner ebenfalls, wenn auf diesem OS X 10.9 alias Mavericks installiert ist. Sollten Sie einen Windows-Rechner besitzen, können Sie (zurzeit) auf diesem keine Bücher aus dem iBooks Store lesen.

Eine Besonderheit dieser App ist, dass diese derzeit auf dem iPad nicht vorinstalliert ist. Das heißt, Sie müssen diese App erst über den App Store selbst herunterladen. Über die Gründe, warum Apple dieses Vorgehen wählt, kann nur spekuliert werden. Möglicherweise ändert sich diese Situation in Zukunft. Installieren Sie also zuerst die iBooks-App.

Wenn Sie iBooks zum ersten Mal starten, werden Sie gefragt, ob Sie die Lesezeichen synchronisieren möchten. Sollten Sie z. B. ein iPhone und ein iPad Ihr Eigen nennen, werden Lesezeichen und Notizen zwischen diesen Geräten synchronisiert. Hierdurch merkt sich iBooks sogar, auf welcher Seite Sie aufgehört haben zu lesen, und Sie können auf einem anderen Gerät an derselben Stelle weiterlesen, an der Sie ursprünglich aufgehört hatten.

∧ *iBooks synchronisiert die Lesezeichen.*

Die App iBooks ist aber nicht nur zum Lesen und Kaufen von elektronischen Büchern gut. Mit dieser App können Sie auch Ihre PDFs lesen und verwalten, und Sie können offline immer darauf zugreifen.

Umgang mit iBooks

iBooks ist wirklich eine sehr leicht zu verstehende App, und da Sie sicherlich schon mit komplizierteren Apps gearbeitet haben, wollen wir Ihnen hier nur die wichtigsten Dinge kurz im Überblick erläutern.

Beachten Sie dabei bitte, dass auch iBooks sich merkt, wie es verlassen wurde. Es kann daher sein, dass iBooks bei Ihnen anders aussieht. Um in den iBooks Store zu wechseln, tippen Sie auf **Store** ❶. Hierdurch wechseln Sie in den virtuellen Buchladen. Wenn Sie auf **Sammlungen** ❷ tippen, können Sie zwischen Ihren Büchern und PDF-Dokumenten hin- und herschalten oder auch eigene Sammlungen anlegen. Möchten Sie ein Buch öffnen, tippen Sie einfach auf das Buch, z. B. auf »Yellow Submarine« ❸.

∨ *Die iBooks-App mit »Gekaufte Bücher«*

Nachdem Sie iBooks installiert haben, werden Ihnen Ihre Bücher standardmäßig in einer Coveransicht angezeigt. Vielleicht möchten Sie Ihre Bücher aber lieber in Listenform sehen? Dann tippen Sie auf das ☰-**Symbol** ❹. In der Listenansicht können Sie Ihre Bücher nach unterschiedlichen Kriterien sortieren und haben auch eine Suchmöglichkeit. Durch Tippen auf **Bearbeiten** ❺ können Sie Ihr Bücherregal aufräumen. Verschieben Sie einfach die Bücher in Ihrem virtuellen Bücherregal. Soll ein Buch gelöscht werden, markieren Sie dieses zunächst, indem Sie es antippen. Ein Häkchen wird daraufhin auf dem ausgewählten Buch angezeigt. Im linken oberen Bereich des Bildschirmrandes ist das Wort **Löschen** zu sehen, tippen Sie darauf, und das Buch wird entfernt.

Bücher lesen

Um ein Buch zu lesen, tippen Sie in der Bibliothek einfach auf das von Ihnen gewünschte Buch. Es wird umgehend geöffnet. In unserem Fall ist es »Die Kunst des klaren Denkens«.

< So lesen Sie Bücher in iBooks.

Um wieder zur Übersicht zu gelangen, tippen Sie auf **Bibliothek** ❻ (siehe Abbildung Seite 269). Durch einen Tipp auf ☰ ❼ rufen Sie das Inhaltsverzeichnis auf. Damit Sie nach einem versehentlichen Berühren dieses Buttons wieder zurückkehren können, verwandelt er sich in einen **Zurück**-Button.

Wie gut (oder schlecht) man ein Buch an einem Bildschirm lesen kann, hängt von einer Reihe von Faktoren ab. Unter ᴀ**A** ❽ können Sie einstellen, wie iBooks Ihnen den Text präsentiert.

Die Darstellung von iBooks anpassen

Sie können problemlos die Helligkeit Ihres Displays einstellen. Durch Verschieben des Reglers ❶ passen Sie die Helligkeit an Ihre persönlichen Wünsche an. Durch Tippen auf die Größer- oder Kleiner-Schaltfläche ❷ legen Sie die Schriftgröße fest.

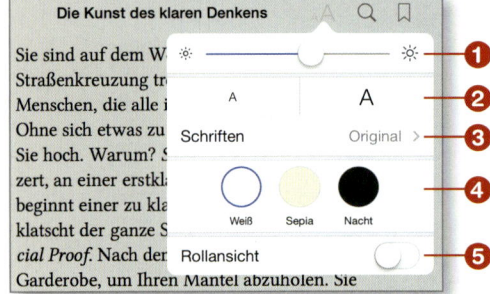

> *Hier können Sie die Darstellung von iBooks an die eigenen Bedürfnisse anpassen.*

Durch Tippen auf **Schriften** ❸ können Sie aus einer ganzen Reihe von Schriften auswählen. Um zu sehen, mit welcher Schrift Sie am besten und augenschonend lesen können, sollten Sie die einzelnen Schriften ausprobieren und auch mal ein längeres Stückchen Text Probe lesen.

Möchten Sie das Aussehen des »Papiers« ändern, können Sie dies im Bereich ❹ festlegen. Entscheiden Sie, ob iBooks sich Ihnen im Modus **Weiß** (weiße Seiten), **Sepia** (abgetönte Seiten) oder **Nacht** (weiße Schrift auf schwarzem Grund) präsentieren soll. Des Weiteren können Sie noch die **Rollansicht**-Funktion ❺ aktivieren. Hierdurch blättert man nicht wie in einem Buch von Seite zu Seite, sondern scrollt nach unten.

Funktionen, die nur ein digitales Buch bietet

Durch Tippen auf die Lupe $\bigcirc$ können Sie nach einem Begriff innerhalb Ihres Buches suchen. Sie haben in einem Buch eine Stelle gefunden, die Sie in Zukunft schnell wiederfinden möchten? Dann tippen Sie auf das Lesezeichen $\square$. Dieses wird durch das Antippen rot. Um auf derart gesetzte Lesezeichen zuzugreifen, wechseln Sie via $\vdots\equiv$ in das Inhaltsverzeichnis. Tippen Sie auf **Lesezeichen**, und Sie sehen Ihre Lesezeichen. Möchten Sie ein Lesezeichen löschen, tippen Sie einfach erneut auf $\square$.

+ **Benutzeroberfläche sieht anders aus?**

Die von uns beschriebene Benutzerführung innerhalb von iBooks kann bei einigen (derzeit sehr wenigen) Büchern abweichen. Bücher können so erstellt werden, dass einige der genannten Funktionen fehlen oder andere nicht beschriebene Funktionen dafür vorhanden sind. Es gibt z. B. Bücher, bei denen Sie sich den Text vorlesen lassen können.

Bücher herunterladen

Um an neuen Lesestoff zu gelangen, wechseln Sie in den iBookstore. Dieser ist vom Prinzip her genauso aufgebaut wie die anderen Apple Stores auch. Um den iBookstore wieder zu verlassen, tippen Sie auf **Bibliothek ❶** (siehe Abbildung Seite 272). Möchten Sie die Auswahl im Store einschränken, können Sie unter **Kategorie ❷** das Genre festlegen. Selbstverständlich gibt es auch im virtuellen Buchhandel eine Suche.

Unter ❸ geben Sie entweder den Autor oder den Titel ein, und schon erhalten Sie eine Auswahl an Treffern. Im unteren Bereich finden Sie die Bereiche **Im Spotlight ❹**, **Top-Charts ❺** und **Top-Autoren ❻**. Diese drei Bereiche ändern jeweils nur die Ansicht auf den Shop. Probieren Sie sie am besten einfach alle einmal aus. Der Punkt **Gekaufte Artikel ❼** spielt eine besondere Rolle, dort können Sie sehen, welche Bücher Sie bereits gekauft haben, und diese erneut herunterladen. Derzeit ist es so, dass Apple Ihre Büchereinkäufe speichert, und egal, was mit Ihrem iPad oder iPhone passiert, Sie können diese Bücher jederzeit erneut herunterladen.

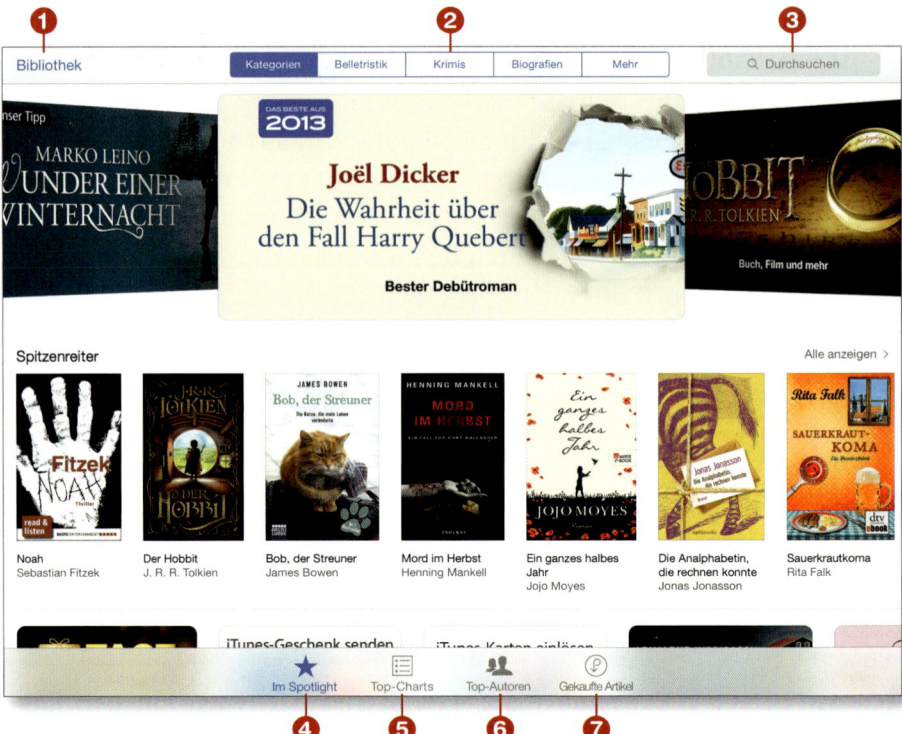

> *Der iBookstore im Überblick*

➕ **Gesucht und nicht gefunden?**

Sie suchen ein Buch und finden es nicht? Dies ist derzeit leider nichts Ungewöhnliches und eher die Regel als die Ausnahme. Apple hat derzeit in Deutschland nicht mit allen Verlagen einen Vertrag.

Inwiefern sich diese Situation in den nächsten Monaten oder Jahren ändern wird, weiß wohl zum jetzigen Zeitpunkt niemand so genau.

Kostenlose Bücher

Wenn Sie in den Bereich **Top-Charts** wechseln, werden Sie sehen, dass es neben kostenpflichtigen Büchern auch kostenlose gibt. Diese Bücher stammen im Wesentlichen aus zwei Quellen: zum einen von Verlagen, die Bücher kostenlos zur Verfügung stellen (quasi als Werbung), und zum anderen aus dem »Projekt Gutenberg«. 70 Jahre nach dem Tod eines Autors verfallen die Urheberrechte. Das heißt, jeder darf nun die Texte selbst veröffentlichen, ohne Lizenzgebühren an den Urheber zahlen zu müssen. Daher kann Apple diese Bücher kostenlos zum Download zur Verfügung stellen. Viel Spaß beim Schmökern in alten Klassikern!

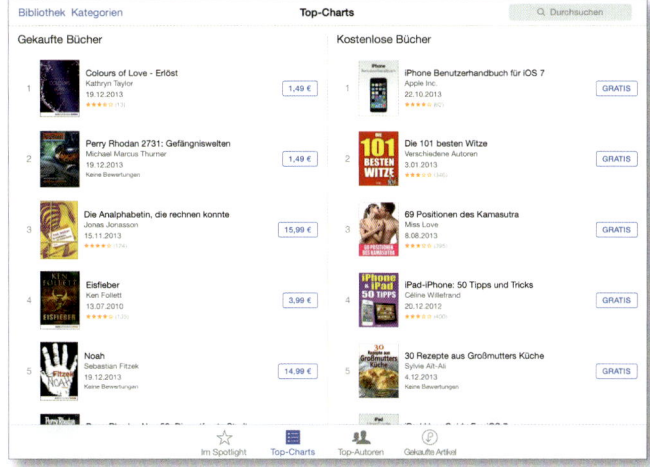

< *Es gibt eine Reihe von kostenlosen Büchern im iBookstore.*

PDF-Dokumente auf das iPad übertragen

Bücher auf dem iPad immer mit sich zu tragen ist eine tolle Sache. Dass man zusätzlich auch noch PDF-Dokumente mit sich führen kann, macht das iPad auch im Business-Umfeld zum perfekten portablen Nachschlagewerk.

Zunächst müssen die PDF-Dokumente aber erst einmal auf das iPad kommen. Im Wesentlichen gibt es hier drei Wege: Sie schließen das iPad an Ihren Computer an und übertragen die PDF-Dokumente via iTunes auf das iPad, Sie surfen mit Safari und laden sie von einer Webseite herunter, oder Sie schicken die PDF-Dokumente via E-Mail an Ihre eigene Adresse.

Wenn Sie über eine Internetseite ein PDF-Dokument öffnen, wird dieses automatisch heruntergeladen und geöffnet. Im oberen Bereich sehen Sie **In „iBooks" öffnen** ❶ (siehe Abbildung Seite 274). Hierdurch wird das PDF-Dokument an die iBooks-App übertragen. Sie wechseln automatisch in die iBooks-App und sehen das PDF-Dokument nun dort. Wollen Sie wieder zurück zu Safari wechseln, dann tippen Sie auf den Home-Button.

> *PDF-Dokumente in iBooks öffnen*

Sollten Sie ein PDF-Dokument per E-Mail erhalten (oder sich selbst zuschicken), sieht die Sache sehr ähnlich aus. Das PDF-Dokument wird als Anhang zur E-Mail verschickt. Ist das PDF-Dokument zu groß, wird es nicht automatisch heruntergeladen.

Tippen Sie auf das Dokument, wird es nachgeladen. Abhängig von der Dokumentengröße kann dies ein paar Sekunden dauern. Nun öffnet sich das PDF-Dokument ebenfalls.

> *Aus der Vorschau PDF-Dokumente in iBooks öffnen*

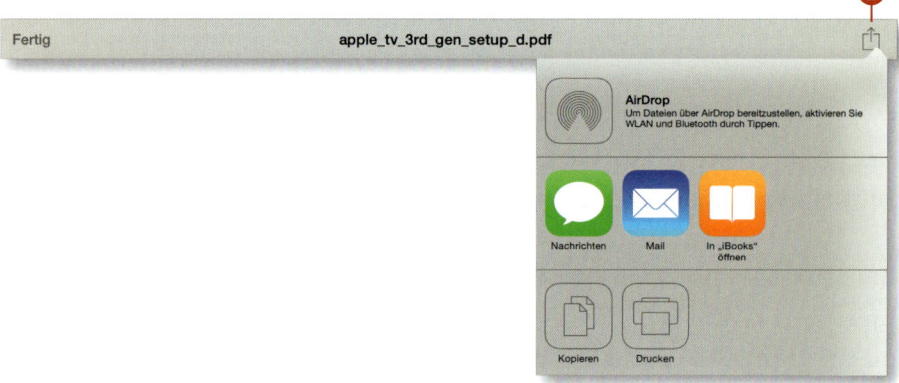

Die obige Leiste wird nicht angezeigt. Tippen Sie kurz auf den Bildschirm, um sie einzublenden. Um das PDF-Dokument in iBooks zu öffnen, tippen Sie auf ❷.

PDF-Dokumente lesen

Um gespeicherte PDF-Dokumente zu lesen, müssen Sie sich in der Sammlung **PDF-Dokumente** befinden (siehe Abschnitt »Umgang mit iBooks«, ab Seite 268). Tippen Sie auf das zu öffnende PDF-Dokument, und es wird umgehend geöffnet.

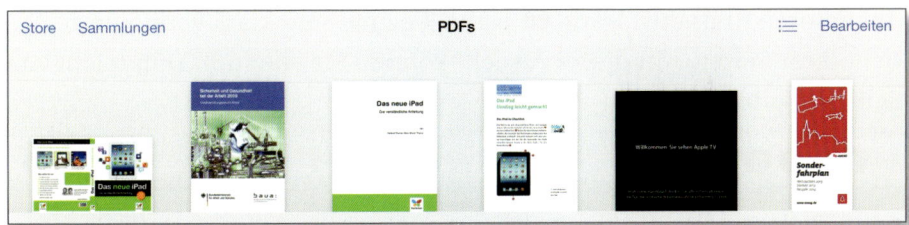

*< PDF-Dokumente
in der eigenen
Sammlung*

Um im PDF von Seite zu Seite zu gelangen, wischen Sie von rechts nach links (eine Seite vorblättern) oder von links nach rechts (eine Seite zurückblättern). Um sich in das Dokument hineinzuzoomen, benutzen Sie die bekannte Pinch-Bewegung (Geste 5, siehe Seite 79). Wenn Sie in das Dokument eingezoomt sind, können Sie die Seite nach oben bzw. nach unten schieben.

Die obere und die untere Leiste werden, um mehr Lesefläche zu haben, ausgeblendet. Erst durch Tippen auf den Bildschirm werden diese Leisten eingeblendet und nach ein paar Sekunden auch wieder ausgeblendet.

Um ein anderes PDF zu öffnen, tippen Sie einfach auf **Bibliothek** ❶ (siehe Abbildung Seite 276). Wenn Sie Ihr PDF in einer Übersicht mit stark verkleinerten Seiten sehen wollen, tippen Sie auf ☷ ❷. Wollen Sie das PDF-Dokument ausdrucken oder per E-Mail verschicken, tippen Sie auf ⎍ ❸. Nachdem Sie auf dieses Symbol getippt haben, erscheint ein Menü, und Sie können auswählen, ob das PDF-Dokument per E-Mail verschickt oder auf einem Drucker ausgegeben werden soll.

Um die Helligkeit des iPads einzustellen, tippen Sie einfach auf ☼ ❹. Bei sehr langen PDF-Dokumenten ist es extrem praktisch, wenn man in diesen suchen kann. Um nach einem Begriff zu suchen, tippen Sie auf ☌ ❺. Ein Suchen-Feld öffnet sich. Sobald Sie einen Begriff eingeben, werden im unteren Bereich Treffer angezeigt. Tippen Sie auf einen der Treffer, um direkt auf die Seite zu springen.

In einem »normalen« Buch können Sie ein Lesezeichen setzen. Das können Sie durch Tippen auf ⎵ ❻ auch in Ihrem PDF-Dokument. Sobald Sie das Lesezeichen gesetzt haben, ändert das Symbol sein Aussehen, das Lesezeichen wird rot ⎰. Wenn Sie in die stark verkleinerte Ansicht der Seiten wechseln wollen, tippen Sie auf ☷, und Sie können auf sehr übersichtliche Art und Weise sehen, welche Seiten Lesezeichen haben.

Am unteren Bildschirmrand ❼ sehen Sie eine sehr stark verkleinerte Ansicht Ihrer Seiten. Mit dieser Ansicht können Sie ebenfalls sehr leicht von Seite zu Seite wechseln.

> So zeigt iBooks
PDF-Dokumente an.

Einstellungen für iBooks

Sie können für iBooks einige Einstellungen vornehmen. Tippen Sie auf **Einstellungen**, dann auf **iBooks**. Es öffnet sich folgende Eingabemaske.

Mit dem Schieberegler können Sie **Blocksatz** ❽ ein- oder ausschalten. Hierdurch wird innerhalb von iBooks (bei Büchern – nicht bei PDF-Dokumenten) festgelegt, dass der Text im Blocksatz angezeigt wird. Ist der Blocksatz ausgeschaltet, wird der Text linksbündig angezeigt. Die automatische Silbentrennung aktivieren Sie unter ❾. Sie können festlegen, was passiert, wenn Sie auf den linken Rand der Seite tippen. Ist die Funktion **Nur vorwärts blättern** ❿ deaktiviert, führt ein Tipp auf den rechten

Seitenrand dazu, dass vorgeblättert wird, während Sie mit einem Tipp auf den linken Seitenrand zurückblättern. Ist die Funktion jedoch aktiviert, können Sie zum Vorblättern auch auf den linken Rand tippen.

< Einstellungen zu iBooks in der Übersicht

Wenn Sie wünschen, dass Ihre Lesezeichen synchronisiert werden, aktivieren Sie diese Funktion ⓫. Hierdurch werden Ihre Lesezeichen mit iCloud synchronisiert und von da mit allen Ihren iOS-Geräten. Diese Funktion ist nicht nur praktisch für den Fall, dass Sie mehr als ein Gerät besitzen, sondern auch für den Fall, dass Ihr Gerät einmal defekt ist. Dann sind Ihre Lesezeichen nicht verloren. Wenn Sie **Sammlungen synchr.** ⓬ aktiviert haben, werden auf einem iOS-Gerät heruntergeladene Bücher auch auf allen anderen iOS-Geräten automatisch synchronisiert. Die Funktion **Alle Einkäufe einblenden** ⓭ sorgt dafür, dass in Ihrer Bibliothek immer alle Bücher angezeigt werden, die jemals von Ihnen gekauft wurden. Die Bücher, die sich nicht auf Ihrem iPad befinden, werden mit einem kleinen Wolkensymbol angezeigt. Sollten Sie viele Bücher gekauft haben, kann die Bibliothek hierdurch schnell unübersichtlich werden.

Durch Einschalten der Funktion **Online-Inhalt** ⓮ wird es den Büchern erlaubt, Informationen (z. B. Videos oder Tondokumente) aus dem Internet herunterzuladen. Dies kann unterwegs zu einem erhöhten Datenverbrauch über das Mobilfunknetz führen.

Unter **Anmerkungen** 🔂 können Sie keine Einstellungen vornehmen, sondern nur rechtliche Hinweise zu iBooks einsehen.

> ➕ **Der PDF-Standard**
>
> PDF-Dokumente unterliegen zwar einem festen Standard, der aber seit dem Jahre 2008 nicht mehr von Adobe, sondern von einem ISO-Gremium verwaltet wird. Dieser Standard ist jedoch so umfangreich und komplex, dass das iPad nicht den kompletten Umfang unterstützt. In PDF-Dokumente eingebettete Videos werden beispielsweise nicht abgespielt. Auch Formulare können nicht ausgefüllt und wieder zurückgeschickt werden. Wundern Sie sich also nicht, wenn besonders komplexe PDF-Dokumente nicht komplett angezeigt werden.

Kapitel 18
Game Center

Für Apple war von Anfang an klar, dass mobile Geräte heutzutage nicht nur dadurch verkauft werden, dass sie sich gut in die Geschäftswelt integrieren lassen, sondern auch dadurch, dass sie eine Plattform für Computerspiele sind. Nicht jeder möchte morgens in der U-Bahn sitzend die Wirtschaftsnachrichten lesen. Viele möchten sich einfach nur mit einem Spiel die Zeit vertreiben. Zählt man alle iPhones, iPod touches und iPads zusammen, ist mit den iOS-Geräten die wohl derzeit größte Plattform entstanden, mit der sich unterwegs spielen lässt.

∧ Das Icon der App Game Center

< Realitätsnahes Autorennen auf dem iPad – auf Wunsch auch gegen andere

Gerade das iPad mit seinem großen Display und den eingebauten Gyro- und Beschleunigungssensoren ist dabei ein Gerät, das ideal für Spiele geeignet ist. Durch die verbauten Sensoren ergeben sich dabei ganz neue Möglichkeiten, ein Spiel zu steuern. Wo man bei vielen anderen Spielekonsolen einen Controller hat, um z. B. das Rennauto zu steuern, wird das iPad selbst zum Controller. Wird das iPad gedreht, fährt beispielsweise das Auto nach rechts oder links. Wird es geneigt, wird es schneller oder langsamer. Eine ganz neue Art der Spielsteuerung ist dabei entstanden. Auch wenn man eigentlich keine Spielernatur ist (so wie die Autoren), macht es doch irgendwie Spaß. Probieren Sie es aus – was haben Sie schon zu verlieren?

Was ist Game Center?

Vielleicht hatten Sie die Hoffnung, dass Sie, wenn Sie Game Center öffnen, direkt ein Spielchen wagen können. Dem ist jedoch nicht so, auch wenn Game Center sich als eine eigene App auf Ihrem iPad präsentiert. Bei Game Center handelt es sich nicht um ein Spiel, sondern um eine Spieleplattform. Wenn Ihnen diese Thematik nicht weiter bekannt ist, werden Sie sich jetzt fragen: »Was ist eine Spieleplattform?« Am Computer zu spielen macht ja durchaus schon viel Spaß. Stellen Sie sich aber vor, Sie könnten Ihre Freunde automatisiert über Ihre neuesten Highscores informieren. Oder Sie könnten sehen, dass einer Ihrer besten Freunde in der letzten Nacht gerade Ihren Highscore geknackt hat. Oder noch besser, Sie könnten gegen Ihre Freundin ein Autorennen fahren, obwohl diese gerade irgendwo auf dem Globus unterwegs ist. Vielleicht sind Sie aber auch begeistert von einem Spiel, und niemand aus Ihrem Freundeskreis teilt Ihre Begeisterung. Mithilfe von Game Center finden Sie einen Gegner. Irgendwo auf der Welt wird es jemanden geben, der nur darauf wartet, seine Kräfte mit Ihnen zu messen.

Um genau derartige Dinge zu organisieren, bedarf es einer Spieleplattform. Game Center ist eine solche Plattform. Das bedeutet aber auch, dass die Spieleentwickler diese Funktionen nutzen und in ihre Spiele implementieren müssen. Tun sie das nicht, nützt Ihnen auch leider Game Center nichts. Game Center ist daher eine App, um Ihre Einstellungen in Game Center zu verwalten, und kein Spiel.

Game Center einrichten

Nachdem Sie Game Center gestartet haben, erscheint eine relativ leere und sehr aufgeräumte Benutzeroberfläche. Um Game Center verwenden zu können, müssen Sie eine Apple-ID besitzen und sich zusätzlich noch bei Game Center anmelden. Wenn Sie bereits mit Ihrer Apple-ID angemeldet sind, landen Sie automatisch innerhalb des Game Center. Sollten Sie noch nicht angemeldet sein, müssen Sie dies nun nachholen. Geben Sie unter **Apple-ID** ❶ Ihren Benutzernamen und im Feld darunter Ihr **Kennwort** ❷ ein, und tippen Sie auf der Tastatur auf **Öffnen**.

‹ *Hier melden Sie sich am Game Center mit Benutzername und Kennwort an.*

Sie haben noch keine Apple-ID? Dann richten Sie sich jetzt ein Kundenkonto bei Apple ein. Scrollen Sie dazu nach unten, und tippen Sie auf **Neue Apple-ID erstellen**.

1. Um einen neuen Account innerhalb vom Game Center einzurichten, müssen Sie sich nun einen Kurznamen ausdenken. Dieser fungiert wie ein Spitzname.

Das kann ein Fantasiename sein und muss nichts mit Ihrem wahren Namen zu tun haben. Dieser Kurzname ist in Game Center öffentlich und für jeden sichtbar. Beachten Sie, dass der Kurzname weltweit nur einmal vorkommen darf. Es ist also gar nicht so unwahrscheinlich, dass der Kurzname, den Sie sich ausdenken, bereits vergeben ist. Sie werden darauf hingewiesen und können erst fortfahren, wenn Sie einen Namen gewählt haben, der noch

nicht vergeben ist. Um Ihnen das Finden eines Kurznamens zu erleichtern, erhalten Sie auf Basis Ihrer Eingabe Vorschläge.

2. Geben Sie jetzt Ihren Kurznamen ein.

3. Entscheiden Sie noch, ob Sie Spieleinladungen erhalten möchten bzw. ob Ihre Freunde Sie auch über Ihre E-Mail-Adresse finden können sollen. Aktivieren Sie in dem Fall die Option **Öffentliches Profil** über den Schieberegler. Zu guter Letzt tippen Sie auf **Fertig**.

4. Nachdem Ihr Account erfolgreich eingerichtet wurde, sind Sie mit diesem automatisch angemeldet. Wenn Sie Game Center erfolgreich eingerichtet haben, öffnet sich die Überblicksseite. Dort sehen Sie Ihre Daten auf einen Blick. Der Reiter **Ich** ❶ ist dabei ausgewählt.

Game Center im Überblick

Sobald Sie sich in das Game Center eingeloggt haben, können Sie sehen, wie viele Freunde registriert sind, wie viele Game-Center-fähige Spiele auf Ihrem iPad installiert sind und wie viele Erfolge Sie bereits errungen haben. Tippen Sie auf **Freunde** ❷, und Sie können Ihre Freunde sehen und verwalten. Hier können Sie auch sehen, welche Spiele Ihre Freunde spielen, und diese gegebenenfalls auch direkt kaufen. Wenn Sie auf **Spiele** ❸ tippen, sehen Sie die auf Ihrem iPad installierten Spiele. Dort können Sie sich auch im App Store nach Spielen umschauen, die das Game Center unterstützen.

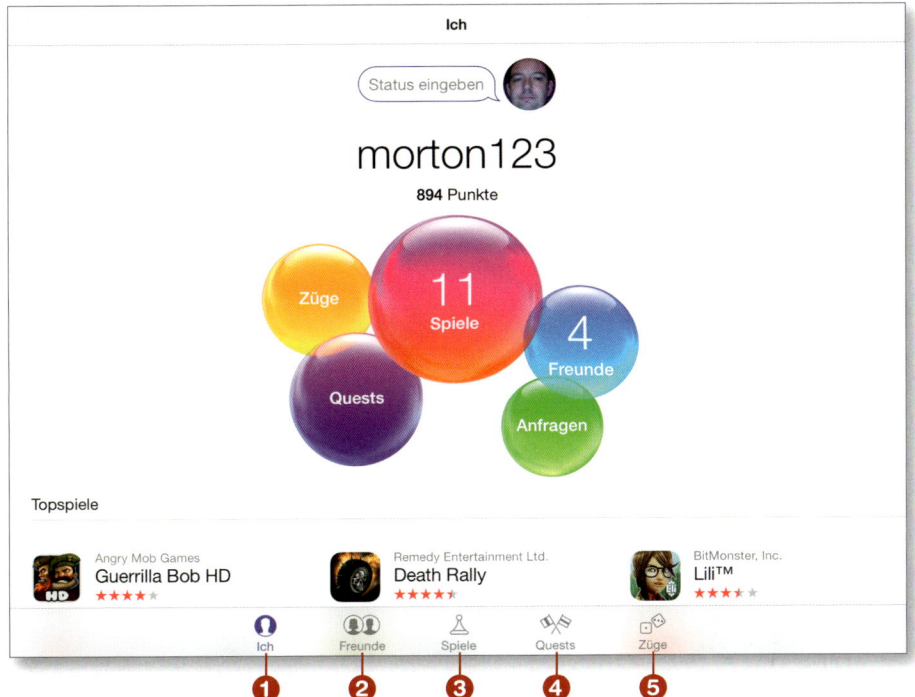

‹ *Game Center im Überblick*

Sollten Sie von Freunden herausgefordert worden sein, sehen Sie dies unter **Quests** ➍. Deren Erfolge gilt es dann zu schlagen. Unter **Züge** ➎ können Sie bei zugbasierten Spielen sehen, was Ihre Game-Center-Freunde bzw. -Gegner gemacht haben. Zugbasierte Spiele sind im Übrigen klassische Spiele wie Schach oder Dame. Eine ganze Reihe von modernen Spielen wie Autosimulationen machen sich dieses Prinzip aber ebenfalls zunutze.

Freunde hinzufügen

Nachdem Sie nun Ihren eigenen Account erstellt haben, macht Game Center natürlich nur dann richtig Spaß, wenn Sie auch ein paar Freunde in Ihr Netzwerk einladen.

1. Schalten Sie in die Ansicht **Freunde**.

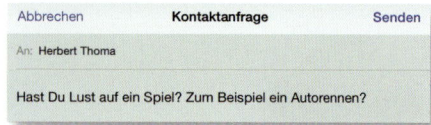

2. Tippen Sie oben rechts auf das +-Symbol. Ein Dialog öffnet sich. Geben Sie entweder den Kurznamen Ihres Freundes ein oder die E-Mail-Adresse, unter der Ihr Spielpartner registriert ist. Sie können nicht nach dem realen Vor- bzw. Nachnamen suchen.

3. Im unteren Bereich können Sie einen individuellen Einladungstext eingeben. Beachten Sie, dass Ihr Kontakt möglicherweise mit Ihrem Spitznamen nichts anfangen kann und es daher durchaus sinnvoll ist, wenn aus Ihrer Nachricht Ihr realer Name hervorgeht.

4. Nachdem Sie Ihre Anfrage verschickt haben, müssen Sie warten, bis Ihre Kontaktanfrage positiv beantwortet wird.

Etwas zum Schmunzeln

Vielleicht sind Sie ja genauso wenig wie die Autoren dieses Buches eine Spielernatur. Probieren Sie aber doch einfach mal das Spiel Angry Birds Rio HD Free aus. Wie aus dem »Free« unschwer zu erkennen ist, handelt es sich hierbei um eine kostenlose und kleine Version des großen Spiels. Mit diesem Spiel können Sie in die Welt des Game Center hineinschnuppern, ohne Geld ausgeben zu müssen.

⌃ *Eines der erfolgreichsten Spiele im App Store: Angry Birds*

Angry Birds macht Spaß, und Sie werden weltweit immer jemanden finden, mit dem Sie ein Spielchen wagen können.

Also nur Mut und viel Spaß!

Kapitel 19
Einstellungen vornehmen

Einstellungen, die Programme betreffen, haben wir bereits in den entsprechenden Kapiteln erläutert. In diesem Kapitel wollen wir die Einstellungen erläutern, die nicht zu einem der großen Programme gehören, sondern von allgemeiner Natur sind. Obwohl das iPad ein einfach zu bedienendes Gerät ist, sind es gar nicht mal so wenige Einstellungen. Viele sind selbsterklärend, daher werden wir hier nur die wichtigen und komplexeren erklären.

∧ Das Icon der
App Einstellungen

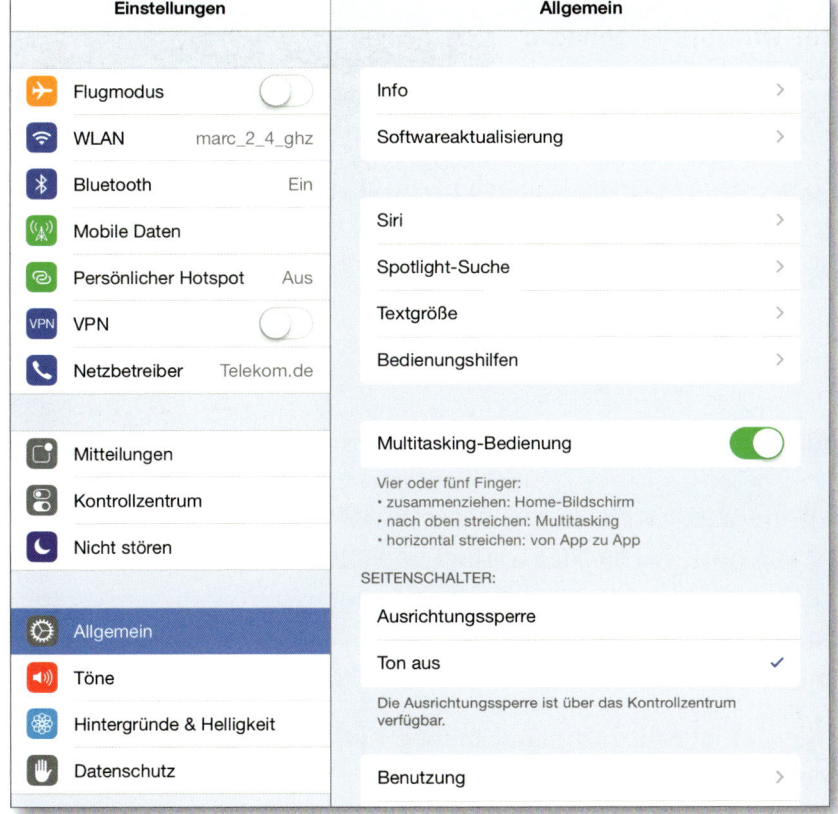

‹ Die allgemeinen
Einstellungen

Den Flugmodus einschalten

Mithilfe des **Flugmodus** ❶ wird das iPad zwar nicht ausgeschaltet, aber es funkt auch nicht mehr. Mit einem Schalter sind WLAN, Bluetooth und UMTS (falls vorhanden) mit einem Mal ausgeschaltet.

Wenn alle Funkverbindungen ausgeschaltet sind, können Sie diese manuell einschalten und nur die Funkverbindungen aktivieren, die Sie benötigen. Wenn Sie den Flugmodus wieder ausschalten, sind alle Funknetze, die vorher ausgeschaltet waren, wieder eingeschaltet. Oben links können Sie immer an einem kleinen Flugzeug erkennen, dass sich Ihr iPad im Flugmodus befindet. Noch bequemer können Sie den Flugmodus aus dem Kontrollzentrum aktivieren. Tippen Sie dazu auf das Symbol mit dem Flugzeug.

> ### ➕ Das Flugzeug startet
>
> Während des Flugzeugstarts reicht es nicht, das iPad nur in den Flugmodus zu schalten. Fluggesellschaften schreiben vor, dass elektronische Geräte vollständig ausgeschaltet werden. Schalten Sie Ihr iPad daher vor Start und Landung komplett aus. Während des Flugs können Sie Ihr iPad dann im Flugmodus verwenden.
>
> Die flugrechtlichen Bestimmungen hierzu sind gerade im Umbruch und werden sich vermutlich ändern. Beachten Sie daher die Sicherhheitshinweise im Flugzeug.

WLAN-Einstellungen

In der Regel müssen Sie sich um die WLAN-Einstellungen nicht kümmern. Wenn dort, wo Sie sich aufhalten, WLAN verfügbar ist, weist Sie das iPad darauf hin. Wenn Sie sich einmal erfolgreich mit diesem verbunden haben, stellt Ihr iPad diese Verbindung in Zukunft von allein her. Ein dafür möglicherweise benötigtes Passwort wird ebenfalls gespeichert.

Wenn Sie sich aber explizit und manuell mit einem WLAN verbinden möchten, können Sie dies wie folgt tun.

1. In den Einstellungen unter **WLAN** finden Sie alle Einstellungsmöglichkeiten zu Funknetzen.

2. Unter **WLAN** ❶ können Sie das WLAN-Funknetz ein- und ausschalten.

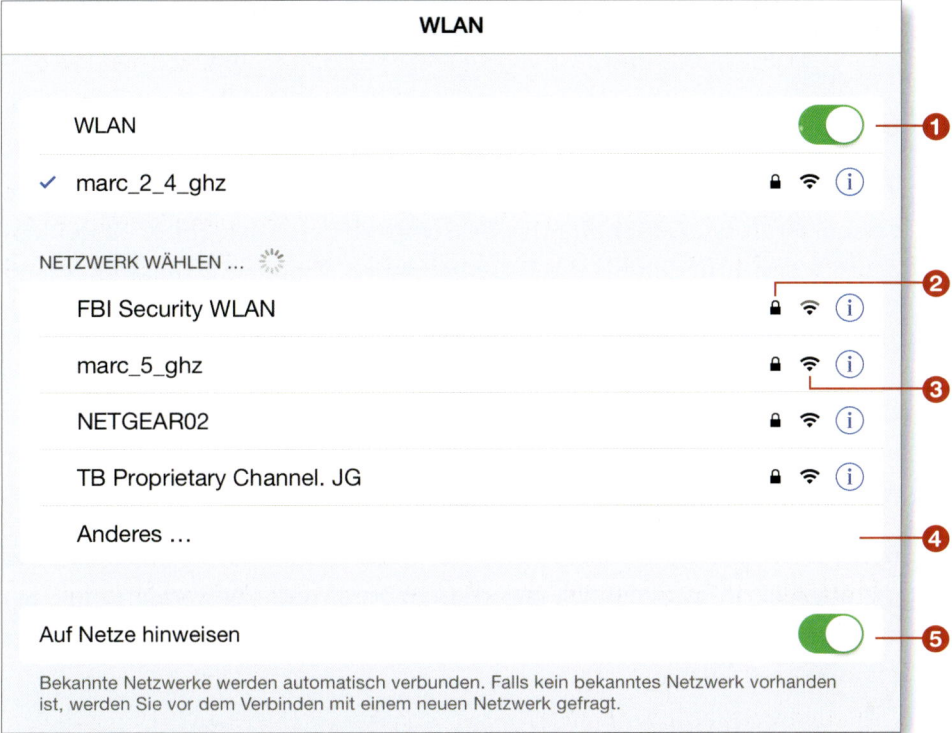

3. Unter **Netzwerk wählen** sehen Sie die gefundenen Funknetze. Sollten Sie das Funknetz gerade erst eingeschaltet haben, kann es ein paar Sekunden dauern, bis das gewünschte Funknetz erscheint. Sie sehen ebenfalls, ob das Netz verschlüsselt ❷ ist und wie hoch die Empfangsstärke ❸ ist.

4. Um sich mit einem dieser Funknetze zu verbinden, tippen Sie auf dessen Namen. Wenn das Netzwerk verschlüsselt ist, werden Sie aufgefordert, das Passwort einzugeben.

5. Das von Ihnen gesuchte Netz ist nicht aufgeführt? Möglicherweise wurde das Funknetz »versteckt«. In diesem Fall müssen Sie den Namen des Netzes kennen. Tippen Sie nun auf **Anderes** ❹, und Sie erhalten das folgende Dialogfeld.

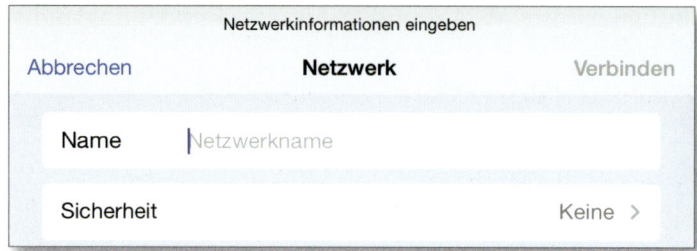

6. Geben Sie oben den Namen des Funknetzes ein.

7. Unter **Sicherheit** wählen Sie aus, nach welchem Prinzip das Funknetz verschlüsselt ist. Geben Sie das Passwort ein. Auf der unten eingeblendeten Tastatur finden Sie die Taste **Verbinden**. Tippen Sie diese an. Wenn Sie alles korrekt eingegeben haben, werden Sie nach ein paar Sekunden mit dem Funknetz verbunden.

8. Wenn Sie wünschen, dass das iPad Sie in Zukunft automatisch auf neue (WLAN-)Netze hinweist, aktivieren Sie diese Funktion ❺ (siehe Abbildung Seite 287).

Beachten Sie bitte, dass sich das iPad, wenn das Funknetz nicht sichtbar ist, auch nicht automatisch mit diesem Netzwerk verbinden kann. Sie müssen die soeben geschilderten Schritte in so einem Fall daher immer manuell ausführen.

➕ **Unterschiedliche WLANs mit identischem Namen**

Jedes WLAN erhält vom Betreiber des WLANs einen Namen (die sogenannte SSID). Das iPad merkt sich nun diesen Namen (und das Passwort). Sobald Sie mit Ihrem iPad erneut in den Empfangsbereich dieses WLANs kommen, verbindet sich das iPad automatisch mit dem Funknetz. So weit, so gut. Was ist aber, wenn es unterschiedliche WLANs mit dem gleichen Namen, aber unterschiedlichen Passwörtern gibt?

In diesem Fall versucht das iPad, sich mit dem bekannten Passwort anzumelden. Dies funktioniert aber nicht, und nun fragt Sie das iPad nach dem korrekten Passwort. Geben Sie es ein, und Sie erhalten Zugang zum WLAN. Hierdurch wurde aber das »alte« Passwort überschrieben. Daher funktioniert der automatische Zugang zu dem anderen WLAN aufgrund des »neuen« Passworts nicht mehr.

Bluetooth

Möchten Sie ein Bluetooth-fähiges Gerät (z. B. eine Tastatur oder Lautsprecher) mit dem iPad verbinden, muss die Funktion Bluetooth grundsätzlich aktiviert sein. Um eine Verbindung mit einem Gerät herzustellen, gibt es grundsätzlich zwei Möglichkeiten: Entweder das iPad baut die initiale Verbindung auf oder das andere Gerät ist für die erste Kontaktaufnahme zuständig. So oder so, Sie müssen sich in diesem Dialogfeld befinden. Nur so können Sie andere Geräte in der unten stehenden Liste sehen bzw. nur so kann ein anderes Gerät das iPad »sehen«.

Wird die erste Verbindung vom iPad aus initialisiert, tippen Sie auf das zu verbindende Gerät. Möglicherweise müssen Sie nun einen Sicherheitscode eingeben – eine Ziffernfolge –, dieser wird entweder auf dem zu verbindenden Gerät angezeigt oder ist im Handbuch nachzulesen.

Wie die Verbindung von einem fremden Gerät mit dem iPad initialisiert wird, lesen Sie bitte im Handbuch zu diesem Gerät nach.

Mobile Daten

Wenn Sie eine UMTS-Karte in Ihr iPad eingebaut haben, können Sie eine Reihe von Einstellungen vornehmen. Sollte Ihrem iPad eine solche Karte fehlen, werden Sie selbstverständlich die folgenden Einstellungen nicht vornehmen können.

Wenn Sie Mobile Daten grundsätzlich ausschalten wollen, können Sie dies unter **Mobile Daten** ❶ (siehe Abbildung Seite 290) machen. Der Mobilfunkstandard LTE ist sehr neu und bislang nicht in allen Regionen verfügbar. Wenn die Funktion **LTE aktivieren** ❷ eingeschaltet ist, funkt Ihr iPad in diesem schnellen Standard. Wenn Sie das iPad frisch auspacken, ist **Datenroaming** ❸ deaktiviert. Hierdurch stellt das iPad im Ausland keine Verbindung mit einem Mobilfunknetz her. Wenn Sie dies wollen, müssen Sie **Datenroaming** einschalten.

Im Bereich der **APN-Einstellungen** ❹ wird der Zugangspunkt des Mobil-funkanbieters angegeben. Wenn Sie eine SIM-Karte von einem der gro-ßen Anbieter haben, müssen Sie hier nichts einstellen. Sollten Sie ihre SIM-Karte jedoch von einem kleinen oder Prepaidanbieter haben, müs-sen Sie hier die nötigen Zugangsdaten eingeben. Diese erfahren Sie von Ihrem Mobilfunkanbieter.

Unter **Persönlicher Hotspot** ❺ können Sie die gleichnamige Funktion ein-schalten. Mehr hierzu lesen Sie im Abschnitt »Persönlicher Hotspot«, ab Seite 291.

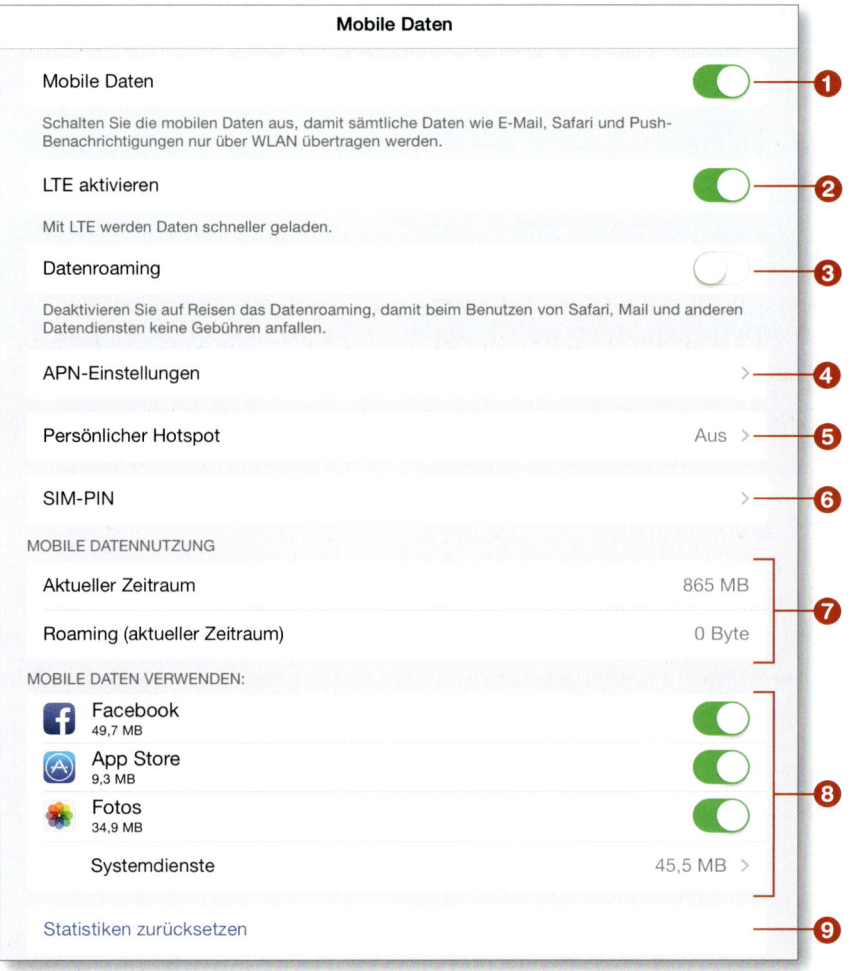

> *Die UMTS-Einstellungen auf einen Blick*

Ihre SIM-Karte hat mit Sicherheit eine **SIM-PIN** ❻. Diese muss immer nach dem Einschalten des iPads eingegeben werden, damit sich das iPad mit dem Mobilfunknetz verbindet. Möchten Sie diese PIN ändern oder das Abfragen der PIN beim Einschalten des Gerätes deaktivieren, nehmen Sie hier diese Einstellungen vor.

Unter **Mobile Datennutzung** ❼ erhalten Sie statistische Informationen über die Datenmenge, die Sie über das Mobilfunknetz heruntergeladen haben. Beachten Sie, dass diese Daten nicht zwingend mit dem erfassten Datenvolumen Ihres Mobilfunkanbieters übereinstimmen müssen.

Wenn Sie nicht wollen, dass alle Apps unterwegs das mobile Funknetz verwenden, können Sie dies App für App unter **Mobile Daten verwenden** ❽ deaktivieren. Hier können Sie auch sehen, wie viele Daten eine App über das Funknetz Ihres Mobilfunkanbieters heruntergeladen hat.

Um die Statistik zurückzusetzen (z. B. weil ein neuer Abrechnungsmonat bei Ihrem Mobilfunkanbieter begonnen hat), tippen Sie einfach auf **Statistik zurücksetzen** ❾.

> **➕ Internet im Ausland**
>
> Wenn Sie auch im Ausland via UMTS ins Internet gehen möchten, informieren Sie sich bitte schon in Deutschland über die Kosten und was im Vorfeld beachtet werden muss. Einige Mobilfunkanbieter verlangen, dass Sie diese Funktion vorab (aus dem deutschen Netz!) freischalten lassen. Des Weiteren müssen Sie möglicherweise, wie bei einer Prepaidkarte, einen gewissen Geldbetrag auf Ihre Karte laden. Wenn Sie erst einmal im Ausland sind, ist es meist zu spät, diese Funktion freizuschalten. Beachten Sie, dass Internet aus dem Ausland über den heimischen Mobilfunkprovider nach wie vor unverhältnismäßig teuer ist. Mitunter ist es günstiger, im Urlaubsland eine entsprechende Prepaidkarte vor Ort zu kaufen.

Persönlicher Hotspot

Wenn Sie ein iPad mit UMTS haben und eine SIM-Karte eingesteckt ist, können Sie mit Ihrem iPad so gut wie immer im Internet surfen. Was ist aber, wenn Sie z. B. mit Ihrem Notebook unterwegs ins Internet wollen, gerade aber kein WLAN verfügbar ist.

Mithilfe der Funktion Persönlicher Hotspot können Sie Ihr iPad als eine Art »Brücke« verwenden, um mit Ihrem Computer ins Internet zu gelangen. Wechseln Sie in den Einstellungen in den Bereich **Persönlicher Hotspot**. Der Fachbegriff für diese Technik ist übrigens »Tethering«. Aktivieren Sie dort die Funktion ❶. Damit Ihr Computer nun ins Internet gelangen kann, gibt es drei Verbindungsmöglichkeiten: per USB-Kabel, Bluetooth oder WLAN. Die einfachste Variante im Alltag ist, die Geräte via WLAN miteinander zu verbinden. Damit niemand in der näheren Umgebung Ihr iPad unerlaubt verwenden kann, um ins Internet zu gelangen, ist das WLAN über ein Kennwort ❷ gesichert. Wenn Sie möchten, können Sie dieses Kennwort ändern. Tippen Sie auf das WLAN-Kennwort und geben Sie ein neues Kennwort ein.

Von Ihrem Computer aus können Sie sich mit dem iPad wie mit einem anderen WLAN-Hotspot verbinden. Geben Sie am Computer das WLAN-Kennwort ein, und Sie werden mit dem iPad verbunden.

Beachten Sie bitte, dass diese Verbindungsart vom Notebook als herkömmliche Internetverbindung verstanden wird. Möglicherweise wird aber genau jetzt im Hintergrund ein großer Download gestartet, beispielsweise ein Betriebssystemupdate. Dank zum Teil sehr schneller Mobilfunkverbindungen merkt man dies auf Anhieb nicht. Sehr schnell ist somit aber auch das in Ihrem Mobilfunkvertrag inkludierte Datenvolumen verbraucht.

Des Weiteren sollten Sie beachten, dass die Funktion Persönlicher Hotspot ein wahrer Stromfresser ist. Der Akku Ihres iPads wird durch diese Funktion sehr schnell geleert. Aktivieren Sie daher diese Funktion nur, so lange es nötig ist

＋ Einschränkungen der Funktion Persönlicher Hotspot

Möglicherweise können Sie auf Ihrem iPad, obwohl es mit der UMTS-Funktion ausgestattet ist und eine SIM-Karte eingesteckt ist, die Funktion Persönlicher Hotspot in den Einstellungen nicht sehen. Einige Mobilfunkanbieter haben diese Funktion in ihren Verträgen ausgeschlossen oder verlangen eine Extragebühr. Das iPad respektiert diese vertraglichen Einschränkungen und blendet die Funktion aus. Wenden Sie sich in solch einem Fall an Ihren Mobilfunkanbieter, oder wechseln Sie ihn.

Netzbetreiber

Unter **Netzbetreiber** können Sie auswählen, ob sich das iPad automatisch mit »irgendeinem« Mobilfunkanbieter verbindet oder ob es sich mit einem bestimmten verbinden soll. Im Alltag kann man diese Einstellung in der Regel auf **Automatisch** stehen lassen. Wenn Sie aber beispielsweise in Grenznähe wohnen oder im Ausland einen bevorzugten Mobilfunkanbieter haben, kann es sinnvoll sein, diese Funktion zu deaktivieren.

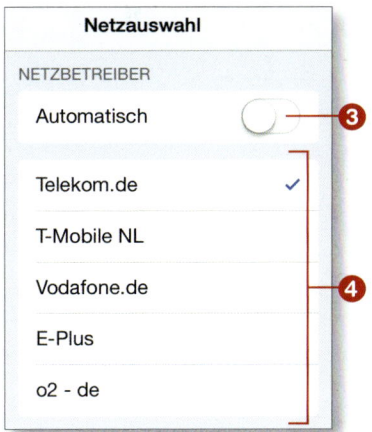

Nachdem Sie die Funktion **Automatisch** ❸ deaktiviert haben, dauert es eine Weile, bis alle verfügbaren Mobilfunknetze angezeigt werden. Sobald diese angezeigt werden, können Sie ein Mobilfunknetz ❹ auswählen. In Zukunft wird sich das iPad nur noch in dieses Mobilfunknetz einwählen.

Die Mitteilungszentrale einrichten

Da das iPad (genau wie das iPhone) nicht so richtig echtes Multitasking beherrscht (und auch nicht beherrschen soll), hat sich Apple schon beim iPhone eine sehr schlaue Möglichkeit einfallen lassen, um gewisse Probleme zu umgehen. Normalerweise müsste jede App selbst im Hintergrund überprüfen, ob es etwas Neues gibt. Hierfür muss aber jede dieser Apps aktiv sein, was Speicherplatz belegt und zudem Strom verbraucht. All dies wollte Apple verhindern und hat daher einen Benachrichtigungsdienst eingerichtet. Nun muss nur noch eine App im Hintergrund laufen – die für den Benachrichtigungsdienst. Diese (für den Anwender unsichtbare) App fragt bei Apple auf einem zentralen Server nach, ob es etwas Neues gibt. Umgekehrt schicken die Programmierer ihrerseits ihre Nachrichten an diesen Server. Neben diesen Benachrichtigungen werden in der Mitteilungszentrale aber auch Mitteilungen des Kalenders, der Mail-App oder der Erinnerungen angezeigt.

In den Einstellungen unter **Mitteilungen** können Sie festlegen, welche App sich Ihnen wie mitteilen darf. Unter **Zugriff im Sperrbildschirm** können Sie festlegen, ob man an die **Mitteilungsansicht** ❶ und **Ansicht heute** ❷ auch gelangt, wenn das iPad gespert ist. Beachten Sie, dass, wenn diese beiden Funktionen aktiviert sind, ein Fremder trotz iPad-Sperre möglicherweise sensible Daten einsehen kann. Im Bereich **Ansicht heute** ❸ können Sie detailliert festlegen, welche Informationen im Tab **Heute** in der Mitteilungszentrale angezeigt werden sollen. Unter **Mitteilungsansicht** ❹ können Sie festlegen, ob die Apps in der Mitteilungszentrale manuell oder nach Uhrzeit sortiert werden.

Wenn Sie auf den Button **Bearbeiten** ❺ tippen, erscheinen rechts neben jeder App im Bereich **Anzeige** ❻ drei Striche. Nun können Sie die Anzeigenreihenfolge der Apps der Mitteilungszentrale festlegen oder eine App in den Bereich **Nicht anzeigen** ❼ verschieben.

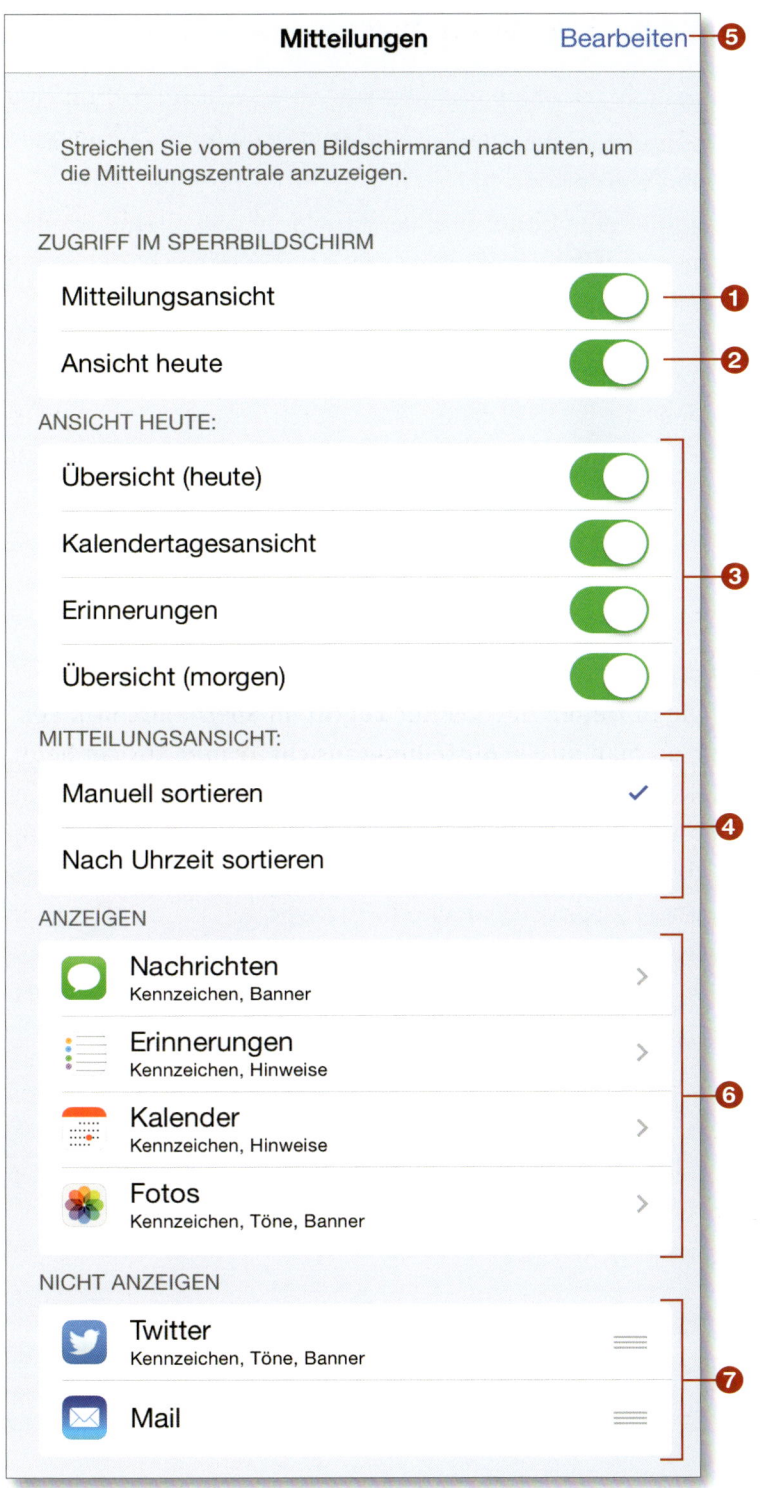

Die Einstellungen der Mitteilungs- zentrale

Wenn Sie auf eine App tippen, können Sie weitere Einstellungen vorneh-men, die festlegen, wie sich eine App in der Mitteilungszentrale verhal-ten soll. Welche Einstellmöglichkeiten Sie haben, hängt von der App ab. Zuerst sollten Sie die Form des **Hinweisstils** ❶ festlegen. Hier gilt es ab-zuwägen: Bei **Keine** werden Sie überhaupt nicht gestört, bei **Banner** ist die Störung nur von kurzer Dauer und verschwindet von alleine wieder. Wenn Sie sich für **Hinweis** entscheiden, müssen Sie jeden Hinweis mit einem Tastendruck bestätigen, um fortfahren zu können.

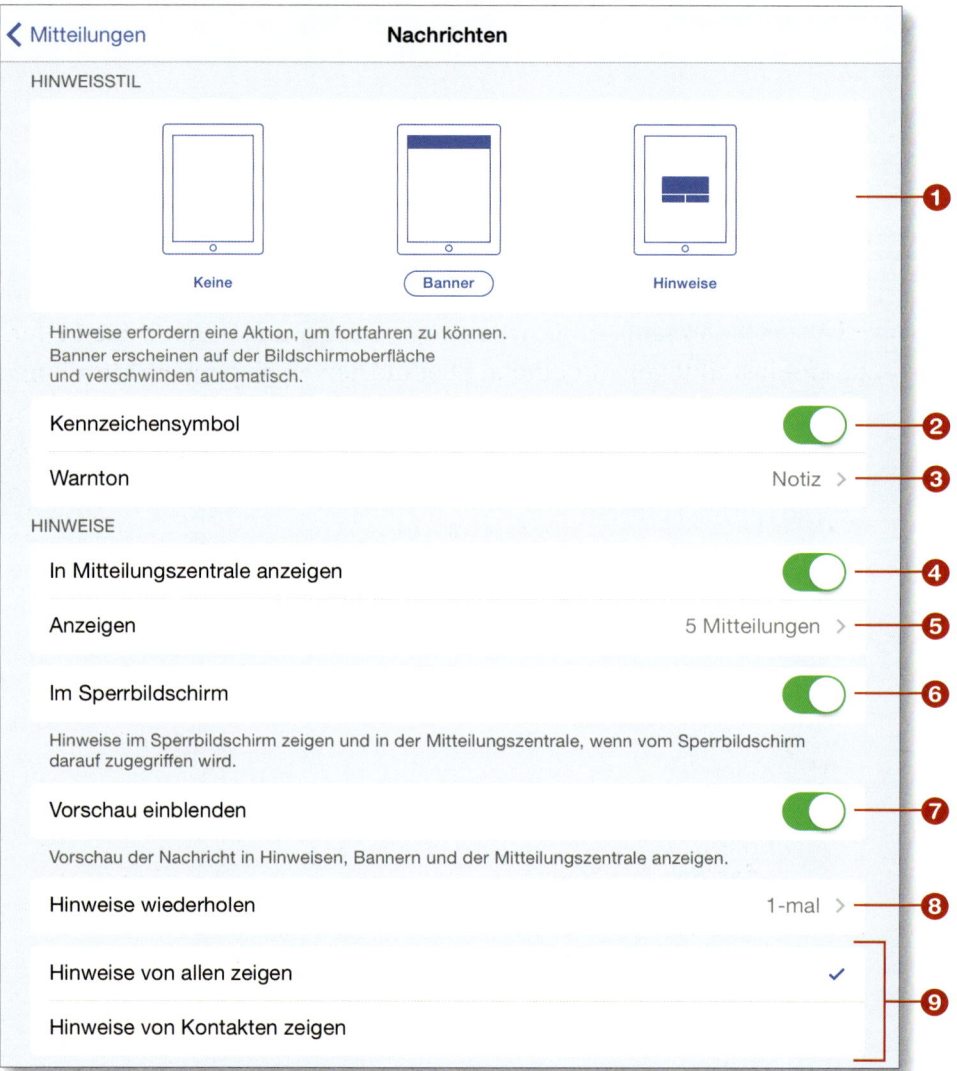

> *Hier können Sie für jede einzelne App Einstellungen vornehmen.*

Der Begriff **Kennzeichensymbol** ❷ mag sprachlich eher unschön gewählt sein, er beschreibt aber lediglich die kleinen Ziffern, die an einer App zu sehen sind, wenn es bespielsweise ungelesene Nachrichten gibt. Das bekannteste Beispiel sind ungelesene E-Mails. Unter **Warnton** ❸ legen Sie fest, welcher Ton abgespielt werden soll, wenn eine Mitteilung eintrifft.

∧ *Kennzeichensymbol an der App Mail*

Legen Sie fest, ob Hinweise in der Mitteilungszentrale angezeigt werden sollen ❹. Unter **Anzeigen** ❺ bestimmen Sie, wie viele Mitteilungen maximal angezeigt werden sollen. Sollten es mehr als die ausgewählte Anzahl sein, so werden immer die jüngsten angezeigt.

Unter **Im Sperrbildschirm** ❻ legen Sie fest, ob die Mitteilung auch dann zu sehen sind, wenn das iPad gesperrt ist. Beachten Sie, dass dies ein Sicherheitsrisiko darstellen kann. Nachrichten können möglicherweise auch von unberechtigten Personen gelesen werden.

Geht eine Mitteilung ein, können Sie unter **Vorschau einblenden** ❼ festlegen, ob Sie auch, ohne die dazugehörige App zu öffnen, bereits informiert werden möchten. Geht eine Mitteilung ein, werden Sie in den Standardeinstellungen nur einmal über die neu eingegangene Mitteilung informiert. Schnell ist es passiert, dass man diese eine Mitteilung nicht mitbekommt. Unter **Hinweise wiederholen** ❽ können Sie festlegen, dass Sie mehrfach über eine Mitteilung informiert werden. Unter ❾ können Sie für die App Nachrichten festlegen, ob Sie durch Mitteilungen von allen gestört werden dürfen oder nur von solchen, die in Ihren Kontakten stehen.

Kontrollzentrum

Wenn Sie mit dem Finger auf dem Bildschirm von unten nach oben streichen, wird das Kontrollzentrum eingeblendet. Zu diesem Kontrollzentrum gibt es nicht viel einzustellen. Unter **Zugriff im Sperrbildschirm** ❶ (siehe Abbildung Seite 298) legen Sie fest, ob Sie das Kontrollzentrum auch verwenden können, wenn das iPad gesperrt ist. **Zugriff von Apps aus** ❷ legt fest, ob Sie aus einer laufenden App das Kontrollzentrum aufrufen können. Wenn diese Funktion deaktiviert ist, können Sie das Kontrollzentrum nur vom Home-Bildschirm aus aufrufen.

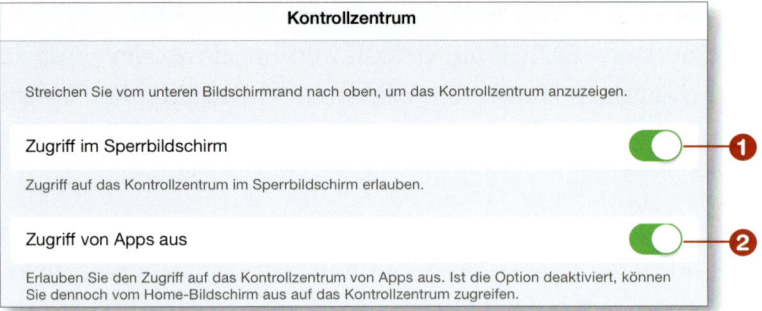

Nicht stören

Möchten Sie während Ihres Mittagsschläfchens lieber nicht durch einen FaceTime-Anruf geweckt werden, aktivieren Sie die Funktion Nicht stören, indem Sie auf den Schieberegler bei **Manuell** ❸ tippen. Diese Funktion wurde vom iPhone übernommen. Auf diesem ist sie naturgemäß wichtiger als auf dem iPad. Unter **Geplant** ❹ können Sie festlegen, ob zu einer bestimmten Uhrzeit das iPad automatisch in den Nicht-stören-Modus geschaltet wird. Unter ❺ legen Sie den Zeitraum fest, in dem Sie nicht gestört werden möchten. Möglicherweise gibt es aber auch so wichtige Personen in Ihrem Leben, die Sie rund um die Uhr stören dürfen. Unter **Anrufe zulassen** ❻ können Sie festlegen, wer dies sein darf.

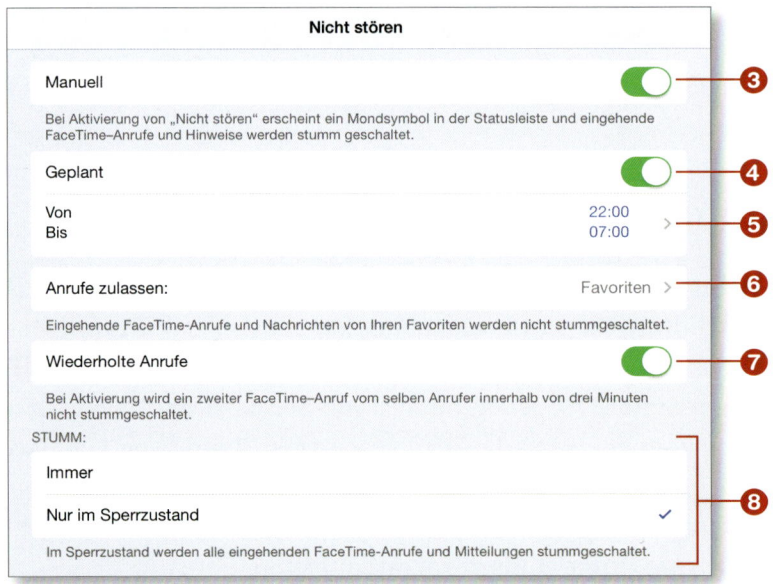

Wenn Sie wünschen, dass **Wiederholte Anrufe** ❼ – d. h. mehrfache Anrufe innerhalb von drei Minuten – durchgestellt werden, aktivieren Sie diese Funktion. Unter Stumm ❽ können Sie festlegen, ob FaceTime-Anrufe im Nicht-stören-Modus nie durchgestellt werden sollen oder nur, wenn Sie das Gerät nicht verwenden.

Allgemeine Einstellungen

Bis hierhin haben Sie bereits eine ganze Menge Einstellungen kennengelernt. Es gibt in den Einstellungen aber noch den großen Bereich **Allgemein**. Etwas böse formuliert, könnte man sagen, dass Apple alle Einstellungen, für die kein sinnvollerer Ort gefunden wurde, in diesen Bereich gelegt hat. Das Spektrum der Einstellungen ist hier sehr groß. Einstellungen, die für eine Person sehr wichtig sind, können für eine andere total unwichtig sein.

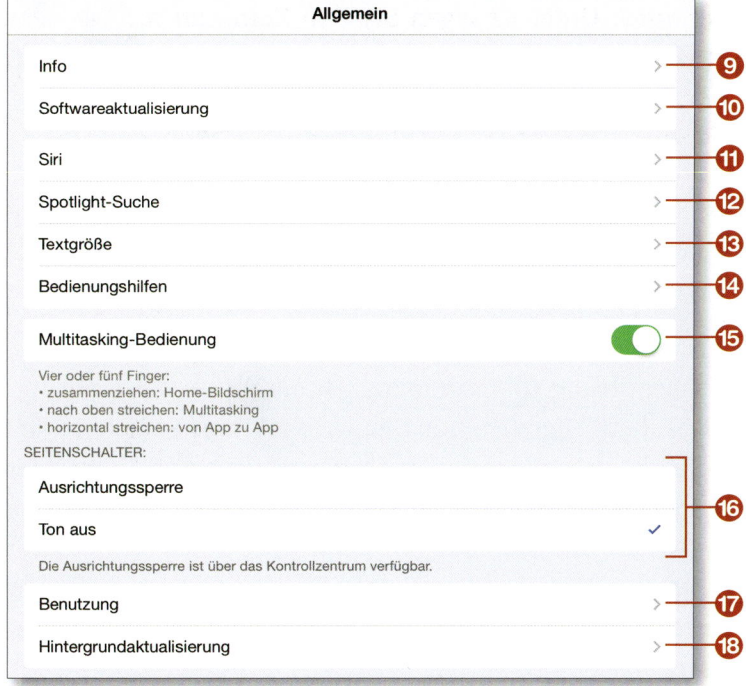

^ *Die allgemeinen Einstellungen im Detail*

Unter **Info** **9** (siehe Abbildung Seite 299) sehen Sie eine ganze Reihe von Informationen. Einige nützliche und viele, von denen man nicht weiß, was sie einem sagen wollen. Schauen Sie einfach mal rein, verändern können Sie hier Ihren Namen und, wenn Sie nach unten scrollen die Einstellungen zu **Diagnose & Nutzung**. Unter **Softwareaktualisierung** **10** können Sie überprüfen, ob das Betriebssystem Ihres iPads noch aktuell ist, und falls nicht, auch direkt aktualisieren. Siri, Ihren persönlichen Assistenten, können Sie unter **Siri** **11** aktivieren. Legen Sie die Sprache fest, und entscheiden Sie, ob Sie lieber mit einer männlichen oder weiblichen Stimme kommunizieren wollen.

Die Spotlight-Suche auf dem iPad ist eine wunderbare Sache, vielleicht möchten Sie aber auch einige Bereiche von der Suche ausschließen. Dies können Sie hier unter **Spotlight-Suche** **12** entsprechend einstellen. Falls Apps die Funktion Dynamischer Text unterstützen, können Sie unter **Textgröße** **13** mit dem Schieberegler die Textgröße einstellen.

Sollten Sie (oder die Person, die das iPad bedienen soll) körperlich eingeschränkt sein, können Sie unter **Bedienungshilfen** **14** einstellen, dass Text vorgelesen oder größer als normal dargestellt wird. Es stehen drei Bereiche (Sehen, Hören und Lernen) mit unterschiedlichen Möglichkeiten zur Auswahl. Testen Sie doch einmal die Funktion **Farben umkehren**.

Der Begriff **Multitasking-Bedienung** **15** ist, wie wir finden, sehr verwirrend. Durch Einschalten dieser Funktion werden zusätzliche Gesten aktiviert. Hierzu sind vier und fünf Finger nötig. Unter **Seitenschalter** **16** können Sie festlegen, ob der Schalter lieber die Funktion **Ton aus** oder die **Ausrichtungssperre** des Bildschirms aktivieren soll.

Unter dem Punkt **Benutzung** **17** kann man sich möglicherweise auf Anhieb nicht viel vorstellen. Hier erfahren Sie, wie viel Ihres Speichers sich in Benutzung befindet. Wenn Sie ihn aufrufen, zeigen sich Ihnen vier Bereiche. Unter **Speicher** können Sie sehen, wie viel Speicher auf Ihrem iPad noch verfügbar ist und welches Programm wie viel belegt. Unter **iCloud** sehen Sie, wie viel Speicherkapazität in der iCloud noch verfügbar ist, und unter **Batterieverbrauch** stellen Sie ein, dass Ihnen die Batterieladung in Prozent angezeigt wird.

Unter **Hintergrundaktualisierung** ⓲ können Sie festlegen, ob Apps Inhalte im Hintergrund über WLAN oder das mobile Netz aktualisieren sollen. Sollten Sie das Problem haben, dass sich der Akku Ihres iPads überdurchschnittlich schnell entleert, schauen Sie hier einmal nach und entscheiden Sie, welchen Apps Sie diese Hintergrundaktualisierungen zugestehen möchten.

Da es mehr als nur die bis jetzt genannten Punkte gibt, können Sie unter den allgemeinen Einstellungen noch herunterscrollen.

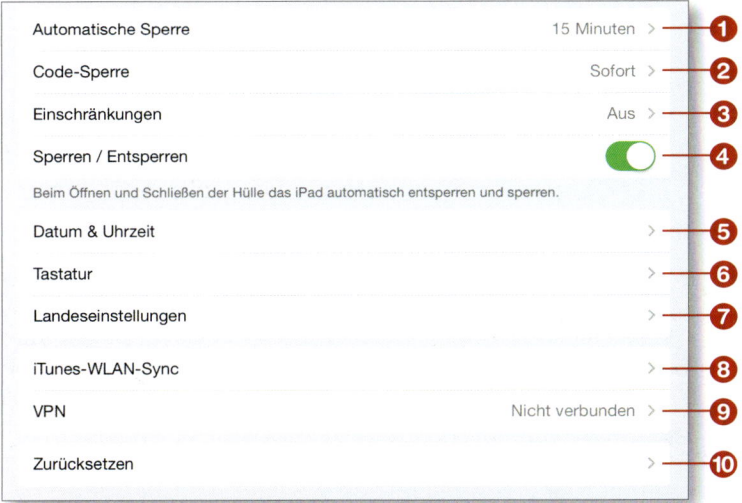

Benutzen Sie Ihr iPad eine gewisse Zeit nicht, schaltet es sich automatisch aus, das wird als **Automatische Sperre** ❶ bezeichnet. Hier können Sie einstellen, ob das iPad sich nach **2**, **5**, **10** oder **15 Minuten** ausschalten soll. Im Alltag eher selten nötig, können Sie auch **Nie** einstellen, wodurch das iPad sich nicht von alleine ausschaltet.

Möchten Sie, dass ein Code eingegeben werden muss, bevor das iPad bedient werden kann, schalten Sie diesen unter **Code-Sperre** ❷ ein. In diesem Fall dürfen Sie allerdings niemals den Code vergessen. Wenn Sie besonders viel Angst um die auf Ihrem iPad gespeicherten Daten haben, können Sie auch aktivieren, dass das iPad nach zehnmaliger Falscheingabe automatisch gelöscht wird.

Vielleicht möchten Sie das iPad aber auch Ihren Kindern zur Verfügung stellen, und diese sollen nicht alles dürfen? Unter **Einschränkungen** ❸ (siehe Abbildung Seite 301) können Sie festlegen, was der jeweilige Benutzer alles mit Ihrem iPad machen darf.

Wenn Sie eine iPad-Hülle verwenden, die die in das iPad verbauten Magneten verwendet (wie es beispielsweise beim Apple iPad Smart Cover der Fall ist), kann sich das iPad beim Öffnen automatisch ein- und beim Schließen der Hülle ausschalten. Diese Funktion aktivieren Sie unter **Sperren/Entsperren** ❹.

Das iPad stellt die interne Uhr automatisch in regelmäßigen Abständen über spezielle Zeitserver im Internet ein. Sollten Sie dies nicht wünschen oder die Zeitzone manuell einstellen wollen, können Sie dies unter **Datum & Uhrzeit** ❺ tun.

Im Bereich **Tastatur** ❻ können Sie ein paar interessante Dinge einstellen. Sollte Sie z. B. die automatische Großschreibung nach einem Punkt stören, können Sie sie hier deaktivieren. Des Weiteren können Sie auch andere Tastaturen aktivieren. Kurzbefehle erleichtern das Arbeiten mit Safari und Mail. Wollen Sie neue Befehle anlegen, können Sie das unter **Kurzbefehl hinzufügen** tun.

Unter **Landeseinstellungen** ❼ legen Sie fest, in welcher Art und Weise Datum, Uhrzeit, Kalender und Ähnliches angezeigt werden sollen.

iTunes WLAN Sync ❽ ist ein rein informativer Punkt. Ihnen wird an dieser Stelle erklärt, wie Sie den iTunes WLAN Sync einschalten, nämlich indem Sie das iPad via Kabel mit Ihrem Computer verbinden und dort unter iTunes die WLAN-Synchronisierung einschalten.

Ein virtuelles, privates Netz (kurz **VPN** ❾) ist eine Technik, mit der Sie über ein öffentliches Netzwerk auf die Computer in Ihrer Firma zugreifen können. Hierzu muss Ihnen Ihr Netzwerkadministrator erst einmal ein solches VPN einrichten. Dieser wird Ihnen auch sagen, was Sie hier eintragen müssen.

Zum letzten Menüpunkt **Zurücksetzen** ❿ erhalten Sie im nächsten Abschnitt genauere Informationen.

Das iPad für den Verkauf zurücksetzen

Vielleicht möchten Sie Ihr iPad verkaufen oder auch einfach nur an jemanden weitergeben? Diese Person soll natürlich nicht Zugriff auf alle Ihre Daten haben. Am besten, Sie löschen daher Ihr iPad komplett. Sie können recht genau einstellen, was auf dem iPad gelöscht werden soll. Möchten Sie alles löschen, gehen Sie wie im Folgenden beschrieben vor.

1. Starten Sie die App Einstellungen.

2. Unter **Allgemein** finden Sie auf der rechten Seite ganz unten den Punkt **Zurücksetzen**. Wählen Sie diesen aus.

3. Um das iPad komplett zu löschen, tippen Sie auf **Inhalte & Einstellungen löschen**. Sie erhalten noch zwei Sicherheitsabfragen. Wenn Sie diese bestätigen, wird Ihr iPad komplett gelöscht und verhält sich wieder wie in dem Moment, in dem Sie es zum ersten Mal aus der Verpackung genommen haben. Das heißt, Sie müssen es auch wieder aktivieren.

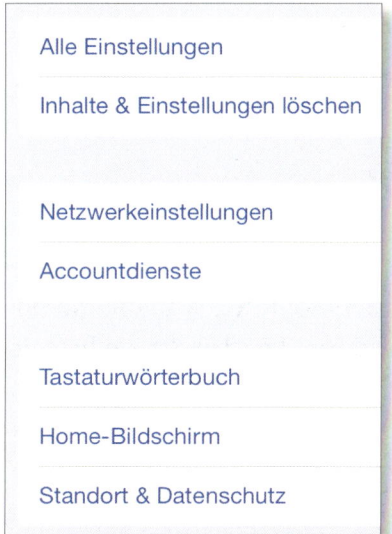

➕ **Verknüpfung zum iCloud-Account aufheben**

Abhängig davon, wie Sie Ihr iPad mit der iCloud verknüpft haben, ist es nicht möglich, ein iPad erneut zu aktivieren, bevor Sie es vom iCloud-Account abgemeldet haben. Diese Funktion soll dem Diebstahlschutz dienen. Daher ist es besonders wichtig, vor der Weitergabe oder dem Verkauf die Inhalte und Einstellungen vom iPad zu löschen. Hierbei wird das iPad (nach Eingabe des iCloud-Kennwortes) automatisch vom iCloud-Account entkoppelt. Sollten Sie dies nicht wünschen, deaktivieren Sie in den iCloud-Einstellungen die Funktion **Mein iPad suchen**. Hierdurch wird das iPad vom iCloud-Account entkoppelt. Die Daten bleiben aber auf dem iPad bestehen.

Töne

Hinweistöne können manchmal richtig nerven. Das können Sie in den Einstellungen unter **Töne** ändern. Suchen Sie sich für die jeweilige Aktion aus der großen Auswahl Ihre Wunschklänge aus, oder aktivieren Sie **Keine**, wenn kein Hinweiston abgespielt werden soll. Haben Sie eine Auswahl getroffen, wird Ihnen der Klang vorgespielt. Zum Beispiel können Sie hier festlegen, ob beim Eintreffen einer E-Mail ein Signalton erklingen soll. Über den Schieberegler stellen Sie die Lautstärke ein. Beachten Sie bitte, dass diese Klänge nur ertönen, wenn Sie Ihr iPad nicht stummgeschaltet haben.

> *Eine ganze Reihe von Einstellungen zu Tönen*

Hintergründe & Helligkeit

Ihnen gefallen die Hintergrundbilder auf Ihrem iPad nicht? Kein Problem. Tippen Sie auf die Miniaturbilder, die Anzeige verändert sich, und Sie können aus einer großen Auswahl von Bildern das passende aussuchen. Sie können sogar eigene Fotos auswählen und diese als Hintergrundbild festlegen.

Mit dem Schieberegler legen Sie die Helligkeit des Bildschirms fest. Aktivieren Sie den Regler **Auto-Helligkeit**, und die Helligkeit wird automatisch an die Lichtverhältnisse Ihrer Umgebung angepasst.

Datenschutz

Kein anderes Thema wurde in den letzten Monaten so intensiv und kontrovers diskutiert und behandelt wie das Thema Datenschutz. Mit dem iPad haben Sie unter diesem Einstellungspunkt vielfältige Möglichkeiten, Ihren individuellen Wünschen entsprechende Einstellungen vorzunehmen. Grundsätzlich geht es dabei immer um zwei Fragen: Sollen gewisse Daten überhaupt erfasst werden, und, wenn ja, welche App soll Zugriff auf diese Daten erhalten?

Nehmen Sie sich dafür ein wenig Zeit, und schauen Sie sich die jeweiligen Punkte genau an. Entscheiden Sie, wem Sie Zugriff auf Ihre Daten gewähren und wem nicht. Getroffene Entscheidungen können Sie natürlich jederzeit wieder ändern. Wir empfehlen Ihnen, sparsam mit den Freigaben umzugehen. Im Folgenden erläutern wir Ihnen am Beispiel der Ortungsdienste die diversen Einstellmöglichkeiten.

> *Einstellungen zum Thema Datenschutz*

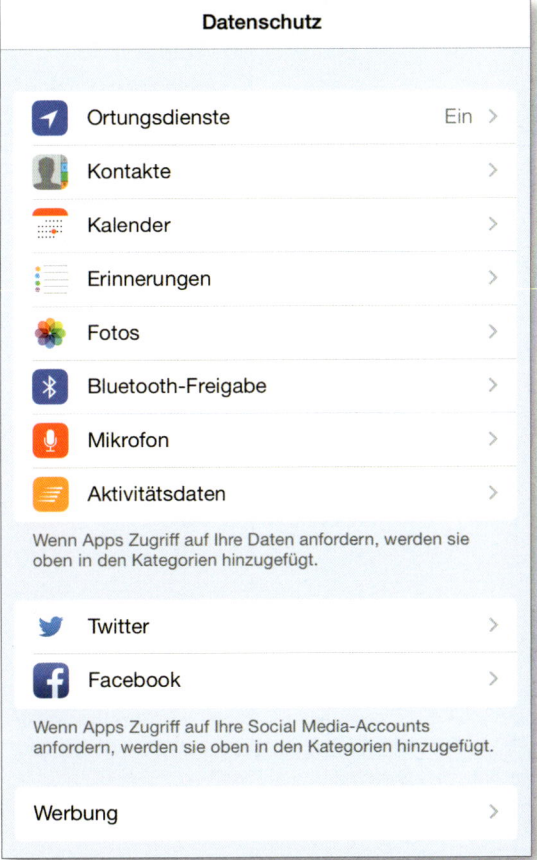

305

Ortungsdienste

Viele Apps möchten gerne Ihre Standortinformationen nutzen, um Ihnen standortspezifische und genauere Informationen liefern zu können. Ein gutes Beispiel ist die Kamera-App. Wenn Sie den Ortungsdienst für diese App aktivieren, wird bei Fotos, die Sie mit dem iPad aufnehmen, automatisch der genaue Standort hinzugefügt, und Sie wissen später, wo Sie die Aufnahmen gemacht haben. Beim ersten Starten fragt die Kamera-App Sie daher auch, ob Sie diesen Zugriff genehmigen möchten. Ein derartiges Dialogfeld erscheint nicht nur bei der Kamera und den Ortungsdiensten, sondern auch, wenn eine App beispielsweise auf Ihre Kontakte zugreifen möchte. Egal wie Sie sich bei dieser Abfrage entscheiden, Sie können jederzeit die Einstellungen ändern. Rufen Sie dazu **Einstellungen** > **Datenschutz** > **Ortungsdienste** auf.

Darf „Kamera" Ihren aktuellen Ort verwenden?
Fotos und Videos werden mit dem Ort der Aufnahme gekennzeichnet.

Nein   OK

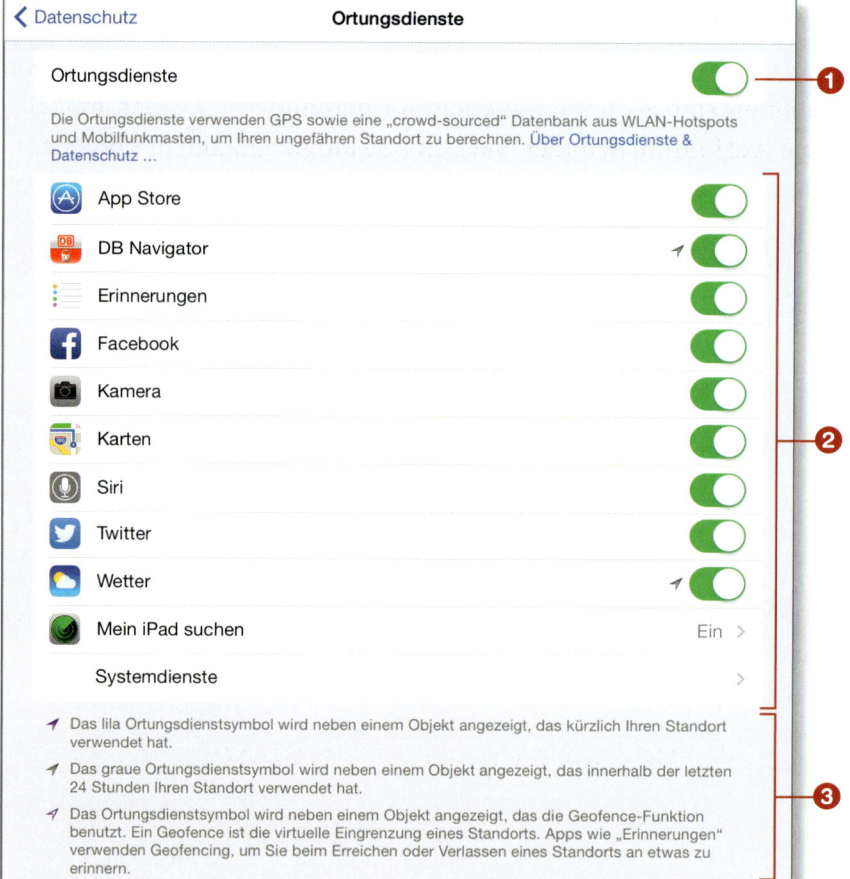

> *Sie können exakt festlegen, welche App Ihren Standort verwenden darf.*

Ob die **Ortungsdienste** ❶ grundsätzlich aktiviert oder deaktiviert werden sollen, entscheiden Sie ganz oben im Bereich **Ortungsdienste**. Sollten Sie hier die Ortungsdienste deaktiviert haben, spielt es keine Rolle, was Sie im unteren Bereich eingestellt haben, und dieser wird ausgeblendet. Im unteren Bereich ❷ können Sie, bei aktiviertem Ortungsdienst, detailliert festlegen, welche App den Ortungsdienst nutzen darf. Jede App, die die Ortungsdienste nutzen möchte, wird Ihnen angezeigt, und Sie können von Fall zu Fall entscheiden. Die Autoren gehen mit der Freigabe des Ortungsdienstes sehr sparsam um. Das hat zwei Gründe: Zum einen belasten die Ortungsdienste die Batterie, und zum anderen sind wir einfach vorsichtig mit der Weitergabe unserer Daten.

Neben jeder App können Sie anhand des kleinen Symbols ⬈ erkennen, dass sie vor Kurzem auf die Ortungsdienste zugegriffen hat. Im unteren Bereich ❸ wird in einer Legende erklärt, in welcher Form die App auf die Ortungsdienste zugegriffen hat.

Auf die gleiche Weise, wie die Einstellungen rund um die Ortungsdienste vorzunehmen sind, können Sie auch mit den anderen Datenschutzeinstellungen verfahren. Schauen Sie sich alle Möglichkeiten in Ruhe an.

Apps von Fremdanbietern

In den Einstellungen finden Sie auch solche für Apps, die nicht von Apple stammen. Scrollen Sie hierzu auf der linken Seite einfach nach unten. Die Empfehlung von Apple sieht vor, dass die Einstellungen einer App hier vorgenommen werden. Leider halten sich nicht alle App-Programmierer an diese Empfehlung und bringen die Einstellungen innerhalb der App unter. Hier hilft nur Ausprobieren. Schauen Sie daher einfach einmal, zu welchen von Ihnen installierten Apps Sie hier Einstellmöglichkeiten finden. Beispielhaft sehen Sie dies in der Abbildung für die Wikipanion-App.

In der Regel sind die Einstellungen aber selbsterklärend.

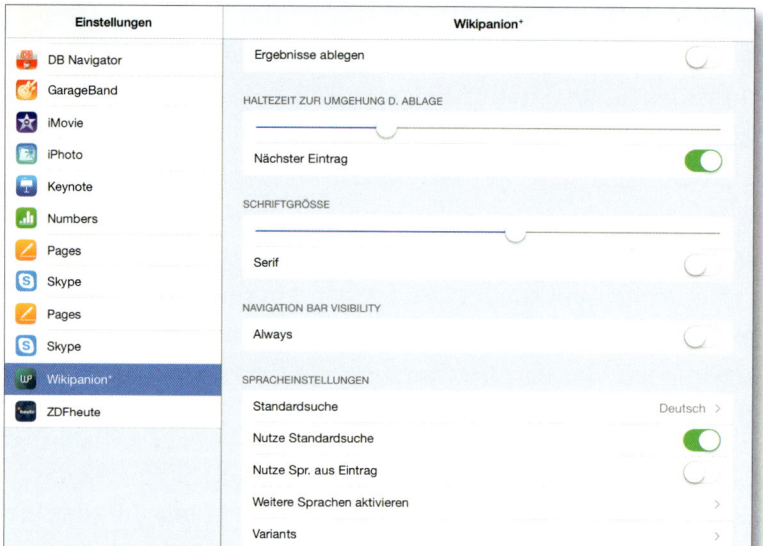

> *Ein Beispiel für die Einstellung einer Fremdanbieter-App*

Kapitel 20

Hardware für das iPad

Apple hat vom ersten Tag an Hardware rund um das iPad verkauft. Diese möchten wir hier kurz erläutern. Wir werden im Folgenden in erster Linie original Apple-Hardware vorstellen und auch unsere Einschätzung des jeweiligen Nutzens geben. Insbesondere die Auswahl an Taschen, die von Fremdherstellern vertrieben werden, ist natürlich riesig. Schauen Sie sich einfach einmal um.

Alter und neuer Anschluss

Apple hat mit der Einführung des iPads der vierten Generation allen neuen Geräten einen neuen Anschluss verpasst. Rechts sehen Sie den alten inoffiziell »Dock« genannten Anschluss. Links sehen Sie den neuen »Lightning«-Anschluss.

Die Vorteile des neuen Anschlusses sind vielfältig. Zuerst einmal ist er deutlich kleiner und flacher. Die Buchse beim alten Anschluss war in den Geräten so groß, dass eine weitere Verkleinerung des iPhones oder iPads nicht möglich war. Des Weiteren spielt es bei dem Lightning-Anschluss keine Rolle, wie herum Sie den Stecker einstecken. Die Konstellation, wie sie jeder vom USB-Anschluss her kennt, dass der Stecker nur in einer bestimmten Ausrichtung passt und man den Stecker anderenfalls um 180° drehen muss, existiert hier nicht.

Der Nachteil liegt aber natürlich auch auf der Hand. Jeder, der bereits Kabel oder Geräte für den alten Anschluss gekauft hat, kann diese nun gar nicht mehr oder nur sehr eingeschränkt nutzen.

Achten Sie bitte beim Neukauf von Zubehör unbedingt darauf, dass das Gerät, welches Sie gerne haben möchten, den richtigen Anschluss hat. Nicht selten werden Geräte mit dem alten Dock-Anschluss extrem günstig verkauft. Sollte man diesen Fehlkauf erst zu Hause merken, ist es möglicherweise kein Schnäppchen mehr.

Bluetooth-Tastatur

Neben der Möglichkeit, über die Bildschirmtastatur Texte einzugeben, haben Sie auch die Möglichkeit, eine physische Tastatur zu verwenden. Diese wird via Bluetooth mit dem iPad verbunden. Sie kostet bei Apple ca. 69 € und kann nicht nur am iPad verwendet werden, sondern auch an jedem modernen Macintosh-Rechner.

> *Portable Bluetooth-Tastatur*

Sollten Sie eine solche Tastatur also ohnehin Ihr Eigen nennen, probieren Sie sie doch einfach einmal aus. Derartige Bluetooth-Tastaturen werden nicht nur von Apple angeboten. Andere Hersteller haben mittlerweile interessante Alternativen im Angebot.

Lightning auf SD Kartenlesegerät

Bei diesem Adapter handelt es sich, wie der Name schon sagt, um einen SD-Kartenleser. Sie können dort jede SD-Karte einstecken, die in einer Digitalkamera mit Fotos beschrieben wurde, und auf diese Weise die Bilder auf das iPad kopieren. Sollten Sie eine Mini- oder Micro-SD-Karte in Ihrer Kamera haben, benötigen Sie hierfür ebenfalls einen passenden Adapter. Diese liegen den Speicherkarten meistens kostenlos bei oder sind günstig im Fachhandel zu bekommen. Diese Adapter sind so klein, dass man sie leicht verlieren kann. Beachten Sie, dass dieser Adapter wirklich nur dafür gedacht ist, Fotos, die Sie mit der Digitalkamera auf der SD-Karte gespeichert haben, auf das iPad zu übertragen. Es ist explizit nicht möglich, von einem Computer aus Musik, Bücher oder Office-Dokumente auf der SD-Karte zu speichern und diese dann auf das iPad zu übertragen.

Nach dem Starten der Fotos-App werden Sie gefragt, was mit den Fotos passieren soll, die auf der Karte sind. Auf diesem Wege können Sie die Fotos leicht und unkompliziert importieren. Der Lightning auf SD Kartenleser kostet ca. 29 € und ist unserer Meinung nach die wohl wichtigste Erweiterung für das iPad. Es macht einfach richtig Spaß, damit im Urlaub oder abends im Bett die Fotos schon mal vorab auf dem großen Display zu sehen.

Lightning auf USB Kamera-Adapter

Ganz ähnlich wie der Lightning auf SD Kartenleser funktioniert auch dieser Adapter. Hiermit schließen Sie Ihre Kamera mit dem USB-Kabel direkt an das iPad an. Die weitere Funktionsweise ist identisch. Nach dem

Starten der App Fotos werden Sie gefragt, was mit den Fotos auf Ihrer Kamera geschehen soll. Beachten Sie, dass Sie Ihre Kamera möglicherweise in einen speziellen Modus schalten müssen. Schauen Sie zur Not im Handbuch der Kamera nach. Stellen Sie die Kamera so ein, wie Sie sie bei der Übertragung der Bilder auf einen »normalen« Computer einstellen.

Die Einschränkungen sind bei diesem Adapter die gleichen wie beim SD-Kartenlesegerät. Sie können mit diesem Adapter keinen USB-Stick an Ihr iPad anschließen! Dieser Adapter kostet ebenso wie der SD-Kartenleser ca. 29 €.

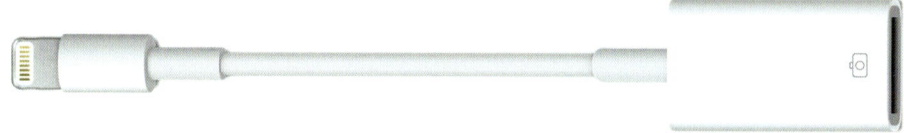

Apple Lightning Digital AV Adapter

Wenn Sie einen Fernseher mit HDMI-Anschluss besitzen, können Sie mit diesem Adapter recht einfach Ihr iPad anschließen. Das Gute an diesem Adapter ist, dass der Lightning-Anschluss durchgeschleift wird. Sie sind daher in der Lage, Ihr iPad an den Fernseher anzuschließen, via iPad einen Film zu schauen und gleichzeitig Ihr iPad mit Strom zu versorgen und aufzuladen. Bei HDMI werden die Informationen digital übertragen, hierdurch leidet das Signal nicht auf dem Weg zum TV-Gerät. Das Kabel kostet ca. 49 €.

> *Mit diesem Adapter verbinden Sie Ihren Fernseher mit dem iPad.*

Apple VGA Adapter

Mithilfe dieses Adapters können Sie das Videosignal nach draußen führen, um es sich auf einem Gerät mit VGA-Eingang anzeigen zu lassen. Geräte, die typischerweise über solch einen Eingang verfügen, sind Computermonitore, moderne Flachbildfernseher und Beamer. Die Informationen werden hierbei analog ausgegeben und haben mitunter eine schlechtere Qualität, als wenn die Informationen digital wie bei HDMI ausgegeben werden. Das Kabel kostet ca. 49 €.

‹ Wenn Sie Ihr iPad an eine VGA-Schnittstelle anschließen wollen, benutzen Sie diesen Adapter.

Lightning auf 30-polig Adapter

Um allen, die noch Geräte mit dem alten 30-poligen Dock Connector haben, den Umstieg zu erleichtern, gibt es diesen Adapter. Stecken Sie diesen einfach zwischen Ihr »altes« Gerät bzw. Kabel und Ihr iPad mit dem neuen Anschluss.

Prinzipbedingt kann dieser Adapter nicht in allen Situationen Wunder vollbringen. Sollte es nötig sein, das iPad in eine richtige »Führungsschiene« zu stecken, kann dieser Adapter oft nicht verwendet werden, da das iPad hierdurch »länger« wird und oft nicht mehr passt. Der Adapter kostet 29 €.

Lightning auf Micro USB Adapter

Aufgrund einer europäischen Verordnung müssen alle Anbieter von Smartphones, die in Europa ihre Produkte am Markt anbieten, es Ihren Kunden ermöglichen, diese über ein standardisiertes Micro-USB-Ladegerät aufzuladen. Um dieser Verordnung Genüge zu leisten, bietet Apple einen solchen Adapter an. Beachten Sie bitte, dass er geradezu winzig ist und sehr schnell verloren geht. Dieser Winzling kostet 19 €.

Apple TV

∧ *Kleines schwarzes Kästchen mit vielen tollen Funktionen: Apple TV*

Mithilfe von Apple TV gelangen Ihre digitalen Inhalte auf den Fernseher. Dabei ist Apple TV ein ganz typisches Apple-Gerät. Konkurrenzprodukte sind technisch leistungsfähiger und bieten mehr »Spökes«. Apple TV ist aber extrem einfach zu bedienen, ruckzuck installiert und macht genau das, was es soll. Mithilfe von Apple TV können Sie sich Ihre Fotos, Ihre Filme oder auch Ihre Musik, die sich auf einem Ihrer Computer befinden, auch auf Ihrem (großen) Fernseher anschauen bzw. anhören. Hierbei speichert Apple TV die Musik nicht auf einer internen Festplatte, sondern die Daten werden von Ihrem Computer oder aus dem Internet gestreamt. Das heißt, die Daten müssen ununterbrochen über dieses Medium zur Verfügung gestellt werden. Sie schließen das Apple TV entweder über ein WLAN oder über ein Ethernetkabel an Ihr Netzwerk an. Möchten Sie Filme aus dem Internet herunterladen, sollte Ihre Internetverbindung nicht ganz langsam sein. YouTube-Videos können dabei derzeit kostenlos angeschaut werden. Kinofilme können ausgeliehen werden.

In jedem Fall benötigen Sie einen Fernseher mit HDMI-Schnittstelle. Ältere Fernseher mit einer Röhre können nicht angeschlossen werden.

Apple TV ist die ideale Ergänzung, um Ihr iPad mit Ihrem Fernsehgerät via WLAN zu verbinden. Viele Apps unterstützen bereits Apple TV, und es werden immer mehr. Sie können z. B. Musik von der iPod-App oder Diashows aus der Fotos-App zum Fernsehgerät übertragen. Videos und Filme können vom iPad über Apple TV zum Fernsehgerät gestreamt werden.

Wird in einer App das Apple-TV-Icon ⬜ angezeigt, können Sie darauf tippen, und die Ausgabe wird auf das Apple TV geschaltet. Derzeit ist dies aus den Apple-eigenen Apps Musik, Fotos, Videos und PodCasts möglich. Programmierer können diese Funktion aber problemlos in ihre eigenen Apps integrieren. Ist die Ausgabe auf Apple TV geschaltet, wird das Icon blau hinterlegt ⬜.

iPad Smart Cover

Dieses einfache und superminimalistische Cover schützt Ihr iPad, verdeckt aber nicht die Aluminiumrückseite. Dank des Aluminiumscharniers und der im iPad integrierten Magnete sitzt das Cover immer perfekt. Öffnen Sie das Cover, und Ihr iPad schaltet sich automatisch ein. Schließen Sie das Cover, legt sich das iPad schlafen. Durch Zusammenfalten können Sie das Cover als Ständer zur bequemeren Texteingabe, zum Betrachten von Videos oder für FaceTime benutzen. Sie erhalten das Smart Cover in den unterschiedlichsten Farben im Polyurethan-Design (ca. 39 €) und im edleren Lederdesign (ca. 69 €). Für jeden Geschmack ist hier etwas dabei.

◁ *Das iPad Smart Cover*

Taschen von Fremdanbietern

Natürlich gibt es nicht nur Taschen und Hüllen von Apple, sondern die Zahl der Zubehörhersteller ist geradezu unüberschaubar. Sehr viel Zubehör finden Sie z. B. im Apple Store unter *store.apple.com/de*. Dies ist eine gute Anlaufstelle, um sich zu informieren. Schauen Sie aber auch

einmal bei den anderen Großen der Branche vorbei. Die Alternativen zu den Produkten von Apple sind zum Teil richtig pfiffig und oft preiswerter.

‹ *Die iPad-Hülle SeeJacket Folio von Artwizz*

HiFi-Lautsprecher für das iPad

Gab es am Anfang nur Lautsprecher mit eingebautem Dock für das iPhone oder den iPod touch, so gibt es mittlerweile auch geeignete Lösungen für das iPad. Diese Lösungen bieten den Vorteil, dass man via iPad Musik hören kann und den Akku des iPads gleichzeitig auflädt.

Neben der Möglichkeit, mit dem iPad Musik zu hören, sieht es schon verdammt gut aus, wenn auf dem iPad-Display das Cover des Albums angezeigt wird, während die Musik läuft.

Einige Lautsprechersysteme bieten sogar die Möglichkeit, die Musik via AirPlay zu empfangen. In diesen Boxen ist ein WLAN-Empfänger eingebaut, mit dem sie sich in das lokale Funknetz einbinden. Durch dieses System können Sie vom iPad aus bequem auf dem Sofa sitzend die Musik steuern.

Kapitel 21
Weitere Informationsquellen

Wie sicherlich zu erwarten war, gibt es viele Internetseiten, die sich mit dem iPad beschäftigen. Im Folgenden präsentieren wir Ihnen eine kleine Liste von Internetseiten, die für iPad-Nutzer interessant sein könnten. Einige dieser Internetseiten sind keine reinen iPad-Seiten, sondern beschäftigen sich mit dem Apple-iPhone-iPad-Universum. Diese Liste erhebt keinen Anspruch auf Vollständigkeit. Wir aktualisieren sie übrigens ständig auf unserer Website: www.*thoma-schmitz.de/ipad*

Internetseiten

www.apple.de

Hier bekommen Sie Informationen über alle Produkte aus erster Hand: Updates, Neuheiten, Handbücher, Zubehör usw. Es lohnt sich, regelmäßig auf die Internetseite zu schauen.

www.mactechnews.de

Dies ist eine typische Newsticker-Seite, die ihren Fokus auf alles richtet, was mit Apple zu tun hat. Da das iPad eine zentrale Rolle in der Zukunftsstrategie von Apple spielt, finden Sie dort auch immer viele Nachrichten (und Gerüchte) zum iPad.

www.giga.de/macnews

Ähnlich wie auf MacTechnews finden Sie auch auf dieser Internetseite nicht nur iPad-Themen, sondern alles, was die Apple-Welt betrifft. Da beide Seiten einen ähnlichen Fokus haben, ähneln sich die Inhalte stark.

www.mac-tv.de

Hierbei handelt es sich um Fernsehen im Internet. Einmal die Woche wird – wenn nichts dazwischenkommt – sonntags um 19:00 Uhr in einer ca. drei- bis vierstündigen Livesendung über alles aus dem Apple-Universum berichtet. Neben der gut gemachten und sehr unterhaltsamen Sendung gibt es auch ein sehr hilfsreiches Forum für Fragen aller Art.

www.apfeltalk.de

Dies ist eines von zwei großen Foren, in denen über alles rund um Produkte von Apple diskutiert werden kann, also auch über das iPad.

www.macuser.de

Dies ist neben apfeltalk.de das andere große Forum zum Thema Apple. Auch hier findet man einen umfangreichen Diskussionsbereich rund um das iPad.

www.apps-news.de

Apps gibt es viele – aber welche ist die richtige für Sie? Auf dieser Internetseite erhalten Sie umfangreiche Informationen. Nutzer können Apps bewerten.

Blogs

www.ipad-mag.de

Ein gut gemachter Blog. Der Autor gibt sich sehr viel Mühe, Informationen rund um das iPad zusammenzutragen. Journalistisch aufbereitete Nachrichten, kleine YouTube-Videos und spaßige Neuheiten, die Lust auf einen Besuch machen, werden hier präsentiert.

www.apfelblog.ch

Schauen Sie auch mal über die Grenzen: In diesem Schweizer Blog finden Sie aktuelle und gut aufbereitete Informationen zu Apple-Produkten.

www.mac-history.de

Eine Seite für alle Anhänger von Apple. Lesen Sie etwas über die Geschichte von Apple, und sehen Sie sich vor allem die vielen Fotos und Videos von jungen und alten Produkten an. Schwelgen Sie in Erinnerungen, und denken Sie zurück an die Zeit, als die Bits laufen lernten.

Magazine

www.macwelt.de

Die Macwelt ist eines der großen Magazine rund um den Mac. Selbstverständlich erhalten Sie in diesem Magazin auch viele Informationen zu iPhone und iPad. Das Internetangebot ist recht ansehnlich.

www.icreate-magazin.de

Wie der Name vermuten lässt, geht es bei diesem Magazin um Kreativität im Apple-Universum. Neben Informationen rund um die i-Produkte gibt es viele praxisnahe Anleitungen, die direkt umgesetzt werden können.

www.maclife.de

Last, but not least: die Website Maclife. Auch hier finden Sie auf der Internetseite sehr viele Informationen rund um das iPad.

Stichwortverzeichnis

Frank Treichler

Photoshop Elements 12
Der umfassende Ratgeber

Bringen Sie Ordnung in Ihre Bildersammlung, und reizen Sie die Vielfalt an Werkzeugen und Funktionen aus: Korrigieren Sie Bildfehler, verschönern Sie Ihre Lieblingsfotos mit Spezialeffekten, und präsentieren Sie beeindruckende Ergebnisse. Frank Treichler zeigt Ihnen, was mit Elements alles möglich ist!

920 Seiten, mit DVD, 39,90 €
ISBN 978-3-8421-0091-6

Für mehr Spaß am Fotografieren!

Jacqueline Esen

Fotografieren!
Die Fotoschule zum Mitmachen

Dieses Buch bietet Ihnen haufenweise Fotoideen und Anregungen! Ob Sie wenig Zeit haben oder viel, ob Sie gerne drinnen oder lieber draußen fotografieren: Jacqueline Esen weist Ihnen auf dem großen Spielplatz der Fotografie den Weg.

379 Seiten, 29,90 €
ISBN 978-3-8421-0034-3

Günter Hauschild

Der Fotokurs für junge Fotografen

Auch die beste Kamera macht nicht alles richtig, und für tolle Fotos muss man ihr manchmal unter die Arme greifen. Wie das geht, zeigt dieser Fotokurs in kurzen und verständlichen Lektionen. Ein Buch zum Lesen, Lernen, Ausprobieren – auch für »große Kinder« geeignet!

199 Seiten, 24,90 €
ISBN 978-3-8421-0080-0

Schnell und einfach zu perfekten Bildern!

Bettina K. Lechner

GIMP 2.8
Die Anleitung in Bildern

Holen Sie mit GIMP 2.8 das Beste aus Ihren Digitalfotos heraus! Schritt für Schritt lernen Sie, wie Sie die Belichtung korrigieren, Porträts retuschieren oder mit Filtern interessante Effekte erzielen.

320 Seiten, 19,90 €
ISBN 978-3-8421-0051-0

Hans-Peter Kusserow

iPhone 5s und 5c
Die verständliche Anleitung

Kennen Sie alle Funktionen Ihres iPhones? Hans-Peter Kusserow zeigt Ihnen verständlich und leicht nachvollziehbar alle Möglichkeiten Ihres Smartphones. Lernen Sie Schritt für Schritt, wie Sie telefonieren, Nachrichten schreiben und empfangen, im Internet surfen, Musik hören, Fotos machen, Videos ansehen oder interessante Apps laden. Profitieren Sie auch von den zahlreichen Empfehlungen in diesem Buch. Es gibt keine bessere Anleitung zum iPhone.

380 Seiten, 19,90 €
ISBN 978-3-8421-0099-2

Jörg Rieger, Markus Menschhorn

Das große Mac-Buch für Einsteiger und Umsteiger
Aktuell zu OS X Mavericks

Lernen Sie Ihren Mac kennen! Im Internet surfen, E-Mails schreiben, Bilder mit iPhoto bearbeiten, Musik mit iTunes genießen oder Dateien in iCloud speichern – alle wichtigen Themen werden anschaulich, leicht verständlich und auf spannende, unterhaltsame Art und Weise erklärt.

440 Seiten, 24,90 €
ISBN 978-3-8421-0093-0

René Gäbler

iTunes
Die verständliche Anleitung

Mit dieser Anleitung haben Sie iTunes endlich im Griff! Verwalten Sie Ihre Musik, Filme und Apps und übertragen Sie Ihre Sammlungen auf iPhone, iPad oder Ihren iPod. Keine Vorkenntnisse erforderlich, alles wird Schritt für Schritt erklärt.

300 Seiten, 19,90 €
ISBN 978-3-8421-0122-7, ab Juni 2014

www.vierfarben.de